Contents

AROUND

Vol. 89
2023 June

부산 Busan

ISSN 2287-4216
ISBN 979-11-6754-021-8
KRW 18,000

9 791167 540218

03050

Jang Eunhye & Son Jimin, Jeon Jooyeon, Han Sooryun, Jang Jongsu,
Say Sue Me, Kimi & 12, Grapin, Sanho, Yi Yeojin & Lee Kyungcheul, Ko Sungho,
Park Jongwoo, OPS, F1963, Daelim Mansion, Good ol' days, Songwol, dnas

고즈넉한 자연과 고층빌딩의 대조적인 모습, 남쪽으로는 아름다운 바다
북쪽으로는 높고 낮은 산 그리고 강까지. 풍부한 지형적 특성을 가진 '부산'.
이토록 다채로운 도시가 있을까? 부산을 살펴보다 변화와 보존을 고민하는
흔적을 곳곳에서 마주했다. 요즘같이 새로운 것이 쉽게 생기고 사라지는 시대에
무조건 지켜내는 것만이 답은 아닐 것이다. 사람들의 발길로 닳고 어루만지며
함께 변화하는 건강한 도시를 꿈꾸는 이들의 이야기를 전하고 싶었다.
이번 호는 부산의 크고 작은 공간, 음식, 예술 이렇게 세 갈래로 나누어 끊임없이
질문하고 고민하며 지켜나가는 모습을 담았다. 이들의 먹고사는 이야기를 듣다
보니 서로 연결되어 있는 단단함이 느껴졌다. 손을 내민 우리에게 옆집, 앞집,
뒷집에 건너편 집까지 소개해 주는 넉넉함도. 《AROUND》가 늘 그렇듯, 어떤
주제에서도 결론은 사람. 이 도시를 사랑하는 사람들로 뭉쳐져 있는 부산.
누군가를 반가이 맞이하고, 정성껏 배웅해 주는 마음을 담아 지금의 부산을
전해본다.

김이경—편집장

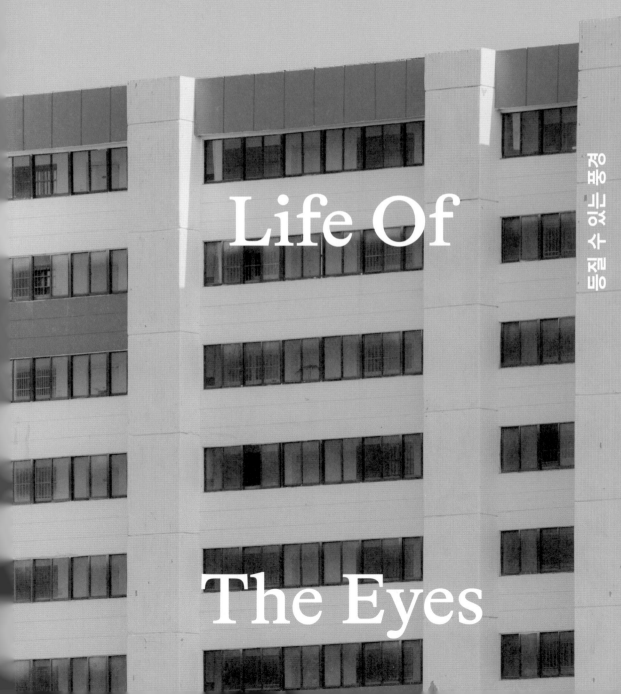

The

Life Of

The Eyes

등질 수 있는 풍경

임정현—드나스dnas

에디터 이주연

부산 화보를 함께하고 싶다는 말에 가장 먼저 어떤 이미지가 떠올랐어요?
파란 바다, 그 앞에서 저마다 시간을 보내는 사람들 모습이요.

역시 바다였군요. 많은 사람이 '부산'하면 바다 이미지부터 떠올리는 것 같아요.
어, 그러고 보니 저부터도 누군가 부산에 간다고 하면 당연히 바다를 보러 간다고
생각하게 돼요. 어릴 적부터 여러 매체를 통해 '부산=바다'라는 이미지가 각인된 것
같기도 하고요. 저는 살면서 부산에 다섯 번 정도 가봤는데, 그때마다 부산의 바다
모습은 굉장히 다양하다고 느꼈어요. 해변마다 특색이 있고, 그 앞을 거니는 사람들
모습도 해변 분위기에 따라 다른 것 같더라고요. 또 어떤 동네에 있든 조금만 방향을
틀면 바다가 보인다는 것도 부산을 바다로 기억하게 하는 이유 같아요.

이번 부산 여정은 어땠어요?
주말 이틀 동안 부산에 다녀왔는데요. 가기 며칠 전 부산 가는 차편을 알아보니 모두
매진이더라고요. 그래서 비행기를 타고 다녀왔어요. 첫날엔 흐리고 비가 내려 카메라를
들고 다니기 어려웠어요. 걱정스러운 마음에 날씨를 확인했는데 다행히 다음 날은
화창하더라고요. 그래서 첫날은 비 내리는 해운대를 보며 오랜만에 편히 쉬는 시간을
보냈답니다. 이튿날 오전엔 일찍 영도에 갔어요. 택시 타고 이동하면서 큰 다리를
지났는데, 높은 곳에서 부산 바다를 바라보기도 하고 건물 사이사이로 보이는 바다를
마주하며 설레는 마음으로 영도에 도착했어요. 천천히 돌아보고 촬영하며 시간을
보냈죠. 그다음 여정은 광안리였어요. 원래는 노을을 보러 다대포에 가려고 했는데요.
은은한 푸른빛과 보라색으로 물들던 노을 반대편 하늘이 떠올라서 고민 끝에 광안리로
향하게 된 거죠. 그렇게 해 지는 해변을 바라보며 부산 일정을 마무리했답니다.

이번 화보는 영도와 광안리에서 건져 올린 이미지로군요.
맞아요. 부산 곳곳의 다양한 바다에서 어떤 시간이 흐르고 있는지를 이미지로 담고
싶었어요. 넓고 푸른 바다를 바라보며 하루를 시작하는 것은 어떨지 궁금했고, 또 하루
끝 산책길에 바다를 품은 채 집으로 돌아가는 일상은 어떤 걸까 생각하며 촬영했죠.

부산에서의 일상을 담고 싶던 거네요. 이미지의 시선이 위에서 아래를, 혹은 아래서 위를 보고 있다는 점이 인상 깊어요.

제 시선을 따라가다 보니 그런 이미지들이 나온 것 같아요. 높은 곳에서 아래를 바라보면 바다를 거니는 사람과 바다로 내려가고 올라오는 사람들이 작은 크기로 보이는데요. 그런 이미지가 재미있었어요. 바다는 아주 넓고 큰데 사람은 참 작고 귀엽더라고요. 바다 주변에서 다양한 모습으로 시간을 보내는 사람들을 파인더로 바라보는 것도 좋았고요.

드넓은 바다뿐 아니라 아파트와 주택, 바다와 하늘이 뒤섞인 느낌도 좋았어요. 특히 기억에 남는 장면 있어요?

음⋯ 영도에서 바닷가 마을을 따라 천천히 걸으면서 자연스럽게 그 속에 있는 사람들을 관찰하게 되었는데요. 나들이 나온 것처럼 보이는 사람들은 모두 바다를 바라보고 있었거든요. 그런데 주민으로 보이는 어르신들은 바다를 등지고 앉아 있더라고요. 누구에게는 눈에 담고 싶은 풍경이 어느 누군가에겐 아주 일상적인 풍경이자 삶이라는 게 한눈에 보였어요. 그런 대비가 흥미로웠죠.

사람마다 부산을 기억하는 색깔은 다를 텐데, 정현 씨의 기록에선 푸른 빛이 유난히 짙어요. 청명한 느낌도 있고요.

마침 날이 좋아서 더 푸르고 맑게 담긴 것 같아요. 바다를 촬영하더라도 단순히 바다만 담기보다는 '건물 너머로 보이는 바다', '사람들 사이의 바다' 같이 일상에 함께 하고 있는 바다 풍경을 담고 싶었는데, 그런 느낌이 잘 스며들었는지 모르겠어요(웃음).

널려 있는 빨래, 누군가가 오래 살아온 듯한 집 이미지를 보면 확실히 그런 느낌이에요. 부산에서 재미있는 일 없었어요?

재미있는 일은 아니지만(웃음), 사진을 찍으면서 계단을 내려오다가 넘어졌어요. 거의 다 내려온 상태에서 넘어진 거라 다치진 않았는데요. 많은 사람 앞에서 넘어져서 약간 부끄러웠어요. 그래도 원하던 사진도 찍었고 카메라도 무사히 잘 지켜내서 기쁘게 일어났답니다.

아이고, 놀랐겠어요. 그럴 땐 맛있는 걸로 달래줘야죠(웃음).

부산에 갈 때마다 부산 하면 생각하는 음식들을 자주 찾아 먹어서 밀면이나 회 종류를 곧잘 먹었는데, 이번 여행에선 음식보단 풍경을 즐기고 싶은 마음이 컸어요. 그래서 식사할 때마다 바닷가를 보며 먹을 수 있는 곳을 찾았어요. 마지막 날 집으로 돌아가기 전에 광안리에서 해 질 녘 하늘을 바라보며 마신 맥주 한잔이 기억에 남아요. 행복한 한잔이었죠.

광안리에서 맥주 한잔이라니⋯. 상상만 해도 시원하네요. 정현 씨, 부산 어때요?

돌아보니 제가 태어나고 자란 도시인 서울을 제외하면, 부산이 가장 많이 방문한 도시더라고요. 그렇다고 부산을 많이 알고 있는가 하면 그건 아닌 것 같아요. 다섯 번의 방문이 모두 업무였기 때문에 목적지가 있었고, 일정에 쫓기며 다니곤 했거든요. 그래서 다음번엔 꼭 오래 머물러 보고 싶다는 소망이 있어요. 여유롭게 머물며 제가 좋아하는 부산 해변은 어디인지, 몇 시 바다 풍경이 가장 예쁜지, 부산의 산은 어떤 모습인지⋯ 저만의 부산 조각들을 모으고 싶거든요. 아직은 구석구석 더 알아가고 싶은 도시예요.

Food

재료가 식탁에 오르기까지

What's The Concept This Time?

10년 전이랑 똑같아요

장은혜·손지민—하우스움

에디터 이주연

포토그래퍼 Hae Ran

'모루'와 '마켓움'. 부산 사람에겐 익숙한 이름일 테다. 시작은 단순했다. 성공하고 싶다는 꿈도, 브랜드를 만들겠다는 마음도 아니었다. 재미있어서, 마음에 들어서 시작한 일이었다. 반짝이는 아이디어가 담뿍하지만 선뜻 발을 내딛지 못하는 '손'을 당겨준 건 '장'이었다. '장'에게 떠오른 생각은 굳이 말하지 않아도 '손'에게 이어진다. 우리는 모른다. 이 둘이 왜 이렇게 꼭 닿아 있는지, 어떻게 부산 사람들이 외면한 장소에 '해리단길'을 만들 수 있었는지. 아마 이 둘도 모를 테다. 어떻게 10년 넘게 함께하고 있는지, 왜 앞으로의 10년도 함께를 상상하는지.

"부산 사람들은 처음 만난 사람한테 대뜸 '몇 살이에요? 어디 살아요?' 같은 걸 물어요(웃음). 부산 사람이 아니면 무례하게 느낄 수도 있을 텐데요. 이게 다 관심 표현이거든요. 궁금한 거예요, 이 사람에 대해서. 안 좋으면 안 물어보죠."

부산이라는 주제로 두 분을 만나게 되어 어쩐지 안심했어요(웃음). 만나서 반갑습니다.
장 벌써 오래전에 활동하던 사람들이라 이런 자리가 좀 어색하고 머쓱하네요. 만나서 반가워요. 장은혜라고 해요.
손 저는 손지민입니다…만, 정말 저희가 여기 끼어도 되는 거예요(웃음)?

이번 호에서는 부산의 지금을 조명하는 것도 좋지만, 10년 뒤에 봤을 때 '이 사람들이 이때는 이랬구나.', '이 브랜드가 10년 전엔 이런 모습이었구나.' 하는 느낌을 담아보려고 해요. 그래서 두 분 이야기가 더 궁금했어요.
손 저희가 부산에서 오래 활동하긴 했죠(웃음). 30대 때 《AROUND》와 인터뷰도 했는데, 그게 2013년이니까 올해로 딱 10년 됐네요. 부산을 주제로 인터뷰 제안이 왔을 때 과연 우리가 적합한지 고민이 많았는데요. 10년이라는 세월을 헤아린 순간 해야겠다 싶더라고요.

두 분 인연도 10년이 훌쩍 넘은 거죠?
장 그렇죠(웃음). (《AROUND》를 꺼낸다.) 무려 5호네요(웃음). 이때만 해도 《AROUND》가 다루는 주요 테마가 캠핑이었어요. 이 시절에는 캠핑을 다루는 잡지가 《GO OUT》이랑 《AROUND》밖에 없어서 캠핑 좋아하는 분들에게 인기가 굉장히 많았죠.
손 이때만 해도 젊고 예뻤네요. 저흰 하도 오래 봐와서 평소엔 꾸미지도 않고 만나는데 이렇게 화장까지 하고 앉아 있으니까 너무 어색해요. (시선을 돌리고는) 장 대표, 뭐야? 핸드백까지 들고 온 거야?
장 왜 그래, 내가 가지고 있는 유일한 핸드백이라고(웃음). 모처럼 《AROUND》와 만나는 거라 렌즈도 예쁜 거 끼고 싶었는데….

지금은 부산의 '해리단길'을 만든 장본인이지만 그 시절엔 두 분 모두 캠퍼였던 거죠?
장 맞아요. 캠핑장에서 만나게 된 사이죠. 그때는 지금에 비해 가족 단위로 캠핑하는 사람들이 많았어요. 반면 저는 혼자 다니거나 마음 맞는 언니랑 단둘이 다니는 걸

좋아했죠. 그 시절엔 여자끼리 캠핑 다니는 걸 이상하게 보는 일도 많았어요. 안 좋게 보는 분위기도 있었고요. 그래서 저처럼 혼자 다니거나 소수로 캠핑하는 여자들이 더 없을까 찾아보기 시작했어요. 근데 그런 크루가 있는 거예요. 게다가 스타일까지 비슷했죠. 저는 일본 감성이 묻어 있는 텐트나 소품으로 꾸미면서 캠핑하는 걸 좋아했거든요. 그 크루에 손 대표가 있었어요.
손 찰떡양이라는 이름으로 활동했죠(웃음).
장 그 당시 손 대표 남자친구 별명은 찰떡군(웃음).
손 저도 어릴 때부터 부모님이나 가족들이랑 캠핑을 자주 다녔어요. 그러다가 제 감성을 살린 캠핑을 하고 싶어서 혼자, 또 둘이 다니다가 장 대표를 알게 되었고, 그러면서 캠핑에 확 빠져들었지요. 그때 급격하게 친해졌어요.
장 어느 정도였냐면, 저는 부산에 연고가 없는데도 매주 서울에서 여기까지 내려와서 같이 캠핑할 정도였죠. 그러다가 결국 부산에 자리까지 잡게 됐고요. 그렇게 된 데는 손 대표 영향이 커요. 굉장히 흡입력 있는 사람이거든요. 지금 손 대표는 마켓 기획자로 활동하고 있는데요. '마켓움'이라고 하면 부산에서 모르는 사람이 없어요. 로컬 마켓으로의 첫 시작인 데다가 규모가 엄청나거든요. 혼자서 여기까지 끌어올린 데는 리더십이 있기에 가능했다고 봐요.

손 대표님은 '사뿐 님'이라고도 불리던데, 그건 어디서 나온 별명이에요?
장 손 대표랑 둘이 뭐라도 해보자 싶어서 브랜드를 만들었는데 이름이 '사뿐'이었어요. 말하자면 아웃도어 라이프 브랜드인데 저희 스타일 캠핑용품을 판매하고자 만든 거였죠. 다른 캠퍼들이 대부분 멋있고 비싼 장비를 준비할 때, 저희는 손으로 만든 소품이나 일본의 아기자기한 캠핑용품으로 단장하는 걸 좋아했어요. 그런 종류의 소품을 소개해 보자 싶어서 만든 브랜드죠.
손 사뿐이라고 이름 붙이니까 사람들이 저를 다 사뿐 님이라고 부르더라고요. 지금은 누가 저를 사뿐 님이라고 부르면 다들 의아해해요. 3초 정적. 이제 사뿐한 몸은 아니게 돼서 그런 반응을 부정할 수도 없네요(웃음).

'모루'에서부터 협업이 시작된 줄 알았는데 그 이전부터 함께하던 일이 있었군요. 워낙 오래 알아온 사이여서 서로를 소개하는 것도 어렵지 않을 거 같아요. 소개해 주실래요?

장 손지민 대표는… 저한테 굉장히 충격을 준 친구예요. 저는 언제나 아이디어가 많다는 이야기를 들으면서 살아왔어요. 좋게 말하면 독특했고, 어떻게 보면 평범하게 살고 싶지 않아 하는 사람이기도 했죠. 그래서 취미도 많고 하고 싶은 것도 늘 많았는데요. 그런 저를 좀 유별나다고 보는 사람도 많았는데, 캠핑 크루를 만나고 생각이 바뀌었어요. 다들 특이한 사람들이었거든요. 아이디어가 엄청났어요. '어떻게 저런 생각을 할까.' 싶은 사람들만 모여 있으니까 제가 도리어 평범하게 느껴지더라고요. 손 대표도 그런 멤버 중 하나였는데 생각하는 게 유난히 독특했어요. 근데 주변 사람들이 자기의 그런 성향을 허무맹랑하게 본다는 거예요. 제 눈엔 손 대표의 발상이 너무 기발하고 현실이 되면 멋질 것 같은데…. 그래서 제가 옆구리를 많이 찔렀어요. 해봐, 한번 해봐, 하고요.

예를 들면 어떤 일이었어요?

장 음, 저는 일본 여행을 가면 카페나 감성 있는 숙소 같은 데 다니는 걸 좋아했거든요. 근데 손 대표는 플리마켓에 가는 걸 좋아했어요. 한번은 저를 거기 데리고 갔는데 분위기가 우리나라랑은 완전히 다르더라고요. 특히 개성 있는 셀러들이 인상적이었죠. 손 대표가 그때 "나도 이런 마켓 해보고 싶다."는 거예요. 하면 될 것 같았고, 잘할 것 같아서 해보라고 했어요. 손 대표는 아이디어가 기발한 대신 저지르는 데 약해요. 그간 주변에서 이상하게 여겨진 일이 많아서 겁이 났나 봐요. 제가 계속 옆구리를 찌르니까 한국에서 마켓을 열었는데요. 그게 부산 명물 플리마켓이 된 마켓움이거든요. 마켓 기획이 손 대표한테 너무 잘 맞았던 거예요. 그래서 10년째 마켓 기획자를 하고 있는 거고요.

손 장 대표랑 일을 벌이기 전에 저는 판소리를 했어요. 국악이 너무 재미있어서 이 길이 제 길이 아니라고 생각해 본 적이 없었죠. 근데 살다 보니 그 안에 또 다른 제가 있더라고요. 가끔 그 자아가 툭 튀어나오는데, 그럴 때마다 독특한 애라는 소리를 듣는 거예요. 그래서 저는 제가 좀 별난 사람이라고 생각했지, 그걸 재능이라고는 생각하지 못했어요. 그러다가 장 대표를 통해 재능이구나 알게 된 거죠.

마켓움이 빛을 볼 수 있도록 격려한 게 장은혜 대표님이셨군요. 이번엔 반대로 장 대표님 소개를 들어볼까요?

손 엄청 감각적인 친구였어요. 제가 흙 속에 재능을 숨겨둔 사람이었다면, 장 대표는 드러난 감각을 가진 친구였죠. 재능이 드러날 수 있다는 걸 아는 사람이니까 제 욕구를 꺼내줄 수 있었다고 생각하고요. 장 대표가 부산에서 해리단길을 만들고 전포동에서 성공 행보를 걸은 것도, 보는 눈이랑 감각이 있어서 가능했다고 생각해요. 저희도 사람인지라 약간의 트러블로 떨어져 지낸 시간이 있는데요(웃음). 그때 거리를 두고 장 대표에 대해 생각해 보게 됐어요. 트러블로 멀어진 거니까 안 좋은 생각도 물론 들었지만, 제가 여기까지 오게 된 데는 장 대표 영향이 컸다는 걸 부정할 수가 없더라고요. 장 대표가 저를 이끌어 주었기 때문에 용기 낼 수 있던 거니까요. 허무맹랑하다는 말에 갇혀서 제 욕구를 잠재우기만 했는데 한 번 펼쳐내고 나니까 10년 넘게 사람들이 제 활동을 신선하다고, 재미있다고 해줘요.

서로 시너지가 된 거네요.

손 그렇죠. 지금도 제일 신날 때가 둘이 얘기하다 아이디어가 마구 튀어나올 때예요. 둘 다 아이디어가 넘치는 사람들이어서 한 번 봇물이 터지면 끝도 없이 생각이 꼬리를 물어요. 제 안에 이렇게 이야깃거리가 많은데 10년 전에 귀 기울여 들어주는 건 장 대표밖에 없던 거죠. 같이 용기를 내주고 북돋아 주니까 뭐든 하게 되더라고요.

두 분은 하는 일이 참 많잖아요. 직업을 뭐라고 이야기하세요?

장 옛날에는 식당 아줌마라고 했는데, 모루식당을 넘기고 새로운 브랜드를 론칭하면서부터는 '브랜드 만드는 사람'이라고 하곤 했어요. 지금은 또 역할이 달라져서, 음… '공간을 예쁘게 만드는 사람'이라고 소개하고 싶어요. 그게 지금 저한텐 가장 재미있는 일이거든요.

내 브랜드에 대한 욕심은요?

장 이젠 없어요. 예전에는 제 브랜드를 만들고 잘 키워 나가는 데 욕심도 있고 보람도 있었는데요. 가만히 들여다보니 저는 공간을 예쁘게 꾸미고 가꾸는 데서 기쁨을 느끼더라고요. 그 순간을 재미있어하는 사람인 거죠.

손 저는 재미있는 일을 기획하는 사람이라고 소개해요. 마켓을 기획하는 사람이고 그게 바로 재미를 만드는 일이거든요.

장 대표님은 《작은 가게의 주인이 되었습니다》에 이런 이야기를 쓰셨지요. "어차피 한 번뿐인 인생 재미나게도

살아봐야지 않겠어?" 두 분이 생각하는 재미는 어떤
거예요?

손 하고 싶은 일이요. 저는 하기 싫은 건 얼굴에 티가
나요. 지금은 장 대표랑 함께 하우스움이라는 이름으로
브랜딩 작업을 하고 있는데요. 사실 의뢰가 꼭 제가
하고 싶은 일만 들어오는 건 아니거든요. 그러는 중에도
확실히 재미있겠다 싶은 일들은 뭔가 좀 다르더라고요.
과정에서도, 결과에서도. 재미는 제 삶에 활력이 돼요.

장 지금 하는 일들이 우리한테는 제일 잘 맞는 일이에요.
제일 재미있는 일이기도 하고요. 근데 이젠 일이 되니까
금전적인 문제를 생각하지 않을 수가 없더라고요.

손 이전에는 장 대표랑 저만 생각하면 됐어요. 근데
지금은 회사를 운영하고, 직원도 있잖아요. 책임감이

지금에 이르기까지 과정을 톺아봐야겠네요. 손 대표님이
마켓움이란 이름으로 부산에 구름 인파를 몰고 온
플리마켓을 만들었다면, 장 대표님은 '모루식당'으로
출발을 알렸지요.

장 벌써 옛날 일 같아요(웃음). 큰 포부를 가지고 일을
시작한 건 아니었어요. 말했다시피 직장을 그만두고
부산에 살게 되면서 결혼도 하고 집에서 살림을 하게
됐는데요. 맨날 돌아다니던 사람이 남편한테 생활비를
받아서 쓰려니까 답답하더라고요. 그때 같이 캠핑하던
친구가 '용돈이나 벌 정도로 가게 한번 해봐.' 하고
제안해서 전포동에 자그맣게 연 게 모루식당이에요.
캠핑장에서 카레를 자주 끓여 먹었는데, 그 경험을 살려서
메뉴도 개발하고 하나부터 열까지 직접 꾸린 일본식 카레

생긴 거죠. 이전에 재미만 생각할 때는 수익에 기준을
두지 않았거든요. 돈을 못 버는 일이어도 재미만 있다면
하는 동안 만족도도 높고 행복했어요. 그런데 일의 규모가
커지고 책임과 의무가 생기면서 이제는 약간 제약이
생겼어요. 예를 들어, 관이랑 일을 하면 서류상의 절차나
정해진 틀이 생기거든요. 그 안에 저를 쑤셔 넣으려고
하면 재미가 반감되는 거예요. 결국 부수고 나오기는
하지만요(웃음). 어쨌든 금액이나 이윤을 생각하지 않고
즐겁게 일한 게 항상 가장 좋은 결과를 얻었어요. 그래도
돈이 없으면 다음 일을 할 때 베이스가 없으니까 수익을
고려하게 된 거인데요. 10년 전이랑 다른 건 딱 그거 같아요.
마냥 재미만 좇을 순 없다는 거.

집이었지요. 처음엔 작업실 겸 식당을 해보자 싶어서 다섯
평짜리 공간을 얻었어요. 장사가 잘될 거란 확신도 기대도
없이, 제가 좋아하는 것들을 채워서 시작한 거죠. 간판도
제가 직접 손 글씨를 써서 붙인 거였고요. 그때는 부산에
이런 조그만 가게가 없었거든요. 으리으리한 공간 사이에
조그마한 가게가 생기니까 이런 감성이 새롭게 느껴졌나
봐요. 장사가 점점 잘되기 시작하더니 한 달 만에 사람들이
오픈 전부터 줄을 서기 시작했어요. 저는 아직 준비가
안 됐는데 식당은 점점 더 잘되어 가니까 기쁘기도 하고
걱정도 되더라고요.

모루식당은 전포동에서 시작해 여러 지역으로
퍼져나갔어요. 울산, 대구, 진주, 창원….

장 사업을 하겠다고 마음먹은 건 아니었어요. 가게가 잘되니까 지인들이 지점을 내달라며 연락해 오더라고요. 지점이 늘어나니까 제대로 프랜차이즈를 한번 해볼까 싶은 마음도 생겼고요. 그런 생각이 들 즈음 두 번째 가게를 오픈했죠. 그게 '모루과자점'이었어요. 파운드케이크를 전문으로 하는 카페인데, 제가 사실은 빵을 그렇게까지 좋아하지 않거든요. 근데 일본 카페에서 파는 파운드케이크를 먹고 생각이 달라졌어요. 제가 알던 파운드케이크 맛이 아니었거든요. 밀도 높은 그 빵이 마음에 들어서 일본식 파운드케이크를 팔아보면 좋겠다고 생각한 거죠.

일본 뒷골목 마을 같다고 생각했어요. 길만 건너면 해운대도 있고, 지하철역도 가깝고요. 게다가 그 당시엔 월세도 저렴했거든요. 그렇게 모루과자점을 열었고 감사하게도 모루식당 단골분들이 자주 들러주셨어요. 근데, 주변에 상권이 없다 보니까 이어나가기가 조금 힘들더라고요. 모루과자점만을 위해 여기까지 오는 덴 한계가 있으니까요. 그래서 택배를 시작했어요. 그리고 모루과자점 주변으로 잘하는 브랜드가 들어오게끔 유도했지요. 상권을 만들기 위해서 브랜드를 하나 더 론칭하기도 했고요. 그게 유부초밥 전문점인 '호키네유부'예요. 그렇게 상권이 점차 확장되면서 사람들이 많이 몰리는 거리가 되자 구청장님이 해리단길이라는 이름을 붙여주셨어요. 감회가 새로웠죠.

모루과자점이 바로 해리단길의 시초였죠.
장 그렇게 될 줄은 아무도 몰랐죠. 모루과자점 장소 또한 얼떨결에 선택하게 된 곳이었거든요. 해운대 뒷골목을 산책하다가 우연히 발견한 곳인데요. 구조가 모루식당하고 똑같더라고요. 보자마자 바로 계약했죠. 지금 해리단길이라 불리는 그곳은 모루과자점이 생길 때만 해도 아무것도 없는 동네였어요. 거기 모루과자점을 열겠다니까 부산 사람들이 다 의아해했어요. "거기에? 왜?" 저는 아직도 떨떠름하게 굳어버린 시아버지 표정을 잊을 수가 없어요(웃음).
손 부산 사람들이 생각하기엔 약간 우범지대 같은 곳이었거든요. 기찻길만 있고, 언덕배기고.
장 저는 반대로 기찻길도 있고, 약간 경사가 져서

그때만 해도 제 브랜드를 운영하고 꾸려가는 게 즐거웠는데요. 어느 순간 제가 가게를 관리하는 사람은 아니란 생각이 들더라고요. 제가 재미를 느끼는 건 가게를 운영하는 게 아니라 브랜드를 고민하고 론칭하는 거였어요.

그러니까, 브랜드가 탄생하기까지의 과정을 즐기는 거군요. 그래서 장 대표님의 출발점인 모루식당도 다른 분에게 넘길 수 있던 거고요.
장 그렇죠. 지금 다른 사람의 브랜딩을 돕는 일은 제 브랜드를 할 때보다는 돈이 덜 될 수도 있어요. 근데 지금은 남의 브랜드를 만들어 드리고, 공간을 꾸미는 데서 재미를 느끼는 것 같아요.

그 일을 지금 손 대표님과 함께 하고 있는 거고요. 손 대표님의 마켓움 출발은 어땠어요?

손 어떻게 시작했느냐고 하면… 설명하기가 어려워요. 어느 날 갑자기 벌떡 일어나서는 "나 마켓을 해야겠어!" 그랬거든요(웃음). 무작정 장소부터 찾아봤어요. 수중에 돈이 얼마 있는지 통장을 확인하고, 누가 마켓에 참여할 수 있는지 찾아보면서 일단 저질러 버린 거죠. 장 대표가 산책하다 가게 자리를 계약해 버린 것처럼, 저도 똑같아요. 그러고 나니까 어떻게든 되더라고요. 이벤트처럼 시작한 건데 너무 재미있다고 2회, 3회, 4회까지 계속 열어달라는 요청이 이어졌어요.

부산 시민들이 마켓을 열어달라고 요청할 정도라니, 굉장한 일이네요.

손 감사한 일이죠. 셀러들이 제가 기획한 마켓을 통해 성장하는 것도 좋았고, 기획하는 일도 즐거워서 매번 재미있게 했어요.

장 저희는 재밌다고 생각하면 거기 완전히 꽂혀 버려요. 잠도 안 자고 찾아보고, 혼자 계속 그 생각만 하는 사람들이죠.

손 맞아요. 상상 속에 빠져 있어요. 머릿속에서 계속 그 생각만 둥둥 떠다니는데, 그게 너무 좋아요. 저는 상상은 현실이 된다는 말을 믿거든요. 하나 아쉬운 게 있다면, 저희가 하는 일은 어디서 배운 게 아니라 감각으로 하는 일이라 다른 사람에게 확실히 전달하기 힘들다는 거예요. 머릿속에서 나오는 거니까 직원이 생겨도 명확하게 인수인계할 수가 없는 일이죠. 근데 신기한 게 장 대표랑은 그게 전달이 돼요. 제가 대충 설명해도 장 대표가 꼭 맞는 이미지를 찾아내거나 콘셉트를 제안해요. 그게 엄청나게 큰 의지가 돼요. 제가 좀 게으름을 부려도 '장 대표가 해놓겠지.' 싶은 마음도 생기고요(웃음).

장 대표님은 책에 동업에 회의적인 이야기를 쓰기도 하셨잖아요.

장 여전히 동업에 회의적이에요. 그런데 손 대표랑 하는 일은 동업이라는 생각은 안 들어요. 이건 굉장히 독립적인 일이거든요. 손 대표가 지역에 있는 창작자를 발굴해서 셀러로 세우고 성장할 수 있게 컨설팅하는 사람이라면, 저는 손 대표가 발굴한 브랜드를 가다듬고 예쁘게 만드는 사람이에요. 공간을 만들어 주고, 패키지나 브랜딩을 해주는 식으로요. 그러니까 전 저희 일이 동업보다는 협업이라고 생각해요. 그래서 유지된다고 보고요.

손 서로를 채워주는 역할인 거죠. 10년 전이었으면 과연 가능했을까 싶기도 해요. 마흔이 넘어가면서부터 생각하는 폭이 넓어지고 느슨해진 부분이 있거든요. 10년 전엔 분명히

트러블이라고 생각할 것들이 지금은 커버가 되기도 하고요. 50대가 되면 또 다른 시각이 생기지 않을까요? 그게 서로 도움이 되는 방향이면 계속 협업하겠지요(웃음).

트러블 하니까 생각났는데, 모루과자점 론칭할 당시 두 분 교류가 많지 않던 시점이라고 들었는데요(웃음).

장 왜인지 모르게 사람들 사이에서 저희 관계가 초미의 관심사더라고요. 조금만 같이 안 다니면 '싸웠나?' 하는 분도 많고요.

손 잘되는 사람한테 관심이 집중되는 건 당연한 것 같아요. 그만큼 어떤 트러블에 싸여 있는지도 관심이 많을 수밖에 없고요. 저 둘이 언제 찢어지나 유심히 보는 사람들도 있고(웃음). 예전에는 자그마한 걸로 감정이 상하거나 다투는 일도 많았어요. 취향, 성격, 인생의 흐름까지도 비슷하지만 생활 패턴 같은 건 다를 수밖에 없잖아요. 근데 예전에는 서로 거기까지 터치하려고 했어요.

장 그러다 보니 트러블이 생길 수밖에 없었죠. 불만도 생기고요. 지금은 서로 약간 거리를 두려고 하고, 서로의 일상생활은 서로 존중해 주자는 마인드가 생겨서 전보다 관계가 훨씬 건강하게 유지되고 있어요.

지금은 두 분이 브랜딩 작업을 하고 있는데, 그럼 이전에 만든 브랜드들은 어떻게 되었어요?

장 모루식당은 좋은 점주를 만나서 운영되고 있고요. 모루과자점은 '모루비'로 이름을 바꾸고 포장 판매 위주로 진행하고 있어요. '모루씨'라는 새로운 카페를 론칭해서 운영 중이고, 호키네유부는 프랜차이즈로 운영하고 있죠. 우동과 덮밥을 하는 '모루동'도 비슷한 행보고요.

프랜차이즈를 운영하려면 퀄리티를 균일하게 유지하기 위해 신경 쓸 게 많아질 것 같아요.

장 지점을 늘려가면서 저는 프랜차이즈에 맞지 않는 사람이란 걸 알았어요. 저는 모루식당을 할 때부터 인테리어도 직접 하고, 소품도 신경 써서 채워 넣는 사람이어서 제 감성에서 조금이라도 벗어나면 거슬리거든요. 제 첫 브랜드가 식당이어서인지 청결과 친절에도 민감한 편이에요. 근데 프랜차이즈가 되면 아무래도 단가에 신경 쓰다 보니 다른 데서 소홀해지는 일이 발생해요. 그런 점이 상충해서 저랑은 좀 안 맞는다는 생각을 하게 됐어요. 무엇보다 저는 인테리어를 신경 쓰는 사람인데, 프랜차이즈 하시는 분들은 되도록 적은 금액으로 운영하고 싶어 하셔서 인테리어에 너무 많은 돈을 써버리면 부담스러워하시거든요. 그런 일들을 겪으면서 브랜드를 론칭하고 싶은데 확신이 안 서시는 분들을 도와 브랜드를 만들어 드리는 게 저한테 더 적합한

일이란 걸 알게 된 거죠.

손 그래서 프랜차이즈가 아니라 프랜들리라고 불러요. 프랜차이즈라면 균일화된 매뉴얼을 공유해야 할 텐데, 저희는 그게 아니라 노하우를 전수해 주고 점주들이 스스로 꾸려나갈 수 있게 하는 거니까요. 장 대표가 잘하는 게 브랜드를 만드는 거거든요. 저는 '어떻게 하면 이 브랜드가 잘될 수 있을지'를 고민하는 사람이고요. 그래서 둘이 협업해서 브랜딩 작업을 하는 거예요. 어쩌면 새로운 걸 창조하고 싶은 욕구가 강해서 한 브랜드에 오래 머물 수 없다는 생각도 들어요. 그래서 우리는 브랜드를 프랜들리로 바꾸고 새 브랜드를 만들어 가거나 기존에 있던 브랜드를 탄탄하게 해주는 작업을 하면 좋겠다고 생각한 거예요.

브랜드를 내고 싶다는 생각은 이제 없어요?
장 있죠. 아직 펼치지 못한 아이템이 정말 많은걸요. 옛날이라면 하나 내고, 접고, 또 내고, 했을 텐데 이제는 좀 안정적인 사업 수완이 필요하다고 생각해요. 그래서 브랜드를 예쁘게 만들어 주는 데 집중하는 거고요.
손 그래서 저한테는 마켓이 딱 맞아요. 저는 아무리 재미있는 일이어도 일주일 동안 하면 재미가 없거든요. 그러니까 마켓을 진행할 이틀 동안만 제 에너지를 불 싸지르고 일주일 동안은 아무것도 안 하고 쉬는 거예요. 마켓 이틀을 위해 또 달리고, 준비하고, 펼치고, 쉬고…. 이 루틴이 저한텐 가장 잘 맞는 것 같아요.

두 분 활동이 사랑받은 이유는 여러 가지가 있겠지만 감각적인 부분도 크다고 생각해요. 장 대표님이 책에 이런 이야기를 쓰셨죠. "감각은 타고나는 부분도 무시할 순 없지만 분명 길러지는 부분이 더 많다고 생각했다."
장 제 감각의 대부분은 여행에서 탄생했어요. 먹는 걸 좋아해서 여행 가면 맛있는 걸 잔뜩 먹고 다녔는데 그 경험이 메뉴 개발하는 데 도움이 되기도 했고요. 20대 때는 여행을 가면 사람들이 많이 찾는 관광 스폿에 다녔어요. 그런데 어느 순간부터는 제가 가고 싶은 카페나 식당 리스트가 생기더라고요. 저만의 취향이 생기면서 여행 목적이 조금 달라졌어요. 마침 운 좋게 남편이 해외에서 근무하게 돼 기회가 자주 찾아오기도 했죠. 많이 먹고, 많이 보고, 많이 하는 것만큼 감각을 길러주는 건 또 없는 것 같아요.

구체적으로 어떤 도움이 됐어요?
장 모루과자점 열었을 때 누구한테 사사 받았느냔 질문이 참 많았는데 사실 다 경험에서 나온 거거든요. 많이 먹고 다니다 보니까(웃음) 맛을 알아야 어떤 음식이든 괜찮은지

아닌지를 알 수 있다는 걸 알게 됐어요. 브랜드를 론칭하기 전에는 제가 하도 여행에 돈을 쓰니까 엄마가 걱정이 많으셨어요. 돈도 안 모으고 조금 모였다 싶으면 여행 가고, 시간만 나면 떠나버리니까 안심이 안 되었나 봐요. 사실 저도 그때는 이렇다 할 목표 없이 좋은 시간이라고만 생각하면서 언젠가 사장될 경험이라 여겼는데. 그게 아니더라고요. 제가 경험한 것들이 제 안에 쌓여 있고 어느 순간 발현되더라고요. 그 경험이 지금 이렇게 먹고살게끔 해주는 것 같아요. 독자분들에게 갑자기 이런 이야기를 해드리고 싶네요. 많이, 더 많이 경험하세요(웃음).
손 확실히 경험은 중요해요. 요즘은 경험을 중요하게 생각하는 젊은이들도 많아진 것 같아요. 그런데 그게 브랜드 경험에 한정된 것 같아서 조금 아쉬워요. 자신이 하고 있는, 하고 싶은 브랜드의 확장판을 경험하는 것도 좋지만, 문화적인 경험이 결국 자기 브랜드에 저절로 적용되거든요. 그래서 무엇보다 문화적인 경험을 많이 쌓으란 이야기를 하고 싶어요. 작년엔 처음으로 베트남에 다녀왔는데 가자마자 '나는 우물 안의 개구리였구나.'라는 생각이 드는 거예요. 베트남 축제가 정말 재미있더라고요. 제가 경험한 그 나라의 문화를 한국으로 들여와 또 한바탕 재미있게 축제를 열기도 했죠. 앞으로도 이렇게 다른 나라를 돌면서 또 다른 문화를 경험하고, 그걸 한국에서 펼치고 싶다는 꿈을 꿔요.

베트남에서 경험이 확장된 거군요.
손 저는 줄곧 일본만 다녔는데, 일본 특유의 정돈되고 깨끗한 느낌 있잖아요. 거기 익숙해져 있다가 날것을 경험하니까 너무 정겹고 재미있더라고요. 여러 가지를 경험하니까 시야가 넓어지는 기분도 들었고요.
장 하려는 일에 푹 빠져드는 게 손 대표의 강점이에요. 저희가 하는 건 예나 지금이나 콘셉트 놀이예요. 콘셉트를 정해서 뭔가를 꾸리고 해내는 거죠. 클라이언트가 브랜딩을 맡기면 가장 먼저 묻는 게 '콘셉트가 뭐예요?'예요. 콘셉트를 먼저 정하고 나면 저희도 거기 빠져들어서 관련된 것들을 수집하고 모으면서 즐길 수가 있게 돼요. 만약 어떤 나라에 초점이 맞추어져 있다면 그 나라의 것을 그대로 연출하려고 세세한 것까지 조사하고 신경 쓰게 되죠. 그게 저희한텐 너무 재미있는 일이에요.

콘셉트 놀이라는 말 너무 좋은데요.
장 캠핑할 때도, 가게를 운영할 때도, 브랜딩 할 때도 계속 콘셉트 놀이를 해온 거예요. 근데 그것도 제대로 하려면 경험이 있어야 하잖아요. 본 게 있어야 디테일을 살릴 수 있으니까요.
손 디테일까지 잘 살리고 싶다는 욕구가 저를 움직이는

것 같아요. 만약 오늘 베트남이라는
콘셉트로 의뢰를 받았죠? 그럼 다음 날
표를 끊고 바로 떠나요. 그 순간만큼은 정말
열정적이죠. 주변 사람한테 같이 가자고
하면 다들 "거기 아는 사람 있어?" 하고
물어요. 없죠(웃음). 저는 그냥 베트남에서
가장 큰 여행사에 전화해요. 그리고 도움 줄
만한 사람 한 분만 붙여달라고 요청하죠.
그러고 나서 그분한테 엄청나게 질문하는
거예요. 아마 저 되게 귀찮으셨을걸요(웃음).
"제가 거기서 물건을 대량으로 사서
한국으로 들고 오고 싶은데 컨테이너를
소개해 주실 수 있나요? 무역상 붙여주실
수 있나요?" 결국 컨테이너에 물건을 잔뜩
담아서 돌아왔어요. 지금 하라고 하면 할 수
있을까 싶은데, 그땐 베트남을 한국에 다
들고 와야겠다는 생각밖에 없었어요.

부산의 명물 플리마켓
'마켓움'

베트남을 그대로 옮겨온 듯한
'아세안 마켓'

있거든요. 그럴 때도 받기는 받아요. 다만
설득을 하죠.
장 브랜딩 작업을 하다 보니 믿음이
중요하다는 걸 알게 됐어요. 저희를
100퍼센트 믿고 맡겨 주셔야 잘되더라고요.
서로 진심을 다할 때 결과도 좋다는 걸 알게
된 거죠.
손 목표를 향해서 모두가 노를 저어
가야 해요. 그래야 딱 완성이 돼요. 계속
삐걱거리면 만족이 안 되는 거죠.
장 서로 믿지 못하면 제가 하기
싫어지거든요. 그럼 대충 타협하게
돼요. 아세안 마켓에 깔린 의자, 사실
별거 아니잖아요. 남포동에만 가도
플라스틱 의자는 많거든요. 타협하게
되면 남포동에서 사 와서 깔자는 이야기가
나오게 돼요. 그런 게 쌓이면 디테일에서
표가 나는 거고요. 그런 차이인 것 같아요.

네? 도대체 무슨 일을 벌이신 거죠?
장 이거 보실래요? (휴대폰을 보여준다.) 이게 손 대표가
맡아서 진행한 '아세안 마켓'인데요. 자그마한 의자들도
다 직접 베트남에서 가지고 왔어요. 아세안 마켓을 하고
싶다는 의뢰를 받고, 만족할 만한 마켓을 성사시키고
싶다면서 베트남으로 달려가더라고요.
손 장 하나까지 다 베트남에서 주문 제작해 왔어요.
이 행사 때 베트남 사람들도 오셨는데, 구석구석 사진
찍으시면서 진짜 베트남 같다고 좋아하셨어요. 잘
만들었다고 칭찬도 해주시고요. 저는 이런 게 정말
재미있어요. 더 완벽하게 하고 싶은 마음도 크고요. 다만
그 열정이 1년에 한 번뿐이라는 게 함정이랄까요(웃음).
옛날에는 365일 열 개 아이템이 머릿속을 맴돌아 다
해보고 싶어서 매일이 바빴어요. 그만큼 시행착오도
많았죠. 사고도 많이 쳤거든요. 그때 실패를 해봤기 때문에
지금 잘되는 게 어떤 길인지 알 수 있다고도 생각해요.
해보니까 알겠더라고요. 열심히 하는 거, 재미있게 하는 건
진심이 통해요.

**의뢰가 들어오면 첫 질문으로 "콘셉트가 뭐예요?" 하고
묻는다고 하셨잖아요. 근데 내가 전혀 모르는 콘셉트면
어떡해요?**
손 문제없죠. 저 베트남도 전혀 몰랐는걸요? 한 번도 안
가본 곳이었어요. 만약 의뢰가 "스페인 식탁을 꾸리고
싶어요."였다면 두말하지 않고 스페인에 갔을 거예요.
근데, 저희가 별로라고 생각하는 걸 제안해 오면 좀
시들해지는 건 있어요. 이건 아닌 것 같은데 싶은 일도

**브랜딩 작업을 부산에만 국한하고 있는 건 아닌 것
같아요.**
손 특히 마켓 일은 더 그렇죠. 한번은 마켓 감독 의뢰를
받아서 서울 노들섬에 간 적이 있어요. 거기서 처음 서울
시장의 분위기를 경험하게 됐는데… 서울과 부산을
무 자르듯 나눌 수는 없겠지만, 확실히 다른 지점이
보이더라고요.

오, 궁금한데요. 어떤 점이었어요?
손 부산 사람들에겐 마음의 여유와 어느 정도 느슨함이
있어요. 반면 서울 사람들에겐 경계나 틀이 있다고
느껴졌어요. 부산 사람들은 마켓에 오면 괜찮아
보이는 물건을 가리키며 "이거 얼마예요?" 묻고는
"친구들도 사줘야지, 다섯 개 주세요!" 하고 여러 개
사 가시는 분들이 대부분이에요. 묻지도, 따지지도 않고
선물한다면서 잔뜩 사 가시는 거죠. 현금으로 하면 좀더
싸게 해주냐면서 실랑이도 하고요(웃음). 근데 서울
분들은 좀더 꼼꼼한 면이 있어요. "이거 KC 인증 받은
거예요?", "이 패턴은 직접 디자인하신 거예요?" 하면서
출처와 과정을 궁금해하세요. 여러 브랜드를 접하면서
생긴 기준일 수도 있겠고, 셀러에 대한 관심일 수도
있겠지요. 그러나 물건을 구매하기까지 시간이 비교적
오래 걸리더라고요. 처음에는 셀러들도 물건을 하나하나
소개하고 정성껏 안내하는데, 결국 손님이 "잘 봤습니다.
둘러보고 올게요." 하고 떠나면 셀러가 지치는 게 눈에
보이더라고요. 부산에서 활동하던 분들이어서 분위기가

사뭇 달랐던 게 힘들었던 것 같아요.

장 받아들이기 나름인 것 같아요. 저는 서울에 있다가 부산에 정착한 사람이잖아요. 그래서 처음 모루식당을 열었을 때 갑자기 훅 들어오는 손님들 때문에 종종 당황하곤 했어요. 물론 관심이 있어서였겠지만 부산 문화에 익숙하지 않아 좀 당황스러웠죠. 반면 서울 사람들은 브랜드를 존중해 준다고 해야 하나, 조심스러운 면이 있어서 모루식당에 와서도 분위기를 파악하고 일단 이 분위기에서 지켜야 하는 규칙을 염두에 두는 면이 있어요. 룰이 이만큼이면 다 지키는 게 당연하다고 생각하는 거죠. 반면 부산 손님들은….

손 처음 만난 사람한테 대뜸 "몇 살이에요?" 묻는 편이지요(웃음). "어디 살아요? 거기 집 비싸잖아? 잘사나벼? 집 몇 평인데?" 아마 부산 사람이 아니면 무례하게 느껴질 거예요. 근데 이게 다 관심 표현이거든요. 궁금한 거예요, 이 사람에 대해서. 안 좋으면 안 물어보죠. 접점을 찾고 싶으니까 계속 묻고, 또 묻는 거예요. 친해지고 싶으면 접점이 나올 때까지 물어봐요. "초등학교 어디 나왔어요?"까지 가는 거죠. 이 사람이 마음에 들면 하루 만에 호구조사 다 해서 공통점 찾아야 해(웃음).

납작하게 서울 사람은 이렇다, 부산 사람은 이렇다, 얘기하긴 어렵지만 분명히 특징은 있는 것 같아요. 부산에 계속 살아온 손 대표님이랑 서울에서 온 장 대표님 시각이 그걸 잘 이야기해 주는 것 같고요.

손 그렇게 호구조사 해서 비슷한 점을 찾고 끝내는 게 아니라 "내일 전화할 테니까 같이 밥 먹어."까지 가는 게 부산 사람이에요. 물건 사는 것도 똑같은 거예요. 동네 사람이면 더 사주는 마음도 있고, 동네 사람이면 깎아주기도 하고요. 저는 이걸 인정이라고 봐요. 이런 도시에 살다가 서울에 가니까 저는 차갑다고 느낀 거죠. 선을 넘지 않으니까 불쾌하지 않게 만드는 면이 분명히 있는데요. 부산 사람들에겐 이런 질문이 불쾌한 게 아니거든요. 오히려 '나한테 관심이 있네.' 하는 거지.

타지 사람으로서 보는 부산의 매력도 있을 것 같은데, 어때요?

장 저는 여기 살기 전부터 부산을 엄청 좋아했어요. 제 고향은 대전이었는데요. 거긴 지명 자체가 한밭이잖아요. 그래서 주변에 바다가 없어요. 그러니까 바다가 있는 도시라는 게 너무 매력적이었죠. 전 시내가 관광지화돼 있는 곳도 거의 부산이 유일하고요. 다른 도시는 관광 스폿이 정해져 있는데, 부산은 주거지 빼놓고는 전 시내가 관광지라고 봐도 좋아요. 광안리는 여름에 가보면 외국 온 것 같은 느낌도 들어요. 부산 사람들은 이걸 당연하게 느끼겠지만 전 타지에서 왔기 때문에 이런 점이 참 매력적이에요.

손 외국이 아니고 그냥 부산인데(웃음). 저희 집이 해운대거든요. 해운대 중에서도 달맞이 고개 쪽에 사는데, 사람들이 일부러 찾아와서 둘러보는 곳이잖아요. 근데 전

나가보지도 않아요. 집 주변이니까 특별하다는 생각이
안 드는 거예요. 저한테는 완전히 일상이니까 이 도시를
바라보는 시각이 확실히 달라요.

**그럼 모루과자점이 생길 때 손 대표님도 '왜 거기에
가게를 내?' 하고 생각하는 쪽이었어요?**
손 그럼요. 참 이상한 데다 냈다 그랬죠. 저한테는 고정
관념이 있던 동네인 거예요. 근데 거기가 해리단길이
되다니, 역시 장 대표는 보는 눈이 있다는 생각도 들고요.
생각지도 못한 곳에 브랜드를 만들고 그 주변에 상권을
만드는 건 쉬운 일이 아니거든요. 저희는 요즘 제 2의
해리단길을 만들어 보자는 꿈을 꾸고 있어요. 새로운
골목을 만들고 그 안에 우리 브랜드들이 들어오고, 또 다른
브랜드들이 자리를 잡아서 새 골목이 탄생하면 좋겠다는
생각을 자주 하고 있죠.

생각해 보고 있는 동네가 있어요?
장 얼마 전만 해도 여기저기 후보가 있었는데요. 엑스포를
염두에 둔 것 같기도 한데… 동시다발적으로 재개발에
들어가니까 분위기가 너무 많이 달라지더라고요.
손 그간 저희가 나름 실패 겸 성공을 겪었다고
생각하는데요. 그건 조사하지 않았기 때문인 것 같아요.
아무것도 묻고, 따지지 않고 그냥 '여기 너무 좋다.' 하면서
대뜸 시작한 거죠. 근데 이제는 좀더 책임감을 가져야
하니까, 재개발 여부도 그렇고 자꾸 조사하게 되면서
조심스러워지는 면이 생기더라고요.

조심스러워진 게 아쉬워요?
장 음, 꼭 그런 것만도 아니에요. 저희는 상권을
분석한다거나 브랜딩을 공부했다고 말할 만한 사람은
아니에요. 조심스러운 면이 생기면서 자꾸 공부를 하게
되거든요.
손 근데 자꾸 공부하다 보니까 걱정도 생기는 것 같아.
지금은 용기가 필요한 시점 아닐까?
장 그래, 이제 공부하지 말자.

**(웃음) 이번 호 주제어가 '부산'이잖아요. 두 분은 부산
하면 뭐가 떠오르세요?**
손 저는 처음 마켓움을 기획할 때부터 장소는 무조건
야외이길 바랐어요. 부산 자체가 무대라고 생각했거든요.
바다도, 산도 전부 하나의 공간처럼 보여서요. 부산은
자연이 굉장히 큰 강점이라고 생각해요.
장 저도 같은 생각이에요. 너무 뻔한 이야기지만, 바다와
가까운 도시라는 게 큰 매력이에요. 바다 가까이에서 살지
않은 저 같은 사람에겐 더 그렇죠. 저는 저희 브랜드에

방문해 주시는 분 중 많은 분이 관광객일 거라고 생각해요.
저 같은 사람인 거죠. 그러니까 제가 느낀 부산의 매력이
좀더 돋보이게 브랜드를 운영하고 싶어요. 부산에서
활동하는 타지 사람으로서 여기 오는 분들에게 제가
본 것들을 전달하는 게 제 역할이라고 생각하는 거죠.
손 결국은 현지인인 저도, 타지인인 장 대표도 부산의
환경적인 면을 가장 좋아하나 봐요. 아름다운 바다와 산,
그리고 사람들.
장 우리는 그걸 좋아해서 만난 사람들이니까요.

**10년 전에는 캠퍼로 인터뷰하셨고, 10년이 지난 지금은
그 취향을 확장해서 브랜딩으로 인터뷰하게 되었어요.
10년 뒤에 다시 만난다면 어떤 이야기를 하게 될 것
같아요?**
손 곰곰이 생각해 보면 저희가 한 단계, 한 단계 발전하긴
한 거 같아요. 10년 동안 큰 발전이 있었더라고요. 전혀
관계없는 일처럼 보이지만 그게 다 연결된 거잖아요.
10년 뒤에도 이 마음을 잊어버리지 않고 또 재미있는 일을
하고 있었으면 좋겠어요. "대표님, 10년 전이랑 지금이랑
똑같으세요."라는 이야기를 듣고 싶어요. 그럼 55살에
만나게 되는 건가….

**그때도 컨테이너 하나에 물건 가득 들여와선 새로운 일
벌이고 계시는 거예요(웃음)?**
손 꼭 그러고 싶어요.
장 오랜만에 《AROUND》 5호를 들춰봤는데, 굉장히 옛날
일 같다고 생각하지만 사실 변한 게 하나도 없더라고요.
제 마음가짐도 그렇고, 여전히 이렇게 콘셉트 놀이를 하고
있고요. 이때 함께 인터뷰한 친구랑 지금도 같이 일하고
있다는 게 저한텐 큰 의미예요. 10년 후에 우리가 같은
일을 할지, 다른 일을 할지는 알 수 없지만 이렇게 다시
만나서 또 이야기하게 된다면 좋겠어요. 그때는 우리가
이렇게 될 줄 상상도 못 했으니까, 또 상상도 못 할 일이
벌어지겠죠?

틈만 나면 두 사람은 서로를 보고 웃는다. 그럼 왠지 나도
웃음이 났다. 한 번씩 툭 던지는 말들이 울퉁불퉁하고
거센데도 애틋하게만 들리는 건 두 사람이 대개 같은
방향을 보고 있어서일 테다. 두 사람이 섞일 때마다
어떤 색들이 선명하게 빛난다. 그것은 빨강이었다가,
파랑이었다가, 갑자기 분홍이 되기도 하는데, 섞여 드는
빛깔이 언제나 같아 나는 내심 감탄했고 이내 안심했다.

2019년, 커피 신의 작은 거인으로 불리던 한 여성을 기억한다. 낯선 타국
무대에서 경연장을 누비며 이국의 심사위원들에게 커피 한 잔을 대접하던 이의
환한 웃음을. 그건 서비스직 특유의 습관 같은 미소와는 거리가 멀었다. 어쩐지
꿈을 꾸는 듯한 묘한 떨림이 만면에 어려 있었다. 세계 최고의 바리스타를 가리는
자리임에도 자신을 내려놓은 채 진심으로 임하던 그는 그 자리에 있던 모두를
제치고 몸집만 한 트로피를 안아 들었다. 그로부터 5년이란 시간이 흘렀다. 커피와
함께하는 삶에는 어떤 변화가 찾아왔을까? 궁금해하며 부산에 내려왔다. 5년 전
그날처럼, 행복하게 웃는 그를 보니 변한 것은 흘러간 시간뿐이구나 싶다.

잠들지 않는 모험가는
짙은 빛깔의 꿈을 꾼다

전주연—바리스타

에디터 오은재
포토그래퍼 최모례

오랜만에 출근하신 거죠? 요즘 육아하느라 바쁘시다고 들었어요.

이제 출산한 지 50일 정도가 지났네요. 두 달 정도 쉰 것 같아요. 오늘처럼 인터뷰가 있을 때마다 카페에 나와서 직원들이랑 인사를 나누고 있죠. 출산 휴가 중이긴 하지만 제게 온 기회들을 놓기에는 아쉽다는 생각이 들어요. 나중에 복귀했을 때 경력 단절이 되는 일이 없도록 아기가 잘 동안에는 틈틈이 일 보면서 시간을 보내고 있죠.

아이 키우면서 일하는 게 보통 일이 아닐 것 같아요.

임신과 출산 이후 어떻게 하면 여성으로서 커리어를 그대로 이어갈 수 있을지 고민이 많아졌어요. 아무래도 바리스타는 이런저런 제약이 정말 많거든요. 하는 일들을 조율하기가 어렵고, 무엇보다도 카페인 섭취가 불가능하다 보니 어려움을 겪을 수밖에 없죠. 커피를 안 마실 수 없는 직업이니까요. 요즘은 커피바에서 벗어나 브랜드 기획팀에 소속되어 사무 일을 하고 있어요. 나름대로 오랫동안 일을 하다 보니 상대적으로 배려를 많이 받고 있지만, 업계 내에서 해결해야 할 사소한 부분들이 제겐 큰 숙제처럼 느껴져요. 주변 동료들도 결혼을 앞둔 친구들이 많아요. 친구들은 저보고 '우리들의 미래'라고 하거든요. 첫 타자로서 출발선을 벗어났으니 좋은 선례를 남겨야죠.

유독 앞장서서 걷는 일이 많네요. 무엇보다도 업계 내에서 입지가 있다 보니 더욱 부담감이 클 테지요.

월드 바리스타 챔피언이 된 후 많은 주목을 받게 되면서 자연스레 그렇게 된 것 같아요. 여성으로서는 전 세계에서 두 번째였고, 더군다나 한국에서는 처음 있는 일이었으니까요. 파이널에 선발된 바리스타의 대부분이 남성이다 보니, 제가 하는 일들이 '여성'으로서 조명되는 경우가 많은 것 같긴 해요. 여성 바리스타분들이 격려 메시지도 엄청 많이 보내주시더라고요. 임신과 출산은 제 개인적인 일이지만 책임감을 느끼게 될 수밖에 없죠. 이 시기를 최대한 잘 보내고 나서 어떻게 복귀하는 것이 좋을지 생각이 많아요.

무게를 견뎌야겠어요. (북적거리는 공간을 보며) 그나저나 오늘 카페에 사람들 진짜 많네요.

평일이라 평소보다 없는 편이에요. 주말에는 훨씬 많아요. 예전에는 대부분 해운대나 광안리 쪽에 갔는데, 요즘 영도에 이것저것 들어오면서 많이들 찾아주세요. 카페 주변에 호텔도 여러 군데 생겼어요. 저번에 일부러 오션뷰로 한번 묵어보면서 영도를 감상해보았는데요. 확실히 다른 바다랑은 느낌이 다르더라고요. 관광지 쪽

해수욕장은 잔잔하게 파도만 치는데 여기는 항구라서 아침에 일어나면 배가 바다로 나가는 게 보여요.

바다마다 제각기 풍경이 다르잖아요. 영도만의 고유한 특징인 거군요.

저는 영도가 가장 '부산스러운 바다'라고 생각해요. 해운대나 광안리는 만들어진 느낌이 강하잖아요. 영도는 특유의 거친 분위기가 남아 있어요. 한국전쟁 때 피난민이 가장 많이 모이던 공간이다 보니 부산의 이야기가 시작되는 지점이기도 하지요. 영도의 윗동네에는 낮은 집이 굉장히 많이 모여 있어요. 그 공간이 만들어 내는 풍경이 무척 애틋하거든요. 그런 자연스러운 풍경들이 부산다움을 만들어 내는 것 같아요.

그런 점을 염두에 두고 이곳에 모모스 로스터리 & 커피 바를 오픈하게 된 걸까요?

관련이 좀 있긴 해요. 모모스 본점은 온천장 쪽에 있어요. 리뉴얼을 하기 위해 생산 시설을 옮겨 놓을 공간을 찾다가 영도를 둘러보는데 이 공간에 도착하자마자 첫눈에 반해버렸어요. 너무나도 부산스러웠거든요.

이전에는 영도에 와보신 적이 없나요? 아니면 기존엔 보지 못하던 아름다움을 새롭게 발견하게 된 건가요?

사실 저희 카페가 위치한 곳은 뱃일하는 사람 외엔 올 일이 없어요. 선착장이나 창고가 전부니까요. 그 모습이 오히려 더 마음에 들었나 봐요. 처음에는 로스팅 공장 정도만 차릴 생각이었는데, 아예 이곳에서 무언가를 해봐야겠다 싶었죠. 자연스럽게 영도의 아름다움을 알릴 수 있지 않을까 하는 기대감이 있었거든요. 영도는 인구 소멸 지역이라 힘 써서 홍보할 필요성도 있었고요.

부산이 고령화 문제를 겪은 지 꽤 오랜 시간이 지났다고 들었어요.

맞아요. 영도가 부산 내에서도 제일 심각해요. 이쪽은 배와 관련된 일 하시는 분들이나 외국인 노동자분들께서 출퇴근하는 곳이라 거주하는 사람들이 많지는 않아요. 다행히 여러 카페와 저희가 이곳에 자리 잡은 이후로 젊은 층이 조금씩 유입되고 있어요. 작게나마 지역 활성화에 도움이 돼 기뻐요. 규모가 예상보다 훨씬 더 커진 터라 에너지를 많이 쓰긴 했지만요.

영도에 카페만 200개가 넘는다는 이야기를 들었어요. 요즘 커피가 부산 관광 산업의 핵심으로 자리 잡을 만큼 좋은 아이템이 된 것 같아요.

'카페 투어'라는 단어가 이젠 그다지 낯설지 않은 것

같아요. 저희가 2007년에 처음 오픈했는데요. 운영하는 10년 동안은 '기술자'의 시선으로 커피 한 잔을 맛있게 만들어 내는 데 많은 공을 들였죠. 그게 저희 최대 관심사였어요. 그런데 영도에 새로운 공간을 준비하면서는 '꼭 커피가 주인공이 아니어도 괜찮겠다.' 싶었어요. 공간을 매개로 커피에 담긴 다양한 가치를 전하게 되길 바랐죠.

커피 맛에 자부심이 있기에 그런 선택지까지 염두에 둔 거 아닐까요. 반면 예쁜 외관에 비해 음료나 서비스는 따라가질 못해서 쉽게 없어지는 카페도 많지요.
저는 그런 카페들도 존중하고, 존재해야 한다고 생각해요. 커피 신이 확장될 수 있는 하나의 장이기도 하니까요. 그런 공간을 향유하는 사람들은 대부분 '인스타그래머'고, SNS에서 통하는 핫한 카페에 방문해서 공간을 즐기며 자연스럽게 음료들을 접하게 되잖아요. 카페에서의 즐거운 경험이 쌓여야 점점 더 나은 선택지를 고를 수 있게 되겠죠. 마찬가지로 1-2천 원에 커피를 마실 수 있는 저가 시장도 필요해요. 진입 장벽을 없앨 수 있잖아요. 여러 경우의 수들을 배척하기보단 '있어줘서 고맙다.'고 생각하려 해요.

생각해 보니 다들 캔 커피나 프랜차이즈의 저렴한 아메리카노를 마시면서 커피에 입문하게 되는 것 같아요. 마시다 보면 어느 시점부턴 맛있는 커피를 찾게 되더라고요.
와인도 그렇잖아요. 처음부터 비싼 와인을 마시는 건 부담스럽고 리스크가 커요. 그러니 3-4만 원대부터 시작해서 점점 가격대를 올리는 방식으로 접근하게 되고요. 결국 경험은 계속해서 수준을 높이는 방식으로 이뤄지잖아요. 특히나 미식 쪽이 더 그런 것 같아요. 그런 점에 있어서 앞서 언급한 카페들이 열린 마음으로 다가가도록 만들어 준다고 생각해요. 모모스 커피는 스페셜티 커피를 선보이고 있는데요. 아직 생소하게 느끼시는 분들이 많아요. 시장도 작고요. 어떤 분야가 파급력이 생기려면 향유하는 소비자가 많아져야 하니까 커피 하는 사람들끼리만 움직이면 안 되겠다 싶었어요. 그래서 단순히 커피를 소개하는 것뿐만 아니라 파생될 수 있는 이벤트도 열어보려고 해요. 최대한 사람들을 모으려고요. 이런 생각을 하게 된 결정적인 계기가 하나 있어요.

결정적인 계기요?
런던에서 가족들과 함께 두 달 정도 시간을 보낸 적이 있어요. 세 살 된 조카랑 관광 필수 코스인 대형 미술관에

갔는데요. 이곳저곳 둘러보다가 갑자기 아이가 한 그림을 가리키며 "저기에 모네 그림이 있어!" 하는 거예요.

세 살인데 벌써 모네 그림을 알아요?
그러니까요. 저도 놀랐어요. 새언니가 미술을 하긴 해요. 그렇지만 아이가 그 나이에 벌써 모네 그림을 구분할 수 있다는 게 충격적이었어요. 어린 시절부터 다양한 환경을 접하는 것이 도움이 되는구나, 싶었어요. 청년들이 부산을 벗어나는 것도 그런 이유 때문일 거예요. 문화나 콘텐츠가 대부분 서울 쪽에 집중되어 있으니까 이를 경험할 기회가 많이 없거든요. 성장을 하려면 창조적인 경험을 쌓아나가는 것도 중요하잖아요. 어린 시절에 부산에 살면서 그런 것들을 크게 누리지 못했던 거죠. 그런 결핍된 부분들을 커피 하는 사람으로서 해소해 줄 방법은 없을까, 고민하다 카페에서 문화생활을 즐길 수 있다면 어떨까 하는 생각까지 뻗어나가게 되었어요. 평소에 미술관이나 박물관에 가는 게 쉽진 않잖아요.

미술관이나 박물관에 비해 카페는 훨씬 장벽이 낮죠.
맞아요. 커피를 소비하는 문화가 많은 사람의 일상에 자연스럽게 녹아 있으니까요. 그러니 이왕 오신 김에 그림을 관람한다든지, 좋은 가구를 체험해 볼 수 있다면 좋지 않을까 싶었어요. 그뿐만 아니라 다양한 산업에 종사하시는 브랜드나 크리에이터와 협업해서 신을 조금 더 확장하려 해요. 이 공간이 여러 문화와의 연결 다리 역할을 하는 거죠.

'오로지 맛 하나로 승부하겠어.' 같은 고집이 없으시네요.
지난 10년 동안 그런 생각을 가지고 달려왔던 것 같아요. 그런데 지금은 저보다 커피를 잘하는 분이 훨씬 더 많다고 생각해요. 저는 커피를 정말 좋아해서 시작한 건 아니었어요. 우연히 바리스타 일을 시작했고, 함께 일을 하는 사람들과 우정을 다지고 브랜드를 키워나가는 것에 재미를 느끼다 보니 여기까지 흘러오게 된 거죠. 동료들과 함께 대화하다 보면 '우리가 존재해야 하는 가치와 이유'에 대해 되묻게 될 때가 많아요. 그러다 보면 우리가 꿈꾸는 목표가 무엇인지 그려보게 되는데요. 조금 가까운 미래를 생각해 본다면 '부산에서 가장 사랑받는 브랜드'가 되었으면 좋겠다, 싶었죠. 우리가 하는 일이 부산의 성장에 조금이라도 기여하게 된다면 그거야말로 큰 성취감을 느낄 수 있을 테니까요. 아직 그 과정 중에 있다 보니, 더 많은 사람과 소통하기 위한 방법을 계속해서 연구해야 해요.

커피 공부 차 해외에도 많이 다녀오셨잖아요. 커피 문화가 잘 정착한 도시는 어디예요?

이탈리아랑 멜버른이요. 이탈리아는 에스프레소가 처음 시작된 도시인 만큼 에스프레소바 문화가 굉장히 잘되어 있어요. 이탈리아인들은 아침에 일어나서 크루아상에 에스프레소 한 잔 마시고 출근해요. 멜버른도 마찬가지예요. 그들도 하루를 시작할 때 브런치와 함께 커피를 곁들여요.

사뭇 더 여유로운 느낌이 들어요.

커피 소비 문화가 정착된 나라다 보니 더욱 그런 것 같아요. 최근에는 엄청 오래된 카페들을 보면 감응하게 돼요. 베니스에는 유서 깊은 카페가 참 많아요. 그중에서 '카페 플로리안'이라는 유럽 최초의 카페를 가보았는데요. 그곳에 머무를 때면 공간이 수많은 이야기를 품고 있다는 걸 실감하게 되죠. 수많은 카사노바가 그곳에서 핫초코를 즐겨 마셨다는 일화가 있더라고요. 예술가들이 영감을 얻던 공간이기도 하고요.

일종의 살롱 같은 곳이네요.

그렇죠. 우리의 카페도 이야기를 쌓아나갈 수 있는 공간이 되었으면 좋겠다 싶었어요. 두 도시에 가면 부산 또한 저렇게 만들고 싶다는 열망이 생겨요. 한국 바리스타분들이 커피를 더 배워야겠다거나 워킹 홀리데이 차 호주로 많이 떠나곤 해요. 한국에서는 바리스타라는 직업이 인정받기가 어렵거든요. 아직도 파트타임 직업으로 인식하는 경우가 많은데요. 두 나라는 모든 이들이 커피를 소비하다 보니, 나의 음료를 만들어 주는 바리스타에게 고마움을 느끼곤 하죠. 자부심을 가지고 일할 수 있는 환경이 마련되어 있는 것 같아요.

월드 바리스타 챔피언십 우승을 거머쥔 후에 계속해서 바리스타에 관한 인식이 개선되었으면 좋겠다고 이야기하고 있죠. 시간이 좀 지났는데, 변화를 체감하고 있나요?

엄청 많이 바뀌었다고 생각은 해요. 이전에 제가 월드 바리스타 챔피언십에서 우승하기 전에는 불만을 제기하는 손님이 많았어요. 커피를 주문하시고 몇 분 정도 기다리다 나오질 않으니 "왜 안 나오냐."고 화를 내는 분들도 있었죠. 챔피언십에서 우승하고 난 뒤부터 카페에 손님이 훨씬 더 많아졌는데요. 맛있는 커피를 마시기 위해선 기다릴 수 있다는 인식이 잡힌 것 같아요. 무엇보다도 스타벅스나 블루보틀 같은 큰 브랜드에서 스페셜티 커피에 관한 목소리를 함께 내주고 있어서 더욱 힘이 생기는 기분이에요. 그렇지만 아직 개선되어야 할 부분이 더 많죠.

구체적으로 어떤 부분일까요?

외식업에 종사하다 보면 묘하게 차별적이라는 걸 체감하곤 해요. 이를테면 파스타를 만드는 분들은 셰프라고 이야기하는데, 김치찌개나 된장찌개 집에서는 이모님이라고 많이 부르잖아요. 앞서 말한 멜버른에서는 직업에 귀천이 따로 없거든요. 그냥 그 자체로 존중을 해주죠. 그런 부분에 관한 인식부터 조금씩 변해야만 업계 문화가 조금 더 나아지지 않을까 싶어요. 아, 멜버른 이야기가 나와서 덧붙이자면 거긴 프랜차이즈가 살아남기가 어려운 생태계예요. 스타벅스도 자리 잡기가 힘들어요.

스타벅스가요?

작은 브랜드들이 훨씬 더 좋은 커피를 저렴하게 판매하고 있거든요. 그러니 굳이 대형 카페를 방문할 필요성을 못 느끼는 거죠. 부산도 그렇게 됐으면 해요. 모모스 카페 또한 그런 분위기를 조금씩 만들어 가려고 노력하고 있어요. 어쨌든 우리가 좋은 커피를 많이 선보여야 사람들이 찾아줄 테니까요. 브랜드를 운영하는 사람들이 고민하고 배려해야 자연스레 질 좋은 외식 문화가 형성이 되겠죠?

안 그래도 부산에서 개최될 예정인 월드 바리스타 챔피언십 소식에 엄청난 기쁨을 감추지 못하셨어요.

제가 스물다섯 살 때 인터한 영상을 보면 커피 도시 부산에 대한 이야기를 엄청나게 많이 했더라고요. 무려 10년 전부터 이런 그림을 꿈꿔온 거예요. 챔피언십 이후에 많은 것들이 이뤄지고 있긴 하지만 대회를 부산에서 개최하게 되면 커피 도시로 자리매김할 기회가 찾아오지 않을까 싶었거든요. 주최 측에서는 시에서 적극적으로 거드는 것은 처음이다 보니까 반응이 좋더라고요. 그렇게 2년 동안 준비를 했어요.

부산에서 개최되는 것이 어떤 의미인지, 주연 씨에게 직접 듣고 싶었어요.

월드 바리스타 챔피언십이 2017년 서울에서 열리긴 했어요. 서울, 도쿄 다음으로 아시아에서 세 번째 진행되는 건데요. 이 대회가 커피 산업에서는 가장 큰 이벤트이자 쇼이다 보니 약 60개국이 참여해요. 행운인 점은 대회뿐만 아니라 박람회까지 함께 열리게 되면서 어마어마한 축제가 되었어요. 박람회는 아시아에서 처음 개최될 예정이지요. 그 덕에 부산에서 커피를 하는 브랜드들 또한 함께 성장할 기회가 될 거예요. 커피는 관광과 떼려야 뗄 수 없는 존재예요. 부산시가 관광 도시로 선정되어 있긴 하지만, 대회가 개최된다면 어느 때보다도 활발한 풍경이

펼쳐지겠죠. 정말 많은 사람과 규모 있는 브랜드들뿐만
아니라 기계를 만드는 회사나 농장 사람들, 관련 업체
인력들이 방문하게 될 거예요. 커피 애호가들의 축제가
열리는 거니까요.

**최근 월드 바리스타 챔피언십을 회고하며, 주연 씨처럼
공들여 준비하고 있을 후배들을 위한 팁을 전해주었죠.
당시 사용하던 파일들을 공유까지 했어요.**
제가 참여한 대회인 만큼 많은 분이랑 나누면 좋겠다고
생각했어요. 매번 계획만 하다 뒤늦게 이야기를 적어보고
있어요. 월드 바리스타 챔피언이 되고 나서는 매체
인터뷰 외에는 해외에 나가서 시간을 보냈어요. 보통
우승자분들이 세미나를 진행하며 준비 과정을 공유하곤
하는데요. 저는 따로 구체적인 경험을 후배들에게 전하지
못한 것에 늘 아쉬움이 남아 있었죠.

**당시 1위에 오르기까지 이런저런 우여곡절이 많았던
것으로 기억해요. 바리스타로서 치명적인 실수를
저지르기도 하고요.**
제가 2019년에 우승을 했어요. 그 전년도에도 세계
무대를 섰는데 부담감이 엄청났어요. 9년 동안 계속해서
마음에 품고 있던 대회이기도 했고, 처음으로 회사와
국가를 대표하여 무대에 선 것이다 보니까 힘이 들어갈
수밖에 없었죠. 당시에 아침에 눈뜨자마자 우황청심환부터
들이켰어요. 너무 떨려서 하루에 서너 병을 마시고
몽롱해진 채로 임했죠. 당시 시연 영상을 보니까 말도
살짝 느리더라고요. 그러다 보니 원두 템핑을 뛰어넘는,
어이없는 실수를 저지르고 만 거예요. 운전으로
비유하자면 사이드 브레이크를 안 내리고 그냥 간 거나
마찬가지일 정도로 엄청나게 기초적인 실수였어요.

끝나고 나서도 크게 자책했을 것 같아요.
백스테이지 들어가서 펑펑 울었죠. 제가 평소에 힘든
일을 맞닥뜨릴 때마다 크게 좌절하기보다는 다 이유가
있을 거라는 이야기를 되뇌곤 해요. 그때도 이유가 있을
거라면서 애써 저 자신을 위로했어요. 한 시간 가까이 울다
보니까, 정말 이유가 생기더라고요.

어떤 이유였나요?
한 나라를 대표해 나가는 대회에서 그렇게 기초적인
실수를 한 사람은, 20년 동안 저 하나밖에 없었잖아요.
그건 결국 내가 유일한 존재라는 뜻인 거나 다름없죠.

와… 그런 식으로 결론을 낼 수 있어요?
사소한 거에 분노하기보단, 재미있는 일화로 만들어

보자고 생각했어요. 그래서 눈물을 그치고 밖으로 나가자마자 스스로 별명을 붙여줬죠. '노템핑걸'이라고요. 지나간 것을 예민하게 받아들이지 않고 내려놓는 자세가 인상 깊었나 봐요. 다음 대회 때 출전했는데 다 저를 기억하고 계시더라고요. 심사위원분들 모두 "올해는 템핑만 잘하면 될 거다."라고 응원해 주셔서 좋은 분위기에서 시작할 수 있었죠. 그때는 모든 기운이 나한테 집중되어 있다고 생각했던 것 같아요.

무수한 실패를 딛고 혼자서 일어났네요. 여유가 생긴 덕에 대담하게 경연을 이끌어 갈 수 있었던 것 같고요.
2018년에 그런 일을 겪지 않았다면 2019년에 그만큼 잘할 수도 없었을 거예요. 그때 많이 되돌아보았거든요. 18년에 내가 왜 힘들었는지를 생각하면서, 하나둘 놓았던 것 같아요. 무엇보다 이전보다 욕심도 없었죠. 원래 제 목표는 우승이 아니라 '언젠가 월드 바리스타 챔피언십이라는 무대에 서보자!'였거든요. 사실 꿈은 이미 이루어졌던 거죠. '0점을 받아도 되고, 꼴찌여도 되니까, 올해는 내가 하고 싶은 걸 보여주자.' 싶었고, 훨씬 더 재미있게 할 수 있었어요.

오랜 시간이 지나 다시금 그날의 이야기를 되짚어 보니 어땠나요?
다시 봐도 완벽했던 것 같아요(웃음). 진짜 할 수 있을 만큼 다 했어요.

역시 최선을 다하면 미련이 없군요.
그 이상으로 할 수 없다고 생각해요. 다만 룰이 조금 변경된 부분도 있어서, 이전과는 달리 새롭게 해석해야 하는 부분들도 생겼거든요. '내가 지금 대회에 참가한다면 잘 해낼 수 있을까?' 하고 질문하면 확실히 그렇다고 대답할 수는 없겠더라고요. 새로운 룰들을 확인하면서 나는 과연 이런 상황에서 어떻게 했을까, 좋은 결과를 낼 수 있을까 상상해 보니 크게 자신이 없었어요. 그렇지만 만약 도전한다고 하면 또 최선을 다하겠지요.

바리스타 일은 쇼를 연출하는 감독의 역할에 좀더 가깝다는 이야기가 인상 깊었어요.
커피 한 잔을 제대로 느끼게 만들기 위해서 다방면을 살펴야 해요. 어떤 잔에 제공하는 게 좋을지, 어떤 트레이에 내어줄지, 어떤 음악이 흐르면 좋을지를 다 계산하죠. 예를 들어 비 오는 날 커피를 마신다고 상상해 보세요. 날씨 탓에 사람이 처지게 되잖아요. 그럴 때는 조금 더 묵직한 커피를 찾는 분들이 많아요. 그러니 음악도 조금 더 운치 있는 느낌으로 세팅하게 되죠. 반면에 화창한

날에는 상대적으로 밝은 인상을 주고 산뜻한 커피를 찾고요. 이런 사소한 차이들도 알고 있어야, 그날그날 추천해 주는 원두가 달라져요.

입맛이 날씨 영향을 많이 받는데, 그 영향이 커피 고르는 데에도 미치는군요.
그럼요. 결국 소비자가 커피를 맛있게 즐기기 위해 그들의 오감을 어떻게 자극할 것인지를 생각해야 해요. 그게 바리스타의 역량이고요. 맛있게 만드는 건 너무나도 기본이니, 탄탄하게 깔린 바탕 위에 어떤 요소들을 더할지부터 시작해야 하죠. 실제로 사람들한테 가장 맛있게 마신 커피가 무엇이냐고 물었을 때, 향미를 짚어내기보단 누구와 함께했고 어떤 곳에서 어떤 분위기에서 마셨는지가 결정적으로 맛을 판가름하는 데 중요한 역할을 해요. 아까 말한 이탈리아나 멜버른이 맛에 집중한다면, 우리는 커피 한 잔을 매개로 많은 대화가 이뤄지다 보니 공간의 개념이 훨씬 더 중요하죠. 그래서 인테리어나 음악 같은 부수적인 요소를 놓칠 수 없는 거예요. 그렇다고 해서 바리스타가 모든 음악을 컨트롤하기에는 무리가 있으니, 영도 모모스 커피는 전문 DJ에게 매달 플레이리스트를 받아서 분위기를 만들어 내고 있어요. 이런 부분들 때문에 한국에서 커피 하기 어렵다는 반응도 많아요.

지금 마시고 있는 커피도 무척 맛있어요. 함께하고 있는 사람과 공간의 분위기가 좋아서 그런 것도 있지만, 맛 자체가 정말 깔끔해요.
커피 맛은 원두가 결정해요. 재료가 좋아야지 맛 표현이 가능해지거든요. 이건 엘살바도르 산지 커피예요. 바리스타 대회처럼 커피 농장들이 참여하는 생두 대회도 있어요. 커피 농장들이 농사를 지어 키운 열매들을 출품해서 좋은 품질의 원두를 가리는 건데, 이 커피는 2019년에 그래도 꽤 괜찮은 성적을 거두었어요. 순위는 낮았지만 그것과 상관없이 너무 맛있었어요. 어떻게든 농장과 거래하고 싶어서 엘살바도르에 있는 친구들에게 물어가며 수소문했는데 실패했죠. 그러던 어느 날 커피 산지들을 여행하던 도중에 농장주를 아는 사람을 만난 거예요. 연락처를 받고 나서 직접 찾아가 보았는데, 그 해 생산한 커피는 이미 동났다고 하더라고요. 그렇지만 포기하지 않고 얼굴도장을 찍은 덕에 그다음 해부터 모모스 커피랑 직거래망을 갖추게 되었어요.

주연 씨 SNS를 보면 농장 사람들과 함께 웃는 사진이 참 많아요. 사이가 돈독해 보이더라고요.
비즈니스도 관계의 연장선인 것 같아요. 사람과 사람이

하는 일이니 결국 친해져야 하죠. 농장에 직접 가는 것도 그곳에서 일하는 분들과 친구가 되기 위해서예요. 메일로 우리 측에 생두를 보내달라고 계약을 맺으면 정말 비즈니스 관계에서 끝나버려요. 같이 밥 먹고, 손잡고, 부대끼며 잠도 자면서 마음을 나누다 보면 일을 떠나서 좋은 관계가 형성돼요. 사람들은 대부분 좋은 걸 발견하면 곁에 있는 사람들을 떠올리게 되잖아요. 그분들도 좋은 커피가 생산되었을 때 정을 나눈 저희들을 먼저 떠올리곤 하죠. 이런 추억들이 쌓이다 보면 주기적으로 자연스럽게 보고 싶은 마음이 들기도 해요. 10년 넘게 함께한 농장들은 시기마다 방문해서 얼굴을 보지 않으면 미안해지기도 하고요.

항상 인터뷰 말미에 "모모스 커피와 함께 부산을 세계가 인정하는 커피 도시로 만들고 싶다."는 이야기를 덧붙이셨더라고요. 자연스레 모모스 커피에 대한 주연 씨의 애정을 느끼게 되었어요. 단순히 '의리'라고 표현하기엔 그보다 더 깊은 유대감처럼 보여요.
보통 세계대회에서 우승하고 나면 회사를 나와서 개인 브랜드를 만드는 경우가 정말 많아요. 그런데 저는 이곳을 벗어나면 커피를 할 이유가 없긴 해요. 커피보단 회사와 브랜드에 애정을 품고 있으니까요. 스무 살까진 저희 부모님께서 저를 키웠다면, 그 이후는 모모스 덕에 성장할 수 있었죠. 제가 잘되었다고 해서 가족을 버릴 수는 없잖아요. 은혜를 갚는 마음으로 이 신을 확장시키는 역할을 하는 거죠.

그 덕에 월드 바리스타 챔피언십 개최라는 꿈 앞에 한 발 다가섰어요. 오랫동안 기다려 온 대회와 축제가 성공적으로 진행되기 위해서 무엇을 준비해야 할까요?
일단 성공적인 개최의 기준을 어디에 둘지부터 생각해 봐야 할 것 같아요. 저는 커피 신이 성장하는 것을 목표에 두고 있어요. 그러려면 사람들이 충분히 즐기고 가야겠죠. 1년 남짓한 기간 동안 개인 브랜드들이 공간을 잘 갖춰 놓아야 해외 인사들이 방문했을 때 충분히 만족할 수 있을 거예요. 또한 그들이 한국이라는 공간을 잘 누릴 수 있게끔 부족한 부분을 보완해야겠죠. 아시아 국가들이 여행할 때 가장 어려운 점이 언어가 다르다는 거예요. 방문객들이 편하게 여행할 수 있도록 안내 시스템도 다듬어야 해요. 사실 지금도 이미 너무 잘하고 있어요. 이대로만 가면 될 것 같아요.

개최 소식을 알리며 함께 적은 "꿈은 늘 생각보다 빨리 찾아오고, 늘 생각보다 크게 찾아온다."라는 문구가 매우 인상적이었는데요. 월드 바리스타 챔피언십뿐만 아니라

어떤 꿈을 그리고 있는지 듣고 싶어요.
출산 전까지만 해도 '월드 바리스타 챔피언십 부산 개최'가 제 오롯한 꿈이었어요. 이젠 조금 더 큰 꿈을 가져도 되지 않을까요? 저는 커피를 매개로 도시 디자인을 해보고 싶어요. 부산이라는 도시에 커피라는 물결이 퍼져나가도록, 그렇게 '커피의 도시' 하면 자연스럽게 부산이 떠오를 수 있게끔 기반을 마련해 나가고 싶어요. 그렇게 계속해서 달려가다 보면 모모스 커피가 부산 시민들이 가장 사랑하는 브랜드가 되지 않을까요. 그걸 넘어 한국에서 가장 사랑받는 커피 기업이 되기를 바라고 있고요.

역시 커피에 대한 사랑이 넘치네요. 모모스 커피, 월드 챔피언 바리스타 같은 수식어 다 떼고, 전주연의 꿈은 무엇이에요?
우리 아가를 잘 키워야죠. 지금은 개인적인 목표이긴 하지만 나중에는 이 신에 속해 있는 많은 여성분이 일을 포기하지 않고 결혼하고 아이를 낳을 수 있다는 희망을 전해주고 싶어요. 월드 바리스타 챔피언십 출전도 처음에는 혼자만의 희망 사항에 불과했어요. 욕심을 버리고 나아가다 보니 모두에게 꿈과 희망을 줄 수 있었잖아요. 마찬가지로 커피를 하시는 여성분들께 또 다른 꿈이 되어주고 싶어요. 그게 제 바람이에요.

오랜만에 바에 복귀하여 커피를 내릴 준비를 하는 뒷모습에서 숙련된 자의 우아함이 느껴진다. 그가 이곳에 서서 손님들에게 건넸을 수십만 잔의 커피와 그에 담긴 마음을 상상해 보게 된다. 원두 본연의 향이 서서히 피어오르면 고개를 숙인 뒤 가까이 다가가 향을 음미한다. 하얗게 흩날리는 온기 사이로 꿈결같은 웃음이 떠오를 때, 작은 확신이 전해져 온다.

부산에서 집으로 돌아가기 위해 기차를 기다리다 보면 플랫폼에 서
있는 사람들 손목에 걸린 쇼핑백을 유심히 보게 된다. 즐거웠던 여행의
여운을 이어가기 위해 양손 가득 챙겨 든 봉투에는 부산에서 내로라하는
간식이 두둑이 들었다. 그중에서도 유독 눈길을 사로잡는 노란빛 봉투.
정중앙에 곡식을 한아름 안은 여신이 그려진, 고급스럽고도 화사한
종이봉투는 부산의 대표 베이커리 '옵스OPS'의 것이다.

한 입의 행복

OPS

에디터 오은재
포토그래퍼 최모레

동네에 깃든 평화로운 미소

부산을 여행하다 보면 곳곳에서 'OPS'를 마주치곤 한다. 바닷가로
향하는 길목에서, 출출해서 들른 백화점 지하 식품 코너에서, 사람
냄새 물씬 풍기는 시장 입구 근처에서도. 멀리서도 눈에 훤히 들어오는
고풍스러운 분위기의 간판을 마주할 때 오랜 친구를 만난 것처럼
믿음직스러운 웃음이 번진다. 혹여나 그냥 지나쳤다고 해도, 근처까지
마중 나온 신선한 버터 향에 기어이 뒤를 돌아보게 된다.

> "세상에는 사람을 기분 좋게 만드는 향기와
> 그렇지 않은 것이 있잖아요. 인공적인 향은 아무리
> 좋아도 계속 맡다 보면 머리가 아파오죠. 그렇지만
> 자연에서 오는 향은 큰 타격을 주지 않아요. 음식
> 또한 마찬가지죠. 인공 향료를 첨가한 과자는
> 냄새만 맡아도 금세 질리는데, 자연 재료로 만든
> 빵은 숨을 들이켜는 순간 미소가 지어져요."

1989년, 김상용 대표가 삼익제과를 인수한 뒤 처음 문을 연 것이
옵스의 시작이다. 이후 본격적으로 브랜드의 정체성을 다지기 위해
재단장을 거쳤다. 고민 끝에 토종 제과 브랜드로서 더욱 많은 이들이
건강한 행복을 누릴 수 있게끔 돕고자 고대 로마에서부터 숭배하던
풍요의 신 이름을 빌렸다. 그렇게 OPS라는 새로운 간판을 걸게 되면서,
뜻 없이 조합된 알파벳 세 글자에 'Our Peaceful Smile'이라는 의미를
덧입혔다. 대지 위에 여신의 가호가 깃들듯이, 한 입의 기쁨이 보다
멀리까지 닿기를 소망했다. 그 소망은 어느덧 34년째 이어져 오며
동네를 비추는 간판의 빛처럼 부산 곳곳에 불을 밝히는 중이다.

도예를 배웠던
김상용 대표의 미감이 담긴 수집품

> "보통 오래된 브랜드 이름 앞에는 'Since'를
> 붙이잖아요. 그런데 이 단어를 다시 한번 짚어볼
> 필요가 있어요. 물론 어떤 브랜드가 오랫동안
> 유지되는 것도 중요해요. 다만 지금 시대의
> Since는 그저 오래된 것이 아닌 소비자의 가치를
> 창출할 수 있는 브랜드만이 가지는 수식이기도
> 해요. 사람은 먹으면서 행복해져요. 그만큼 누구나
> 편하게 접근할 수 있고, 기본에 충실하고도
> 진정성을 담은 빵을 만들기 위해 모두가 연구하고
> 있어요. 빵은 보석이 아니지만, 그만큼의 가치와
> 행복을 줄 수 있다고 믿어요."

푸근한 미소를 지닌 김상용 대표

기회의 땅에서 피어난 불꽃

일찌감치 '나만의 기업을 만들겠다'는 열망을 품은 어린 소년은 구미
선산에서 뛰어놀던 시절을 뒤로하고, 중학교를 졸업하자마자 고향을
떠났다. 다양한 분야를 경험해 보고자 몇 가지 직업을 거쳤고, 김해에서
자개와 나전칠기 일을 3년 동안 배워 '숙련공' 타이틀까지 달았다.
그러나 나라에 불어닥친 오일 쇼크 때문에 그가 시간을 들여 연마한
기술은 아무짝에도 소용이 없어졌다.

> "장인이 인정할 정도로 좋은 기술을 가졌는데
> 그만둔다고 하니 다들 말렸지요. 그런데 저는
> 사람들이 여유가 있을 때 사용하는 물건이 아니라
> 생활 속에서 필요한 무언가를 만들고 싶었어요.
> 우리가 의식주 중에서 가장 으뜸으로 생각하는 게
> 뭐예요. 음식 아니겠습니까. 어려운 상황에서도
> 소비자 파워가 지속적으로 영향을 끼칠 만한 곳이
> 어딘가를 생각하다, 서구화하는 시대에 발맞춰
> 제과업을 선택했죠."

새로운 길을 가자고 마음먹은 김 대표가 부산으로 온 이유는 도시에
스며 있는 가능성을 알아봤기 때문이다. 낙동강 줄기를 따라 시원하게
뻗은 금정산맥과 엄청난 규모의 바다. 진귀한 신문물과 새로운 기회를
찾아온 이주민이 물밀듯 들어오던 항구. 작물도, 사람도, 꿈과 희망도,
무엇이든 심어두면 잘 자랄 만큼 온화하던 부산은 소년에겐 기회의
땅이었다.

> "부산은 정말 살기 좋은 도시죠. 다른 도시에는
> 없는 여유가 있거든요. 사실 수도권에서 공장을
> 운영하면 물류비도 적게 들고, 더 많은 소비자에게
> 닿을 수 있겠죠. 그렇지만 수도권은 이미 지나치게
> 과밀해요. 그 덕분에 밀식 장해가 일어나고 있고요."

밀식 장해는 한정된 토양에 작물을 빽빽하게 심었을 때 일어나는
현상이다. 식물은 서로 빛과 양분, 수분을 얻기 위해 경쟁을 하지만
영양소를 충분히 공급받지 못하여 꽃눈을 피우지 못한다. 식물이 그렇듯
사람 또한 열매를 수확하려면 튼튼한 꽃눈을 틔워야 한다. 부산의
여유로운 환경은 한 사람의 행복이 무리 없이 자라 꽃을 피우도록
북돋아 주는 비옥한 토양과도 같았다. 또한 지형이 가마솥을 연상케
하여 '부산'이라 불렸듯, 작은 열망이 불꽃으로 피어오르도록 열기를
더해주었다.

쟈흐당옵스에서 직접 수확한 당도 높은 청송 사과

자연스러운 고집

옵스에 방문할 때마다 매장과 쇼윈도를 가득 채우고 있는 빵을 보며 새삼 되묻는다. 세상에 이렇게 다양한 빵이 있었던가? 기본 바게트, 샌드위치를 만들기 좋은 로데브, 굵고 큼지막한 되리브르. 바게트만 해도 우리가 흔히 알고 있는 것과 달리 여러 종류다. 무엇을 사야 하나 헤매다 한 걸음 물러나 검색창을 켜고 후기를 찾아본다. 빵집마다 브랜드를 대표하는 메뉴가 하나씩 있기 마련일 텐데, 어째 의견이 조금씩 다르다. 누군가는 옵스의 핵심은 '슈크림빵'이라고 말하고, 어떤 이는 부산에 들를 때마다 추억이 샘솟는 '학원전'을 박스째 사 온다며 인증한다. 또 다른 이는 정수를 맛보기 위해선 정통 프랑스 빵을 골라야 한다고 호소한다.

> "저희는 추천 제품 목록을 따로 준비해 두지 않았어요. 모든 제품을 제대로 된 검증을 거쳐서 만들고 있기 때문에 고르게 맛있거든요. 빵마다 맛의 차이가 크지 않다고 자부합니다."

옵스가 제안하는 미식의 세계는 구체적이고 다채롭다. 그들의 자부심은 '이유 있는 고집'에서 나온다. 그 세계 속에는 무슨 일이 있어도 지켜야 하는 세 가지 원칙이 있다. 자연이 낳은 좋은 재료를 쓸 것, 직접 손으로 만들 것, 전통 방식을 따를 것. 이 법칙은 수제 초콜릿을 만드는 과정에도 적용된다. 시중에 판매되고 있는 수제 초콜릿은 기성품 베이스를 녹여 모양을 다듬는 것이 전부다. 옵스는 초콜릿 본연의 맛을 구현해 내기 위해 현지 농장을 방문하여 1등급 카카오빈을 수입하고, 첨가물 없이 정통 방식을 살려 공정을 거친다. 세계적인 대가들을 만나 기술을 배우고 그들이 쓰던 유서 깊은 기계를 구비하기까지 했다.

마스카포네 치즈와 수제 바닐라빈이 들어가 달콤한 옵스의 수제 푸딩

> "디저트의 한 끗 차이는 '정도를 지키는 것'에서 와요. 미묘한 부분들이 빵 맛을 결정하는 주요한 요인으로 작용하죠. 저희가 자체적으로 '쟈흐당옵스'라는 농장을 운영하는 것 또한 그런 이유에서죠. 화학 비료를 사용하지 않고 사과부터 체리, 호두 같은 재료를 직접 키우고 있어요."

직접 과일나무를 심는 수고까지 감수하려는 이유란 오로지 '자연의 맛'을 위해서다. 옵스가 추구하는 자연스러움은 자극적인 맛에 길들여진 우리에게는 다소 심심하게 느껴질 수도 있다. 처음 맛보았을 때는 별 감흥이 없다. 오히려 두 번, 세 번 먹고 나서 진가를 발휘한다. 질리지 않는 담담한 맛에 스며든 사람들은 시간이 지나서도 자연스레 옵스를 찾는다. 그 감동은 3대째 같은 빵집만 찾을 정도로, 시대 그리고 세대를 막론하고 전해진다.

개별 포장이 되어 바쁜 일상 속에서도 쉽게 즐길 수 있는 학원전

행복의 종착지를 꿈꾸며

> "한 문화가 자리 잡고 뿌리 내리기 위해서는
> 그만큼 지식이 쌓여야 해요. 지식이 쌓이려면
> 사람들이 여유로워야 하고요. 1960년도까지만
> 해도 다들 먹고살기 바빴잖아요. 그러니 새로운
> 상품을 선보여도 구매까지 이어지지 않았어요.
> 지금은 장벽이 많이 낮아진 것 같아요. 생소한
> 걸 봐도 이해하고 맛있게 드시는 모습을 보면서
> 세상이 많이 바뀌었다는 것을 실감하죠."

심금을 울리는 맛을 찾고자 지역의 이름난 제과점들을 지도에 저장해
두고, 시간이 날 때마다 부지런히 '빵지순례'를 떠나는 이들이 점점
더 늘어나고 있다. 이런 미래를 예견이라도 한 듯이 옵스는 오랜 시간
동안 어디서도 만나볼 수 없는 맛있고 좋은 빵들을 소개해 왔다.
크리스마스 시즌만 되면 예약 주문을 받는 슈톨렌 또한 20여 년 전부터
단골들의 성탄절 식탁 위를 은은히 밝혔다. 옵스가 처음으로 갓 구운
까늘레를 세상에 내놓았을 때도, 바삭한 식감을 살리기 위해 세심히
캐러멜라이징을 한 겉면을 보고선 "왜 시커멓게 탄 빵을 파냐."며
지적했다. 그렇지만 지금은 군말 없이 조심스럽게 조각내어 달콤한
여운을 오래도록 즐긴다.

> "우리의 먹거리도 깊이 있는 연구를 통해서
> 만들어야 해요. 미각적인 부분은 당연히 갖춰야
> 하고, 보는 이에게 만족감을 주도록 예술적인
> 부분도 필요하죠. 요즘은 다들 자신을 풍요롭게
> 만들고 행복하게 만드는 무언가를 택하죠. 저희는
> 이런 분위기가 너무나도 좋은 기회라고 생각해요."

각지에서 몰려든 사람들 덕분에 문전성시를 이루고 있는 시대의
분위기를 오랫동안 이어가기 위해 옵스는 오늘도 고집스럽게 빵을
굽는다. 그렇게 행복을 찾아 이곳까지 흘러온 손님에게 묵묵히 여행의
이유를 건넨다. 한 입 베어 물면 이곳이 긴 여행 끝의 목적지이자
종착지라는 것을 인정하게 된다. 입안 한가득 진한 슈크림 같은 행복이
넘실거린다.

> "저희는 끝까지 '부산'이라는 이름을 내건 로컬
> 빵집으로 남아 있을 거예요. 저희가 좋은 빵을
> 만들면, 그걸 알아주시는 분들이 자연스럽게 걸음
> 해주실 거라고 믿고선 고집스럽게 저희 자리를
> 지키려고 해요. 좋은 것은 힘들게 먹어야 더욱
> 보람이 느껴지니까요."

엄선된 재료로
정성스레 구운 뚜꼬쇼

사방이 바다에 큼지막한 산이 못해도 서너 개는 자리한 섬, 영도. 산야초와 식재료를
연구하는 수련은 영도 곳곳을 넘나들며 제철의 결실을 수확한다. 코끝으로 바다
내음을, 손끝으로 부드러운 흙을 느끼며 풀의 이름을 불러주는 그녀는 자신의
손으로 자신의 식탁을 꾸린다. 그녀에게서 전해 들은 영도의 지난 이야기는 마음
한편에 고이 저장해둔다. 제철은 또다시 돌아올 테고 때에 맞춰 꺼내보고 싶으니까.

제철의 모양을 닮은 일상

수련—제철식재료연구가

에디터 **이명주**
포토그래퍼 **이요셉**

사실 오늘 난생처음 영도에 와봤어요. 대교를 건널 때 왠지 모르게 설레더라고요.
영도다리를 건너오셨나 봐요. 저는 이곳이 고향이라 매일 바다를 보면서 자랐어요. 섬 사람들은 가끔씩, 섬을 벗어나 육지로 가고 싶어하거든요. 저도 고등학교 때부터 부단하게 애를 썼고요(웃음). 그럼에도 근교에 갔다가 돌아올 때 저 멀리 영도다리가 보이면 마음이 편안해져요. '아, 집에 왔다!' 싶거든요. 보셔서 알겠지만 영도는 무척 크진 않고 육지와 완전히 떨어져 있는 것도 아니라 특이한 느낌을 주는 곳이에요. 산도 많고 바다도 끼고 있고, 자연물도 다양하고요.

최근에는 찾는 사람도, 변화도 많은 곳이라고 들었어요.
도로가 출퇴근 시간에 꽉 막히는 걸 보면 신기하더라고요. 저는 이런 변화가 좋아요. 영도는 노인 인구가 많고 사람이 적어 인구 소멸 지역 중에 하나거든요. 어떤 이유로 이곳을 찾은 문화만 잘 자리 잡는다면 영도만의 매력이 피어날 거라고 믿어요. 어찌 됐든 마을에는 사람이 많아야 해요.

영도에서 제철 식재료를 탐구하고 요리하시죠. 그 행위의 뿌리를 들어볼까요?
전공은 패션 디자인이었어요. 한복을 구성하는 천과 패턴에 관심이 많았거든요. 그런데 2학년 1학기 때 아버지가 건강이 안 좋아지시면서 돌아가셨어요. 제 몸과 마음의 건강을 챙기고픈 마음으로 휴학을 했죠. 그때 방랑식객이라 불리던 임지호 자연요리전문가에게 매료되어서 산야초에 관심을 갖게 됐어요. 산야초는 산과 들에서 나는 모든 풀을 말하는데요. 들나물이든 산나물이든 꺾어서 무언가를 해봐야겠다는 마음을 먹게 되었죠. 1~2년간 산야초와 자연농에 대해 배우고 사찰 음식도 해봤어요.

디자인에서 자연 요리라니. 전혀 달라 보이는 분야인데 푹 빠졌네요.
하나에 빠지면 그걸 깊이 파고들어 가는 '덕후' 기질이 있거든요(웃음). 둘 다 손으로 무언가를 만든다는 공통점도 있고요. 이후에는 한국 슬로푸드문화원을 통해 이탈리아에서 2년마다 열리는 '테라 마드레Terra Madre' 축제에도 다녀왔어요. 전 세계에서 슬로푸드 모토를 가진 청년 농사꾼이나 요리사, 연구진과 브랜드가 모이는 행사인데요. 포럼처럼 새로운 소식을 듣고 기술을 살펴볼 수 있어요. 그곳에 다녀온 후 식문화라는 장르에 반해서 제대로 공부해 보고 싶어졌죠.

그 길로 바로 요리를 시작한 건가요?
맞아요. 부산에 있는 이탈리아 레스토랑에 취직해서 2~3년간 배웠어요. 아침 9시부터 저녁 9시까지 주 6일제로 일하고, 설거지부터 시작해서 재료를 다듬고 썰어도 봤죠. 음식 만드는 걸 좋아하긴 했지만 상업 요리를 한 건 처음이라 새로운 세계가 펼쳐진 것 같았어요. 힘들었지만 재밌었고요. 이후에 잠시 서울에 올라와 있을 때도 레스토랑이나 요리 선생님들 밑에서 보조로 일했어요.

추진력이 대단한 것 같아요. 아니면 앞으로 갈 길에 뚜렷한 확신이 들었어요?
그동안 일반적인 노선으로 가본 적이 없기 때문에 두렵지 않았던 것 같아요. 제가 가려고 하거나 하고 싶었던 것들은 정석이라 할 만한 루트가 없었거든요. 파고들 틈이나 길을 계속 찾아다닌 거죠. 새롭게 시도하지 않으면 절대로 길이 열리지 않는다고 생각했어요.

다시 영도로 돌아와서도 낯선 길을 찾아다녔죠. 케이터링 말이에요.
상업 공간에서는 식재료의 쓰임이 한정적이잖아요. 저는 산과 들에서 나는 모든 풀을 탐구하고 싶었거든요. 무얼 할 수 있을지 고민하는 도중에, 부산에서 기획자로 일하던 친언니가 이벤트 케이터링 사업을 제안했어요. 그때 처음으로 대용량 음식을 만들어봤죠. 업장에서만 요리하다가 출장으로 차려 놓는 요리는 또 다르니 시행착오도 많이 겪었고요.

예를 들면요?
왜 그런 거 있잖아요. 이게 지금은 너무 맛있는데 식으니까 맛이 하나도 없는 거예요. 구이나 고기 요리는 조금 굽는다 하더라도 시간이 지나면 딱딱하게 말라버리고요. 무엇보다도 케이터링에서는 요구하는 콘셉트에 맞게 데커레이션이나 서빙을 이끌어가는 게 중요해요. 그동안 저는 음식만 잘하면 되는 줄 알았는데 서비스도 필요하다는 걸 알게 됐죠.

그렇네요. 음식을 맛이 아닌 눈으로 보는 것도 일종의 서비스니까요. 케이터링은 왜 그만두게 됐어요?
그 일을 하면서 제 자신의 성향을 외면했던 것 같아요. 음식에 애착도 강하고 완성도도 중요한데, 케이터링은 속도와 양이 우선인 작업이니까 잘 맞지 않는다고 생각했어요. 이전에는 어떻게 하면 더 많이 팔 수 있을까 생각했다면, 앞으로는 나만의 방향과 속도를 이해하고 깨달은 대로 나아가고 싶었어요. 요리사라고 다 같은 요리사가 아닐 테니까요.

**무수히 많은 식재료 중 제철에 집중하게 된 이유는
뭘까요?**
추구하는 삶의 방식이거든요. 평소에 시간이 참 빨리
지나가는 것 같아요. 그 이유를 고민해 보니, 우리가
계절이나 자연을 잊고 365일 비슷한 톤으로 살아가기
때문이 아닐까 싶었어요. 비슷한 옷을 입고 음악을 듣고,
비슷한 음식을 먹다 보니까 기억에서 두드러지는 순간이
없는 거죠. 오늘 어떤 냄새를 맡았고 어떤 나무를 봤고
새로운 걸 먹어보면서 어떤 이야기를 나눴는지 꼽아보다
보면 일상이 짙은 밀도가 될 것 같았어요. 제철을 제철답게
보내는 데 집중한 거죠.

정말요? 일년 내내 먹을 수 있을 거라고 생각했는데.
새순이야 부드럽겠지만 그 시기를 지나면 풀들이
엄청 질겨져요. 먹기에 알맞지 않은 거죠. 예를 들어
취나물은 좀 쓰거든요. 데쳐서 물에 두 시간 정도 놔두고
조물조물하면 쓴맛이 싹 빠져요. 엄나무순이나 죽순도
쓴맛을 빼야 맛있고요. 고사리는 생으로 먹으면 독성이
있어요. 야생의 먹거리다 보니 자신을 지키기 위해 독성과
쓴맛이 있는 거예요.

경험해 보지 못했던 시선의 이야기라 흥미로워요.
그렇죠? 풀들은 잘 쓰면 약재가 되고 잘못 쓰면 독이 돼요.
잘못 먹었다가 설사 계속하고(웃음). 일상에서 주로 정제된
것과 약해진 풀들만 먹다 보니까 배 속이 못 견디기도

재료 하나를 파악하기 위해 탐구에도 열중했겠어요.
10년 전에 처음 산야초를 배웠어요. 이후 다양한 곳에서
일하면서 식재료에 대한 공부는 꾸준히 해왔고, 최근에
다시 산야초를 배우기 시작했죠. 그러면서 처음부터 너무
욕심부리지 않기로 다짐했어요. 왜냐하면 제철은 계속
돌아올 테니까. 한 달에 하나의 재료를 꼽아서 자료도
살펴보고 손으로 직접 만져보고 요리해 보고. 친구들과
워크숍으로 알게 된 걸 공유하면서 배우고 있어요.

**산과 들의 지식을 몸으로 체득한 거네요. 풀마다 특성도
참 다양하죠?**
일단 산야초는 단오 전까지만 먹을 수 있거든요.

하고요. 풀을 발견하는 것뿐 아니라 잘 다루는 법이
중요해요.

산야초를 얻는 특별한 스팟이 있는지 궁금해지는데요.
영도시장이나 남항시장도 가고요. 다양성으로 따져보면
부전시장이 최고예요. 할머니들이 노점처럼 앉아서
파시는데, 키운 것부터 어디서 캐 왔을까 궁금한
것들이 많아서 슬쩍 여쭤보기도 해요. 활기가 느껴져서
재래시장을 좋아해요. 채취를 할 때도 있는데 약을 치거나
불법인 경우가 있으니 사전에 잘 알아봐야 해요. 요즘에는
주변 마트에서도 제철 특집 같은 거 하니까 관심을
기울이면 쉽게 구할 수 있을 거예요.

그럼 봄과 여름 나물로 만들 수 있는 간단한 요리를 소개해 주실래요?

음… 봄에는 돌나물이나 취나물, 쑥이 먹기 좋아요. 올 봄에 쑥버무리를 많이 먹었거든요. 습식 쌀가루에 소금과 설탕을 넣고 쑥과 버무려요. 그대로 찌면 바로 먹을 수 있어요. 그리고 나물이 워낙 많으니까 한 번에 한 가지보다는 다양하게 먹어보고 싶잖아요. 그래서 저는 일본의 지라시스시 요리법을 추천해요. 단촛물을 넣은 밥 위에 각종 나물을 올리면 되는 건데요. 나물은 향이 강하지 않은 것부터 데쳐야 해요. 신선한 풀들은 데친 후에 물기를 짜서 간장이랑 참기름만 넣고 조물조물 해도 맛있어요. 생으로 먹기 힘들 때는 밀가루랑 감자 전분을 섞어서 소금 간하고 바삭하게 구워도 맛있죠.

이야기를 들으니 군침이 돌아요(웃음). 제철 재료를 찾다 보니 절기나 계절 등의 변화가 반가울 것 같은데 어때요?

산에 가보면 다 느껴져요. 얼마 전에는 아기 매실들이 달린 것도 보았어요. 이제 여름을 준비하고 있는 거죠. 냄새도 공기도 달라지고 이런 계절에는 풀이 하루가 다르게 자라요. 반갑고 재미있는 장면이에요.

식재료 탐구는 환경 문제와도 밀접하게 닿아 있죠.

주변에 비건 셰프들이 많다 보니, 기후위기나 동물권 관련해서 많은 이야기를 나눠요. 저는 아직 비건이 아니지만 긍정적인 영향도 받고요. 케이터링 사업을 할 때는 고객분들이 먼저 음식이 눅눅해지더라도 친환경 용기를 사용해 달라고 하시기도 했어요. 저는 밀짚 용기나 사탕수수 용기를 주로 쓰는데, 이런 걸 보면서 요리와 환경이 별개의 일이 아니라는 걸 새삼 깨달아요. 나에게 요리사로서의 사명감 또는 미션이 있다면, 환경을 등지지 않는 요리법이나 재료를 탐구해서 사람들에게 제안하는 거라고 생각해요.

그런 경험을 나누기 위해 부산에서 활동하는 커뮤니티도 만들었죠. 신토불이 클럽이라고요. 이름은 누가 지었어요?

제가 지었어요(웃음). 이름 자체가 귀엽잖아요! 영문으로 표기하기에도 좋고요. 보통 산야초, 제철 여행같은 모임에 가면 연령대가 많이 높다 보니, 또래 친구들과 사계절을 따라 먹고 즐기는 문화를 만들고 싶더라고요. "자연에서 이렇게도 놀 수 있구나!" 하면서요. 신토불이 클럽은 우리의 사계절이 더 다채롭기를 바라며 만든 모임이에요. 계절을 다채롭게 느끼는 건 우리의 삶이 더 다채로워진다는 뜻이기도 하니까요. 이런 마음을 가진 사람들이 부산에 많아서 영양교사나 요리사, 기획자, 디자이너, 공부하는 친구들까지 모였어요. 각자 속한 분야가 다양하니까 시너지도 더 많이 나는 것 같아요.

신토불이 클럽의 최근 모임에서는 무얼 했어요?

주제는 '장 보러 가요'였어요. 먼저 부전시장에 들러서 나물들을 둘러보고 한 번에 사면 양이 너무 많으니까 돈 모아서 나눠 샀어요. 어떤 분이 두릅이 끝물이라 고민하시면 살짝 데치면 맛있다고 꼬드겨요(웃음). 자기만의 요리법도 공유하고요. 근처 맛집인 경북식당에서 두부찌개로 든든하게 밥도 먹고 커피에 빙수까지 먹었어요.

서로 다른 사람들이 풀 이야기 하나로 어우러지네요.

각자 다른 우리가 통하는 게 있는데 그게 풀이라서 정말 좋아요. 앞으로는 제철 식재료가 가장 맛있는 지역에 가서 농부님을 만나보거나 채취도 해보고, 로컬 맛집도 가보고 싶어요.

삶의 방식에서 자연스러움이 느껴져요.

이번 봄을 바쁘게 지냈거든요. 괴로웠다는 뜻이 아니라 즐겁게요. 내가 하고 싶은 걸 계절 따라 하나씩 하다 보니 많은 순간이 기억에 남아 있어요. 제가 추구하던 제철의 삶과 닮은 모양이죠.

오늘 나눈 이야기는 결국 먹고 사는 것에 관한 대화였던 것 같아요. 잘 먹고 잘 산다는 말은 어떤 의미라고 생각해요?

계절의 리듬을 따라 먹고, 놀고, 몸을 쓰는 것이에요. 시간을 계절에 맡긴 것처럼요. 그리고 먹는 측면에서는 다양한 재료를 고루고루 섭취하는 것 아닐까요? 그 요리를 누군가와 함께 나눠도 좋고요. 계절 맞춰 자란 산나물을 뜯어 와서 손질하고 양념하는 일이 쉬운 건 아니지만, 내 손으로 차린 음식을 든든히 맛있게 먹으면 뿌듯해요. 자연스럽게 살아가려고 부단히 노력하고 있어요.

성큼성큼 봉래산을 오르는 수련 씨를 따라 어설픈 발걸음을 내디딘다. 저만치 앞서나가던 수련 씨는 이름을 가진 풀들을 손에 쥔 채로 돌아와 나의 코에 대어준다. 두어 번 깊게 숨을 들이켜니 느껴지는 상쾌한 향. 오늘 하루가 이 섬과 함께 짙은 밀도로 기억될 거라는 걸 믿어 의심치 않는다.

푸른 바다를 상상해본다. 육중한 선박과 분주한 사람들, 육지로 내려오는
수백 톤의 물고기를 떠올리다 바다의 것을 식탁으로 가져오기까지 얼마나
많은 노력이 필요할까 가늠한다. 아버지 장석준 회장을 이어 덕화명란을
이끄는 장종수 대표는 최상의 명란을 우리 식탁에 올려둔다. 쉬운 일이 아님은
당연하다. 그저 바다를 끌어안는 마음이기에 가능했을 이야기를 꺼내본다.

바다를 끌어안는 마음으로

장종수—덕화명란

에디터 이명주
사진 덕화명란

작년에 명란 제조 기술로 명인으로 선정되셨죠. 정말 축하드려요.

감사합니다. 수산 식품 명인을 선정할 때 과정이 꽤나 까다로워요. 2대 이상 전승되는 기술이 있어야 하고, 그 기술이 전통 식품이라고 증명할 수 있을 정도로 원형에 가까워야 하거든요. 저희는 다른 조건은 통과했지만, 문제가 하나 있었어요. 명란을 제조하려면 명태가 있어야 하는데, 국내에서 단 한 마리도 잡히지 않거든요. 국산 수산물이 아니라는 점에서 논란거리가 되었지만, 기후변화 등으로 바다 환경이 크게 변하고 있고 기술의 확실성을 인정받아서 명인이 될 수 있었어요.

아버지인 장석준 회장님은 수산 제조 부문 명장이라고 들었어요.

수산 제조 부문에선 우리나라 최초 그리고 유일의 명장님이세요. 아버지가 2018년에 돌아가셨으니까 무려 5년 전인데 아직도 다른 명장이 없어요. 덕화명란에는 명장도 명인도 있으니 굉장히 자랑스러운 일이라고 생각합니다. 앞으로 더욱 잘하라는 응원을 받은 기분이에요.

앞서 말씀하셨지만 현재 우리나라에서는 명태가 잡히지 않는다고요. 명란을 처음 먹기 시작한 건 우리나라 아닌가요?

맞아요. 1652년 《승정원일기》에 처음 등장했으니까, 한반도 주민들이 명태와 명란을 섭취한 건 대략 400년은 되었을 거예요. 조선 후기의 여러 문집에서도 무수히 등장하고요. 다만 한국전쟁 이후 위기가 찾아와요. 함경도가 주산지였는데 강원도로 옮겨 와 잡을 수밖에 없었거든요. 1986년 이후 명태 어획량이 급격하게 감소하기 시작하고, 2008년에는 공식적으로 '0'을 기록했어요. 반대로 일본에서는 한국전쟁 이후 명란 산업이 크게 발달해요. 일본식 명란 제조 방식이 전 세계로 퍼져 나갔고, 명란 시장의 90퍼센트를 차지할 정도로 커졌죠.

먹거리는 환경의 영향을 피해 갈 수 없으니 아쉬운 소식이에요. 그 안에서 부산은 어떤 역할을 하나요?

현재 명란은 미국과 러시아 두 나라가 생산하고 있고 전량 수출해요. 그걸 일본과 한국이 전부 사들이고요. 주산지는 변했을지 몰라도, 일제강점기를 비롯하여 지금까지 명태 물류 중심지는 부산이에요. 미국과 러시아에서 잡아들인 명태는 바로 여기 앞 감천항으로 모였다가 흩어지거든요. 명란의 흔적이 끊길 위기인데 부산항 덕분에 맥을 이어오고 있는 거예요. 그중에서도 가장 좋은 명란을 구입한다는 게 우리의 자부심이기도 해요.

감천항이 아름답다고만 생각했는데 중요한 곳이었네요. 덕화명란은 부산에서 태어나고 성장한 브랜드죠. 그 시작이 궁금해요.

아버지가 1977년도에 명란 가공을 시작하셨어요. 삼호물산이라고, 수산물 생산·가공 쪽으로는 1세대급인 회사에서 작업부터 공장장, 상무까지 밟아오셨죠. 그런데 회사가 부도나면서 모든 일이 중단되었어요. 그때 아버지께서 가공 라인에 있는 기계와 사람들을 이끌고 덕화유통을 만들었죠.

부도난 회사의 일부를 끌어안고 새로운 시작을 한다는 게 쉬운 선택은 아니었을 것 같아요.

맞아요. 그때 어머니께선 몸이 많이 안 좋았고, 저와 여동생들은 어렸어요. 그래서 집안을 지탱할 방법을 찾으셨던 것 같아요. 아버지는 누군가의 조력 없이 혼자서 모든 일을 척척 해내셨어요. 나중에 아버지 친구분들한테 이야기 들어보니까, 고생을 너무 많이 하셨다면서 폐업 위기도 몇 번이나 있었다고 하더라고요. 가족들 걱정 끼치지 않으려고 절대 티를 안 내셨지만요.

가장으로서의 책임감이 무척 강하신 분이었네요.

아직도 기억나는 게, 고등학교 3학년 때는 도시락을 챙겨야 했어요. 점심, 저녁 두 개씩 싸기도 했고요. 누군가가 학교 가기 전에 도시락을 챙겨 줘야 하는데, 항상 아버지가 별말씀 없이 도시락 만드시고 빨래하시고. 아마 그때 회사가 어렵고 힘들었던 걸로 기억하는데 빠짐없이 해주셨어요. 정말 감사하죠. 사실 맏이인 저와 있을 때 그리 살가운 분은 아니었어요. 친구분들과 농담하다가도 제가 들어가면 입 꾹 닫으시고요. 물론 저도 다정한 아들은 아니었지만(웃음). 여동생들은 아버지와 무지 친해서, 어릴 때 누가 아빠 옆에서 잘 건지 싸우기도 했어요.

말보다 행동에서 애정을 느끼기도 하니까요. 아버지가 자주 하던 말씀이 있나요? 잔소리라든지….

항상 네가 갈 길은 스스로 선택하라는 말씀을 하셨어요. 누가 곁에서 마냥 도와주고 지켜봐 주지 않는다면서요. 책임감을 키워주려고 하시던 말씀 같아요.

덕화명란은 아버지의 청춘이 들어간 회사예요. 그곳에 대표님의 청춘도 더하게 됐죠. 가업을 잇기 전에는 무슨 일을 하셨어요?

서울 명동에 있는 증권 회사에 취업했어요. 조금 다니다가 환경관리공단이라고 불리던 자원재생공사로 이직을 했죠. 공적 자금을 설계하고 운영하는 일을 했고요. 적성에는 무난하게 맞았는데 고민이 참 많던 시기였어요.

어떤 고민일까요?

아내와 결혼을 하고 아기도 태어났어요. 나아갈 길을 결정해야 하는 때가 왔다고 생각했죠. 이 길로 쭉 갈 거라면 관련 공부를 더 해보고 싶었거든요. 첫아이를 낳고 아내와 추석에 내려갔는데, 아버지가 사업을 같이 해봤으면 좋겠다고 말씀하시더라고요. 공장을 임대로 운영하다 자가 공장을 하나 세운 시기라 아버지 나름대로 힘을 쓰던 시기였거든요. 깜짝 놀라기는 했지만 바로 알았다고 했죠.

지금껏 하던 일과는 전혀 다른 분야인데 간단하게 결정한 이유가 있나요?

제가 부산에서 대학 다닐 때 한참 학생운동에 참여했는데 대학을 마무리하지 못할 상황까지 갔어요. 그때 아버지가 호주로 유학을 가보라고 하시더라고요. 넉넉하거나 편안한 상황이 아니었는데요. 유학을 가서 대학을 마무리하고 IMF가 터져서 서울로 돌아왔죠. 장남이고 보탬이 되고 싶었으니까 아버지께 항상 미안한 마음이 있었어요. 그래서 그런 제안을 해주신 게 오히려 기뻤어요. 아버지가 힘들 때는 나를 찾아주는구나 싶고.

아들이 그렇게 말해주니 아버지도 무척 기쁘셨겠어요.

아버지가 남겨놓은 기록을 본 적 있는데, 당연히 제가 안 한다고 할 줄 아셨대요. 애가 고집도 세고 맨날 하라는

대로 안 하고 자기 마음대로 한다면서요. '안정적이고 유망한 길을 버리고 왜 내려올까.'라는 생각을 하셨다고 해요. 그런데 막상 부산으로 내려와서 아버지랑 밥도 먹고 잠도 자고 하니까 내심 좋아하시는 게 느껴지더라고요. 무뚝뚝하신 분인데도요. 6개월 정도 일본 공장에서 연수하고 2007년에는 온 가족이 부산에 자리 잡게 되었어요.

덕화라는 이름에는 어떤 의미가 담긴 걸까요?

말 그대로 '덕이 빛나라.'라는 뜻이에요. 저는 그 이름의 화신이 아버지였다고 생각해요. 덕스러운 경영을 하셨거든요. 손해를 보더라도 사람들을 포용할 줄 아셨고 상대방을 많이 헤아려주셨어요. 그래서 주위에 항상 사람이 많았어요. 브랜드를 운영하면서 적이 없기가 쉽지 않은데요. 명장으로 인정받을 때도 보통 한 업체에서만 그런 경사가 생기면 시샘을 하잖아요. 아버지 때는 주변에서 그런 기색이 하나도 없었죠. 처음에는 덕화라는 이름이 너무 예스럽지 않나 싶었는데, 이제는 아버지처럼 이름과 닮은 사람이 되고 싶네요.

뒤를 잇는다는 게 무겁게 느껴질 때도 있을 것 같아요.

아버지 모습을 따라 또는 반면교사로 삼아 할 수 있는 일을 해왔어요. 제가 어떤 분야를 탐구하거나 연구하는 걸 좋아하거든요. 주변 사람들이 기업 운영하고는 잘 안

맞지 않냐고 물을 정도로요. 하지만 연구하고 정리하는 마음으로도 기업을 운영할 수 있을 거라 생각해요.

그렇게 시작한 게 명란의 뿌리를 찾는 작업이었죠. 역사 기록부터 국내외 자료까지 정리하셨어요.
역사부터 산지, 어획 방법 등 명란도 연구할 부분이 굉장히 다양해요. 우리나라와 일본의 제조 방식은 또 다르고요. 아무도 안 하지만 누군가는 해봐야 하고, 해놓으면 언젠가 다른 이들에게 읽힐 거라는 마음으로 시작했어요. 음식은 특정한 세대의 것이 아니라 여러 세대를 아우르는 매개체예요. 저희는 음식을 다루는 사람들이니까 역사까지 살펴봐야 먹는 이들을 이해할 수 있을 테고요. 무엇이든 뿌리를 알아야 내공을 갈고닦을 수 있는 법이에요.

과거 흔적을 토대로 입맛에 맞게 재현한 게 덕화명란의 대표 제품들이죠?
맞아요. 먼저 흔히 접하는 한국식 숙성 절임 명란은 저염으로 염지해서 맛있고 건강하게 먹을 수 있어요. 일본식 숙성 절임 명란인 카라시멘타이코 제품들은 아버지께서 직접 기술 전수를 받아 발전시킨 거죠. 특별한 제품으로는 조선명란을 꼽는데요. 본래 한반도에서 먹던 명란은 절임이 아니라 발효해서 먹는 거였어요. 발효된 명란은 수분이 적절히 빠져서 쫀득하고 단맛이 느껴지죠. 자료를 연구해서 전통적인 명란 제법으로 만들었어요.

긴 역사를 가진 건 명란만이 아니에요. 수십 년 경력의 여사님들이 계시잖아요. 든든할 것 같아요.
저희는 제품을 만드는 여성 노동자분들을 여사님이라고 일컫는데요. 22년 차 박희숙 반장님부터, 16년 차 강숙경 여사님… 20년 이상 되신 분들이 열다섯 분 정도 계세요. 그분들은 원료를 알이라고 표현하거든요. 항상 하시는 말씀이 알만 잘 깔아주면 나머지는 자기들이 다 알아서 한다고 하세요. 정말 든든하고, 지금까지 저희 기업을 지탱하신 분들이에요.

공식 유튜브에서 여사님들을 인터뷰한 시리즈 영상을 인상 깊게 봤어요.
주목받지 않는 수산물 가공 여성 노동자의 이야기를 듣고 싶어서 시작했어요. 예를 들어 이송은 여사님은 어릴 때 그림 그리겠다고 하니까 부모님이 그런 걸 뭐 하려 하나고 혼내셨어요. 결국 그림은 그리지 못했고 결혼 후에 경력이 단절됐다가, 이제 이곳에서 정년을 앞두고 계세요. 그때부터는 맘껏 그림을 그리고 싶다고 하시더라고요. 특별한 이유가 없어도 하고 싶은 걸 하겠다면서요. 여사님께 따님이 한 분 있는데, 당신은 시대에 휩쓸려

공장에 매여 살았지만 따님은 자유롭게 어디든 가길 바란다고도 하셨어요. 나중에 그 영상을 가족분들이 보시고 엄청 좋아하셨대요. 자랑도 하셨고요.

마음이 뭉클해져요. 여성 노동자를 비추는 작업은 덕화명란에게 어떤 의미가 있을까요?
우리가 왜 일을 하고, 이런 방식으로 하는지에 대해서 모두가 함께 이해하게 됐어요. 나만이 아니라 함께 일하는 동료들에게도 눈을 돌리고 더 배려할 수 있게 됐고요. 일을 하다 보면 주변을 돌아볼 여유가 없잖아요. 하지만 동료들을 조금만 자세히 보면 알게 되는 게 많아요. 명란을 빚어내는 여사님들의 삶이 귀하듯, 노동에 대한 자부심과 존중을 이끌어내고 싶다는 마음도 있죠.

명장과 명인, 여사님들의 마음을 모아 세운 것이 덕화명란이네요. 대표님은 목표가 있나요?
지금은 아무래도 개인적인 일상보다는 명란과 가까운 삶을 살고 있어요(웃음). 언젠가 나와 일이 분리되는 시점이 찾아올 텐데 그때 아쉽지 않아야 한다는 생각을 꼭 해요. 경영자나 기업가한테는 한 몸 같던 회사와 자아가 분리되는 게 일종의 고통처럼 느껴지기도 하거든요. 헤어지더라도 멋지게 헤어지고 싶어요. 그 전까지는 제가 할 수 있는 최선의 몫을 할 거고요.

부산이라는 도시가 애틋하게 느껴질 것 같아요.
여기서 모든 게 시작됐으니까요. 부산은 해양과 반도가 만나는 지점이잖아요. 교류하고 섞이고 혼종되고…. 저는 그런 특징들이 새로운 가능성과 의미가 같다고 생각해요. 앞으로도 같은 자리에만 머물러 있지 않고 낯설고 재미있는 길을 상상하고 싶어요.

말보다 작은 행동에서 진심이 전해지기도 한다. 치열한 삶에서도 가족을 지탱한 사람, 옳다고 생각하는 길을 묵묵히 나아간 사람, 나의 청춘을 말미암아 딸의 청춘이 행복하길 바라는 사람. 어느 하나 쉬이 지나칠 수 없는 마음이 모여 푸른 감천항을 더욱 아름답게 만든다.

Art

예술이 고이고 흐르는 도시

Say Sue Me!

후줄근한 친구들

세이수미—뮤지션

에디터 이주연
포토그래퍼 Hae Ran

음반이 가득 꽂힌 벽면, 공연 포스터가 질서없이 붙어 있는 어두운 공간. 사람들은
또렷한 자리 없이 서거나 앉아서 눈앞을 보고 있다. 기타와 베이스를 무대에 내려 두고
마이크를 매만지던 네 사람이 공연을 시작하겠다는 듯 이렇게 말한다. "부산에서 온
세이수미입니다!" 부산에서 서울로, 서울에서 영국으로, 미국으로, 유럽 전역으로,
대만으로, 일본으로… 그리고 다시 부산으로 돌아오는 친구들에게 부산은 곧 집이고
가족이다. 지구 구석구석, 더 멀리 나아가도 떠나길 택하는 대신 "다녀오겠습니다."를
외치는 친구들. 부산은 그런 그들에게 언제나 느긋하게 말한다. "잘 갔다온나."

"부산 사람들은 남포동을 '진짜 부산'이라고 많이 이야기해요.
거기가 진정한 옛날 구도심이거든요. 요즘에도 한 번씩 그 동네에 가면,
다른 데는 다 발전했어도 남포동만큼은 시간이 멈춘 것 같다는 느낌을 받아요."

서울 공연장에서만 보다가 부산에서 만나니 감회가
새로워요. 꼭 집에 초대받은 기분이에요.
수미 만나서 반가워요. 부산까지 오시느라 고생하셨죠?

여행 오는 것 같아서 즐거웠어요. 포토그래퍼가
작업실에서 Say Sue Me 철자를 보곤 놀라더라고요.
Sue Me, '날 고소해라.'(웃음). Sue Me에는 '마음대로
해라.'라는 의미도 있다고 하던데요. 지금부터 마음대로
세이수미를 소개해 볼까요?
병규 마음대로 하라니까 진짜 마음대로 해볼게요.
부산에서 활동하고 있는 세이수미라고 합니다. 저는
기타 치는 김병규고요. 하고 보니 마음대로라고 할 것도
없네요(웃음).
수미 부산 사람 넷이 모여 음악 하고 있어요. 저는 보컬
최수미입니다.
성완 부산의 딸과 아들, 세이수미입니다. 저는 드럼 치는
임성완이에요.
재영 음…. (병규를 가리키며) 세, (재영과 성완을 가리키며) 이,
(수미를 가리키며) 수미. 병규 형님이 세 명분을 하고 계시고,
저랑 성완 씨는 두 명이고, 수미는 누나 이름이니까….
저는 '이' 중 하나를 맡고 있는 베이시스트 김재영입니다.

재영 씨 소개, 굉장히 새로운데요(웃음). 방금 부산에서
활동한다는 이야기를 하셨는데요. 서울에서 활동하는
뮤지션은 굳이 서울 출신이란 이야기를 잘 안 하는데, 왜
다른 지역에서 활동하는 창작자들은 지역으로 소개하게
되는 걸까요?
병규 꼭 지역성을 나타내려는 건 아닌데, 어쨌거나 저희가
서울 팀은 아니니까요. 서울엔 모든 게 다 있어서 곧잘
기준이 되는 것 같아요. 저흰 그 기준에 속하지 않으니까
부산에서 왔다고 이야기하게 되는 거고요.
성완 뭐든 소개할 때 수식할 게 있으면 편하잖아요.
저희 스스로 부산에서 왔다고 이야기할 때도 있지만,
매체에서도 저희를 소개할 때 '부산'을 자주 활용하는 것
같아요. 서울에 워낙 많은 게 몰려 있고, 그건 공연이나
뮤지션도 마찬가지예요. 그래서 서울이 아닌 곳에서

활동하는 사람들을 지역으로 이야기하면 좀 특별한
느낌이기도 해요. 근데 생각해 보면, 외국 밴드에겐 '어디
출신'이라고 소개하는 게 당연한 일이어서 그렇게까지
새삼스러운 일 같지는 않아요. 거긴 워낙 많은 도시가 있고
도시마다 활동하는 뮤지션도 다양하니까요.
재영 맞아요. 저도 부산 밴드라고 소개하는 게 특별한 일
같지는 않아요. 반대로 서울 밴드가 부산에서 공연하면
"서울에서 왔습니다." 하거든요.

그러고 보니 공연하는 곳이 기준이 된다는 생각도
드네요. 세이수미 초창기 때 "서울에 (공연하러) 안 와도
되는 문화면 좋겠다."는 이야기를 하신 적이 있죠. 그때에
비해 지금 부산 공연 문화는 어때요?
수미 활동 시작했을 때랑 비교하면 크게 달라진 건 없어요.
여전히 저희는 서울로 당연하게 공연하러 가고 있거든요.
사실 서울에 안 가도 되는 분위기…라는 건 불가능한
이야기 같아요. 다만 서울에 집중되고 그쪽에 의존하는
경향이 좀 덜해지면 좋겠다는 생각은 여전히 해요. 가장
큰 이유는 왔다 갔다 하는 게 힘들어서지만, 사실 어디든
불러주는 데가 있으면 저희 음악을 듣고 싶어 하는 분들이
있는 곳으로 가는 게 당연하다고 생각해요.

이번 호 주제어가 '부산'이에요. 식상한 질문이지만,
네 분은 부산이라고 하면 어떤 게 떠올라요?
성완 이 대답 역시 식상하지만, 바다죠. 여기서 5분만
걸어가면 광안리 바다가 펼쳐지는데 매일 보는데도
좋아요. 서울 사람들은 동해 보러 많이들 가시는데요.
(고개를 저으며) 남해 바다는 또 달라요. 부산 바다는 남해랑
동해 경계에 있는데 그게 매력적이거든요. 아, 그리고
부산엔 산도 많아요. 산이랑 바다에 둘러싸인 도시여서
고바위가 많죠. 생활하기엔 불편한데 부산에 여행 오시는
분들은 그런 지형을 많이 좋아하시더라고요.

고바위요?
병규 경사진 언덕을 고바위라고 하는데, 사투리인가?
서울에선 안 쓰나요? 잘 모르겠네요. 표준어처럼 굳어져서

사용하는 말이에요.

수미 일본어인가? (검색해 본다.) 전북 사투리로 언덕배기래요. 근데 일본어에서 온 것도 맞아요.

병규 부산이 일본 말의 잔재가 가장 많다는 이야기를 들었어요.

수미 저는 할머니랑 같이 살아서 일본어를 정말 많이 들어요. 대화의 5퍼센트 정도는 일본 말이죠. 할머니는 학교에서 일본어와 일본 문화를 배우셨대요. 그러다 보니 자연스럽게 일본어를 사용하시더라고요.

저희 부모님도 다꽝이나 다마네기 같은 단어는 자주 사용하세요.

수미 저희 할머닌 다꽝만 아시고 단무지는 모르실걸요(웃음)?

부산 하면 떠오르는 것들을 이야기하다가 여기까지 왔네요(웃음). 부산에 사는 사람한테 '부산 하면 뭐가 떠올라요?' 했을 때 딱히 떠오르는 게 없는 것이 당연한 거 같기도 해요.

수미 사실 집이라는 생각밖에 안 들어요. 가족들 얼굴 생각나고요. 바다도 항상 여기 있는 거니까 특별하지 않지만, 타지 사람이 온다면 소개해 주고 싶은 곳이죠. 돼지국밥도 저한텐 평범한 식단인데 막상 누군가에게 소개해야 한다면 꼭 이야기하게 되는 먹거리 중 하나고요.

병규 다들 수미랑 비슷할 것 같아요. 산이랑 바다가 같이 있는 곳이 전 세계에 부산이 유일할 정도로 드물다고 하던데, 이런 정보는 저희가 아니어도 누구나 할 수 있는 이야기니까요. 저는 여기서 나고 자란 사람이어서 뭘 소개해야 할지 잘 모르겠어요.

네 분 다 부산에서 나고 자란 만큼 나만의 공간이나 장소도 있을 것 같아요. 어느 인터뷰에서 병규 씨가 '토함산 레코드' 이야기하신 게 꽤 인상 깊었어요.

병규 아, 토함산 레코드(웃음). 저는 고등학생 때까지 반송이라는 동네에 살았는데, 거기가 말 그대로 좀 험한 동네였어요. 그 당시 기타 배우면서 음악 듣던 시절이라 하굣길에 자주 들르던 레코드 숍인데요. 한두 평이 채 안 되는 곳이었는데 매일 학교 끝나면 들렀다 집에 가는 게 저만의 루트였어요. 그때만 해도 CD보다는 카세트테이프 위주로 음악을 듣던 시절이죠. 매일 들르다 보니까 가게 아주머니랑도 친했고, 저한텐 일상적인 공간이었죠. 성인이 되고 나서는 그 동네에 가지 않아서 아직까지 남아 있는지는 잘 모르겠어요. 없어졌겠죠? 근데 이제 토함산 레코드뿐만 아니라 부산에서 오프라인 레코드 숍을 보긴 힘들어요. 교보문고에 있는 핫트랙스처럼 큰 데가 아니면

다 사라지고 없죠.

수미 저는… 금정산이요. 부산은 어느 동네엘 가도 산의 접근성이 굉장히 좋아요. 이 작업실이 있는 곳과 가장 가까운 역 이름도 '금련산역'이고요. 그 옆으로 조금만 더 가면 황령산이 있고, 서면도 황령산으로 연결돼 있어요. 저는 오랫동안 범어사가 있는 금정산 아래 살았어요. 금정산 산책하는 것도 굉장히 좋아하죠. 요즘도 왕복 한 시간 코스로 즐겨 걷고 있어요.

재영 저도 금정산 얘기하려고 했는데(웃음). 둘이 같은 동네 살거든요. 한번은 산책 겸 산에 올랐는데, 내려가는 길에 수미 누나를 만났어요. 원래 둘이 다른 코스로 다니거든요. 누난 좀더 예쁘고 아기자기한 길이고 저는 약간 삭막하고 꼬불꼬불한 코스인데, 최근에 누나 코스로 몇 번 다녔더니 마주치기도 하더라고요.

성완 저는 특별하게 애정을 가진 공간은 없지만 전포동 좋아해요. 거기 카페가 많아서 지금은 전포 카페거리라는 이름도 붙었는데요. 이름 붙기 전부터 자주 가던 곳이라 그 동네가 번화가가 되는 걸 지켜보기도 했어요. 제 작업실 겸 학원이 거기 있어서 친숙한 동네이기도 하고요.

수미 지금 부산에서 가장 핫한 동네예요. 전포동에서 카페 투어 하시는 분도 많고, 관광객도 많이 몰리는 곳이죠. 캐리어 끌고 다니는 분도 자주 보여요.

세이수미는 '작설원'이라는 곳에서 차랑 맥주를 마시다가 "심심하면 밴드나 하자."면서 결성되었다고 알고 있어요. 작설원도 부산에 있는 공간인 거죠?

수미 네, 남포동에 있는 찻집이에요. 정확히 언제 오픈했는지 모르겠지만 80년대 후반 즈음 생긴 걸로 알고 있어요. 옛날엔 부산에서 시내 나간다고 하면 남포동이었거든요. 원장님 혼자 오랫동안 운영하고 계신데요. 지난주에도 다녀왔는데, 제가 다니던 초창기나 지금이나 똑같아요. 테이블이 있고, 캄캄하고…. 들어가면 마음이 편해져요. 듣고 싶은 노래가 있으면 오래된 컴퓨터로 직접 선곡할 수도 있고요. 작설원에서 결성됐다는 소개 글을 초기부터 지금까지 사용하고 있는데, 사실 굉장히 많은 게 생략된 글이에요. 작설원에서는 공식적으로 맥주를 팔지도 않고, 단골이나 원장님 아는 사람이 왔을 때만 마실 수 있거든요(웃음). 소개 글만 읽으면 저희 멤버들이 작설원을 자주 다니는 것 같지만… 그날 이전에도, 이후에도 넷이 함께 작설원에 간 적은 없어요(웃음).

그때 "수미 말하는 목소리가 괜찮으니 보컬을 해라."라는 이야기가 나왔다고….

수미 그건 맞아요(웃음).

병규 그 이야기를 한 건 전데요. 그 당시엔 저희 둘이 친하질 않았거든요. 노래를 어떻게 부르는지는 잘 모르지만 목소리가 좋아서 그랬던 거 같아요. "수미 씨가 보컬을 해보는 게 어떨까, 목소리도 좋던데." 하고요.

작설원에서의 멤버는 이 구성이 아니었죠? 수미, 병규 씨는 원년 멤버지만 성완, 재영 씨는 밴드가 활동하던 중에 합류하신 걸로 알아요.
재영 그렇죠. 그 전엔 세이수미 공연을 보러 다니기도 했죠. 처음 본 건 2014년, 15년 즈음이었어요. '베이스먼트'라는 부산 펍에서 처음 봤죠. 그때 '아, 뭔가 좋다.'고 생각했는데 이렇게 함께하게 될 줄은 몰랐어요. 세이수미가 공연한다고 하면 외국인이 많이 왔던 기억도 나요.

세이수미 공연이라 외국인이 많았던 건가요?
재영 원래도 부산엔 외국인 관객이 많은 편인데, 세이수미가 공연하면 유독 더 많았어요.
수미 부산에 있는 외국인들 다 모였죠(웃음). 이상하게 외국인들이 좋아해 주시더라고요. 계속 라이브 클럽에서 공연해서 외국 관객을 만날 일이 더 많았을지도 몰라요. 큰 공연장보다는 자유롭잖아요. 너무 옛날 얘길 하는 거 같지만(웃음) 재영이가 세이수미를 처음 봤다는 2014년 즈음이 막 수입 맥주 들어오던 시절이었는데요. 같이 맥주 마시면서 외국인 관객들이랑 노는 느낌으로 공연하곤 했어요.

요즘 부산의 공연 문화는 어때요?
수미 한창 외국인이 많이 오던 그 시절과 비교하면… 좀 달라진 것 같기도 하고요.
병규 일단 공연할 만한 공간이 많이 사라졌어요. 재영이가 말한 베이스먼트는 부산대학교 앞에 있던 펍인데요. 음, 서울에서 비슷한 곳을 찾자면….
수미 '스트레인지 프룻'?
병규 거기도 베이스먼트에 비하면 공연장에 가까운 공간인데, 여하튼 베이스먼트는 좀더 펍 역할을 많이 하는 곳이에요. 술에 집중하는 거죠. 이제 부산엔 그런 공간도 거의 없어요. 부산대 앞에 라이브 클럽이 제법 있었는데 이제 운영하는 곳이 손에 꼽거든요. 펍 형식의 공연장은 광안리에 한 곳 정도? 경성대 근처에 그나마 평일에도 활발하게 공연이 열리는 '오방가르드'라는 곳이 있는데 거기도 제 살 깎아 먹어가며 유지하는 공간이에요. 사명감을 가지고.

부산에서 공연하기가 힘들어졌겠네요.
병규 신기하게도 부산에 기반을 둔 뮤지션은 점점 더 많아지고 있거든요. 장르적으로도 다양해졌고 연령대도 확실히 어려졌고요. 음악 하는 사람이 점점 더 많이 생기는데, 역설적이게도 공연할 공간은 점점 없어지고 있는 거예요. 오방가르드마저 없어진다면 부산에선 정말 공연할 곳이 한 군데도 없지 않을까 싶은 정도죠. 그렇다고 공연장이 아예 없는 건 아닌데요. 제가 많이 사라졌다고 하는 공간은 주도적으로 공연을 만들어 내고 운영해 나가는 곳들이에요. 부산은 서울과 달라서 뮤지션이 자체적으로 공연을 기획하고 꾸리는 데 한계가 많거든요. 그래서 클럽이 그런 역할을 해줘야 하는데, 이제 기획 공연을 만드는 곳은 거의 없고 '공연하고 싶으면 와서 해라.' 느낌의 공간뿐인 거죠. 그런 데는 뮤지션이 이상하게 잘 모이지 않아요. 왜인지는 모르겠지만, 다들 상생하는 공간을 좋아하나 봐요.

세이수미 인터뷰에서 부산 라이브 클럽은 밤 11시에 공연이 시작된다는 이야기를 읽고 놀랐어요. 서울은 대체로 저녁 6-8시에 시작되잖아요.
병규 아, 그건 라이브 클럽이라기보다는 펍의 경우예요. 공연도 공연인데 술장사가 주다 보니까 술 마시러 오시는 분들을 고려해서 늦게 시작하는 거죠. 여전히 펍에서는 공연 시간이 늦은 편이지만, 그 외 공연장에서는 7-8시쯤? 서울과 비슷하게 시작하는 것 같아요.

또 부산만의 공연 문화가 있나요?
수미 크게는 없는 것 같아요.
병규 갑자기 에피소드가 하나 생각났는데(웃음). 부산 MBC 라디오에 〈자갈치 아지매〉라고 유명한 지역 라디오 프로그램이 있어요. 수십 년쯤 된 유명한 프로그램인데, 수미 혼자 나가게 됐거든요. 스태프들이 질문을 했는데, "부산 관객들은 열정적이다."라는 말을 듣고 싶었나 봐요. 그쪽으로 답변을 유도하는데 수미가 냉정하게 '아니다, 부산 사람들이 오히려 더 경직돼 있고 호응이 없다.'고 한 거예요(웃음). 그런 대답이 나오니까 약간 마가 뜨더라고요. 그게 정말 웃겼는데(웃음).
수미 근데 부산 사람들이 좀 무뚝뚝한 데가 있지 않아요? 연령대가 높으면 높을수록 더 그렇고요, 연령대가 내려올수록 확실히 그런 면은 옅어지는 것 같아요. 사람마다 다르기 때문에 모두 그렇다고 할 순 없지만, 저는 서울 사람에 비해 부산 사람이 확실히 무뚝뚝하다고 느껴요. 어르신들은 장난 아니에요(웃음).

관객들도 그래요?
수미 네. 부산 사람들은 무뚝뚝하면서도 부끄러워하는데 서울 사람들은 호응하거나 환호하는 데 거침이 없어요.

연령대가 낮아질수록 무뚝뚝한 경향이 덜하다고 하셨는데요. 세대가 계속 내려오다 보면 나중엔 그런 성향이 옅어지게 될까요?
병규 확실히 그럴 것 같아요. 부산뿐만 아니라 어떤 지역이든지요. 어떤 면선 경계가 허물어져야 한다고

생각하지만, 좀 아쉬운 부분도 있어요. 이를테면, 제주도 방언이 조선시대 고어랑 가장 비슷한 말이라고 하는데요. 지금 제주도 젊은이들은 제주도 사투리를 안 쓴다고 하더라고요. 그래서 제주도 지자체에서 고어 유지를 위해 사투리를 지키려는 작업을 하고 있다고 해요. 그런 측면선 고유의 것이 사라진다는 게 아쉽죠. 시간이 흐르면서 옛 흔적은 점점 사라질 텐데, 뿌리가 사라지는 것 같은 느낌도 있고요.
수미 무뚝뚝하다는 것도 사실 부정적인 것만은 아닐 거예요. 어떤 측면에서는 장점으로 보일 수도 있을 텐데요. 어쨌든 부정적으로 느껴질 여지가 있는 것들은 유난히 더 빠르게 사라지고 있는 것 같아요.

세이수미가 활동한 지 벌써 10년 가까이 되었죠. 맨 처음 만든 곡이 'Bad Feeling'이라고 알고 있는데, 가장 최근에 만든 곡 이야기도 궁금해요.
병규 올해 6-7월쯤 싱글로 발매 준비 중인 곡인데, 'Bad Feeling'이랑 비슷하다면 비슷할 수도 있을 것 같아요. 곡은 제가 만들고 가사는 수미가 붙이고 있는데요. 시기에 따라서 스타일이 조금씩 달라지는데, 요즘엔 '초반 스타일 곡을 만들어 보고 싶다.'고 생각하며 작업 중인 때여서 'Bad Feeling'이랑 비슷한 느낌이 담겼어요. 제목은 'Mind Is Light'예요. 곧 들으실 수 있을 거예요.

10년 동안 앨범도 여러 장 나오고, 영국 댐나블리의 러브콜도 받고, 유럽 투어, 아시아 공연 등 정말 많은 일이 있었어요. 엘튼 존Elton John이 팟캐스트에서 세이수미 음악을 언급한 게 화제가 되기도 했고요. 이전과 비교해서 어떤 점이 좀 달라졌다고 느끼나요?
병규 모든 게 다 달라졌어요. 사운드적으로도 그렇고, 곡의 형식도 그렇고요. 세이수미만의 색깔을 유지하면서 변하는 게 중요할 텐데, 사실 변화라고 해도 저희가 할 줄 아는 거 내에서 달라지기 때문에 외부에서 봤을 때는 달라졌다는 느낌이 없을 수도 있어요.
수미 결과물을 만들어 내는 과정은 달라졌죠. 가장 큰 건 녹음하는 시스템. 예전에는 외부 힘을 빌려서 녹음했지만 지금은 모든 걸 직접 하고 있거든요.
병규 예전엔 서울에 있는 스튜디오에 가서 녹음하곤 했어요. 유능하고 믿을 수 있는 엔지니어와 믹스 작업을 함께 해왔는데요. 과정과 결과는 만족스러웠지만 녹음 때마다 서울에 2-3주씩 있어야 하는 게 힘에 부치더라고요. 그래서 어느 순간 직접 해봐야겠다고 생각하게 됐어요. 조금씩 공부도 하고 투자도 하면서 저희만의 스튜디오를 만들면 어떨까 싶었죠. 지금은 합주도, 곡 작업도, 녹음도, 믹싱도 모두 이 공간에서 하고

있어요. 저희를 아는 부산 뮤지션들이 작업하러 오기도 하고요.

스튜디오 이름도 궁금해지는데요.

병규 공개적으로 홍보하진 않아서 다들 '세이수미 스튜디오'라고 불러요. 재작년에 저희 나름대로 회사를 하나 설립하고 '비치타운 뮤직'이라고 이름 붙였는데 그걸 아는 분들은 비치타운 뮤직 스튜디오라고 부르기도 하고. 우리끼리는 그냥 작업실(웃음).

비치타운이라는 단어 느낌 참 좋네요. 이 동네랑 어울리기도 하고요. 바로 앞에 광안리 해변이 보여서 시야가 시원했어요. 오랜만에 보는 바다라 더 반가웠는데 매일 바다를 오가는 사람에겐 새롭게 느껴지진 않겠다 싶더라고요.

수미 어느 정도 그런 면이 있지만, 저는 매일 봐도 매번 감탄해요. 여기 올 때 주로 지하철을 타는데, 역에서 내려 걸을 때 저 멀리 바다가 보이거든요. 그럴 때 특히 좋아요. 걷는 길에 벚꽃 라인이 있어서 봄엔 좀더 황홀해지기도 하고요.

병규 당기지는 않는데 막상 먹으면 맛있는 음식 있잖아요. 광안리는 그런 느낌이에요. 일부러 가진 않는데, 일 때문에라도 가게 되면 좋은 곳이죠.

성완 작업실 앞이 바로 광안리인데도 넷이 다 같이 간 게… 언제더라(웃음)?

수미 가끔 합주 마치고 다 같이 바다 보면서 밥을 먹고 싶을 때도 있는데요. 맘먹고 가면 늘 후회했어요. 경치가 중요한 상권이기 때문에 맛이나 가성비가 떨어지는 경향이 있거든요. 그래서 식당엘 가더라도 기분 좀 내고 싶을 때 찾지, 자주 가진 않는 것 같아요.

부산 하면 대부분 해운대나 광안리를 떠올리는데, 현지인으로선 어때요?

병규 부산 사람들은 남포동을 '진짜 부산'이라고 많이 이야기해요. 작설원이 있는 동네인데요. 거기가 진정한 옛날 구도심이거든요. 부산에서 가장 먼저 발전한 도시이기도 하죠. 요즘에도 한 번씩 그 동네를 가게 되면, 다른 데는 다 발전했어도 거긴 시간이 멈춘 것 같다는 느낌을 받아요. 그래서 오히려 더 부산 같다는 느낌이 확실히 들죠. 그 동네 가면 저도 오히려 다른 도시에 가는 듯한 기분이 들기도 하거든요. 예전에는 시청도 남포동에 있었대요.

성완 저도 주말에 가족들이랑 어디 나간다고 하면 무조건 남포동이었어요. 거기가 저희한텐 시내였거든요. 저는

부산에서 태어나 쭉 살다가 서울에서 잠시 살았고, 다시 부산으로 돌아왔는데요. 너무 많은 게 현대식으로 발전하고, 바뀌어 있는 거예요. 그런데도 남포동만은 그대로더라고요. 그때 '여기는 여전히 부산 같다.'고 생각했어요.

수미 남포동도 옛 모습 그대로라고 말하긴 어렵지만, 그런데도 어떤 바이브…가 여전히 남아 있는 느낌이랄까요?

음악 얘기를 좀더 해볼게요. 세이수미 음악을 말할 때 '서프 록'이나 '90년대 미국 인디'라는 이야기가 많아요. 저는 이런 장르 구분이 항상 어렵게 느껴지더라고요. 좀더 설명해 주실래요?

병규 장르라는 건 어떤 면에선 음악의 구분이기도 하고, 또 어떤 면에선 뮤지션의 정체성이기도 해요. 사실 서프 록 같은 장르는 저희가 정했다기보다는 외부에서 언급하면서 굳어진 부분이에요. 저희는 90년대 미국 인디 록 기반으로 음악을 해나간다고 생각하거든요.

90년대 인디 록이 정확히 어떤 거예요?

병규 지금 저희 행색을 보면 아시겠지만, 꾸밀 줄 모르는 거?

수미 그런 면이 음악에도 분명히 있고요.

병규 저희 음악에 '꾸민다'는 이야기는 정말 안 붙거든요. 그게 외적으로도 표현이 되는 것 같아요. 외적인 모습도 음악에 어느 정도 영향을 미치고, 음악이 외적인 모습에도 영향을 미치기 때문에 하나의 정체성이 되는 거죠. 그래서 90년대 인디 록이라고 저희가 더 나서서 설명하는 거기도 하고요. 90년대 인디 문화를 즐기던 사람들이 그 당시 음악을 '너드 뮤직'이라고 표현했대요. 그런 게 저희를 표현하는 포인트가 분명히 되는 것 같아요.

수미 너무 힘주면 잘 안 붙는 스타일이랄까요(웃음). 굳이 이야기한 적은 없지만 멤버들끼리 '힘을 빼야 한다.'는 생각이 있는 것 같아요. 저희는 정말… 후줄근한 인간들이에요. 시대는 변하고, 유행도 변하는데 저희는 계속 힘을 빼고 있으니까 가끔 이게 맞나 헷갈릴 때도 있어요. 그래서 남들이 하는 것도 많이 보려고 하죠. 저도 가끔은 유행하는 스타일 한번 해보려고 하는데, 계속 의심이 들어요. '이게 세이수미가 맞나? 멤버들이 나를 어떻게 볼까?' 걱정도 되고요.

외적으로도 그렇고, 음악적으로도 그런가요?

수미 그렇죠. 아무도 눈치 못 챘을 수도 있지만(웃음) 저는 제 보컬이 초기랑 많이 비교된다고 생각해요. 그때는 '난 무조건 꾸미지 않아야 멋있다.'라는 생각에 사로잡혀 있었어요. 그래서 그 시절 저희 음악을 더 좋아하는

분들도 있는 것 같고요. 근데 시간이 가면 갈수록 '잘
불러야겠다.'는 생각이 들더라고요. 잘 부른다는 게
뭘까도 많이 생각해 봤는데 사실 답이 없는 이야기잖아요.
그래서 제가 듣기에 더 나은 방향으로 가는 걸 목표로 삼고
있어요. 때때로 꾸며도 보고요. 사람들은 꾸민 줄도 모를
수 있지만, 저 나름대로 이것저것 변화를 시도하고 있어요.

**최대한 힘을 빼고 음악을 한다고 하셨는데 하는 음악이랑
듣는 음악에는 차이가 있을 것도 같아요. 요즘 어떤 음악
즐겨 들어요?**
병규 얼마 전에 메탈리카Metallica 신보가 나와서 열심히
듣고 있어요. 최근 3-4년간은 올더스 하딩Aldous Harding을
가장 많이 들었고요.
수미 저는 요즘 굉장한 과도기라고 느껴요. 랜덤 재생을
해놓고 들리는 대로 듣는 시기거든요. 그러는 중에서도
자주 손이 가는 건 카펜터스Capenters예요.
성완 저도 비슷해요. 요즘엔 딱 꼬집어서 듣는 건 잘
없어요. 저는 아직도 CD를 구매해서 듣고 있는데, CD를
사지 않은 시점부터 음악을 안 듣지 않았나 하는 생각도
드네요. 그래도 음악은 늘 들어야 한다는 생각이 있어서
의무감으로 듣고 있는데요. 록보다 재즈 위주로 듣고
있어요. 최근엔 그래미 어워드에서 신인상 받은 사마라
조이Samara Joy 앨범을 부지런히 들었어요. 사실 요새는
음악이 너무 많이 나와서 뭘 들어야 할지 모르겠어요.
그러다 보니 '내가 좋아하는 게 뭐지?'라는 생각도 조금

들기도 하고요.
재영 다들 저랑 비슷하군요. 저도 음악을 듣다가 넘기는
일이 많아요. 요즘 제일 열심히 들은 건 녹음해야 할
세이수미 곡들이에요.

세이수미 음악도 자주 듣나요?
병규 작업 끝나면 잘 안 듣고요, 어쩌다 한 번씩 찾아
듣기는 해요. 느닷없이 듣고 싶을 때가 오거든요. 정말
음악으로 소비하고 싶을 때인데 그 시기가 어떨 때
오는지는 저도 잘 모르겠어요. 올해 초에 애플 뮤직에서
총 플레이 타임을 집계해 줘서 유심히 봤는데요. 세이수미
플레이 타임도 꽤 높은 순위에 있더라고요(웃음).

들으면 어떠세요?
병규 좋죠. 근데 저희가 직접 녹음까지 작업을 다 하다
보니까 요즘엔 새로운 감상이 생겼어요. 이제는 처음부터
끝까지 모든 게 저희 작업물이잖아요. 그러다 보니 중간에
'왜 여기 이렇게 했지?' 하는 부분도 생기고, 놓친 부분이
새롭게 들리기도 해요.
수미 좀더 잘할 수 있었을 텐데, 싶을 때도 있고요.
녹음하던 시점과 듣는 시점의 내 취향이 바뀌었기 때문에
되돌아간다고 해도 고칠 수 없는 부분이기도 하지만,
아쉬운 점도 분명히 있어요. 그래서 최근 작업에 비해
옛날 작업을 잘 듣지 않게 되는 것 같아요. 예전 거는
너무나도… 돌이킬 수가 없거든요. 최근 작업도 그렇지만

근작일수록 그나마 제 취향 안에서 용인이 되는 범위 안에 있는 것 같아요.

세이수미 무대는 점점 넓어지고 있어요. 부산에서 서울로, 영국으로, 유럽으로, 아시아로…. 부산에서만 활동할 때랑 어떤 점이 달라진 것 같아요?

수미 밴드 초반에는 미국 투어 가는 게 소원일 정도로 꿈꾸던 일이었어요. 근데 막상 해보니까 어느 공연이든 비슷비슷한 것 같아요. 좀 디테일하게 보자면 다른 점도 물론 있는데요. 외국은 공연이 좀더 자주 있고 전문적인 사람들이 상주하고 있어요. 체계가 잘 잡혀 있죠. 근데 저는 서울만 가도 발전했다는 걸 많이 느끼거든요. 그래서 점점 더 차이가 없다고 인식하는 것 같아요. 저희가 해외에서 공연한다고 해서 어마어마하게 큰 무대에서 공연하는 건 아니어서 더 그렇기도 하고요.

유럽 투어를 떠올리면 세이수미의 위장 강도 사건이 제일 먼저 생각나요. 이미 많이 알려졌지만 모르는 독자 분도 있을 테니 이야기를 나눠볼까요?

수미 저는 살면서 '왜 이렇게 별나냐.' 소리를 안 들으려고 사건 사고를 피해 오던 사람인데요. 왜 저희한테 그렇게나 큰일이 생겼는지 모르겠어요. 이탈리아로 공연하러 가던 길이었는데 거긴 이런 사건이 정말 많다고 하더라고요. 타이어 스캠이라고, 타이어를 터뜨리고 금품을 갈취하는 신종 사기 수법인데요. 그 정보를 접하고 조심해야겠다고 생각했는데도 당하고 말았어요. 이탈리아로 국경을 넘자마자 타이어에 펑크가 나더라고요. '펑' 소리에 놀라서 차를 갓길에 대고 살펴보는 사이에 차에 있는 모든 게 털렸어요. 하필 그때가 한 달 유럽 투어의 막바지였거든요. 공연하며 벌어들인 돈을 현금으로 소지하고 있었는데… 다 잃어버렸죠.

병규 이탈리아 국경을 넘자마자 외교부에서 타이어 스캠 사건이 있으니까 조심하란 안내 메시지도 왔어요. 근데 타이어가 터지는 순간 그 메시지랑 연결시킬 생각을 아무도 못 했어요. 나중에 듣자 하니 저희 같은 사람이 쉽게 타깃이 된다고 하더라고요. 영국에서 투어를 시작했기 때문에 영국 밴이었고, 운전석 방향이 달랐거든요. 그러다 보니까 투어 차량이라는 게 눈에 띄었겠죠. 안에 값어치 있는 것들이 있겠다고 생각할 테고, 아시아인들이다 보니까 목표가 되기 더 쉬웠을 거예요.

수미 위장 강도를 당한 날도 공연이 있었는데, 공연 전에 할 수 있는 조치를 다 취해야겠다 싶어서 경찰서로 갔는데요. 저희 같은 사람이 경찰서에 가득 있는 거예요. 온갖 나라 사람들이 잔뜩 성이 난 채로 모여 있는데, 장관이더라고요. 일요일이어서 처리해 줄 경찰관도

없고…. 종일 기다려도 접수조차 안 될 상황이라 포기하고 무대에 올랐어요. 라이브 도중에도 감당할 수 없는 슬픔과 분노, 허무함이 밀려오더라고요. 그래도 어찌어찌 잘 마쳤죠. 그다음 날 공연은 프랑스였는데 하필 여권까지 다 잃어버려서 긴급 여권 만들고…. 다사다난했어요. 유럽 투어는 정말 꿈꾸던 일이었는데 이런 일들을 겪고 나니까 꿈이 아니라 현실이란 생각이 들더라고요. 그래도 그 이후 저희 투어를 돕기 위한 펀딩을 오픈했고, 상쇄할 만한 금액이 모였어요. 세상엔 나쁜 사람도 있지만 좋은 사람도 많다는 걸 실감한 경험이었죠.

그 사건을 겪은 멤버 구성은 지금과는 달랐죠. 분위기도 바꿔볼 겸, 지금 멤버로 좋았던 일을 이야기해 볼까요?

수미 정규 3집을 함께 발매한 거요. 저희가 회사를 만들고, 모든 걸 저희 힘으로 만든 그 앨범이 성장하는 데 좋은 계기가 되어주었어요.

성완 맞아요. 3집이 나오기 전엔 제가 직접 투입된 앨범이 없어서 함께 공연하면서도 '진짜 멤버'라고 이야기하기가 왠지 민망했거든요. 근데 정규 3집이 나오면서부터는 확실히 멤버가 되었다는 생각이 들어요. 저는 세이수미에 합류하고 유럽도, 미국도 다녀왔는데요. 그런데도 제가 작업한 곡이 없으니까 조금은 아쉬운 지점이 있었는데 정규 3집이 나오면서 그런 마음이 싹 사라졌어요. 이전에는 이미 있던 곡을 연주하는 느낌이었다면, 요즘은 제가 작업한 곡을 직접 연주하니까 감회가 새롭더라고요.

재영 저는 도쿄 공연 때가 정말 좋았어요. 해외 공연이었는데도 사람들이 문밖까지 줄을 서서 저희 공연을 즐기고 있었거든요. 공연장에 들어오지 못해서 간신히 계단에서 보시는 분들도 있었고요. '와, 신기하다.' 그런 기분으로 공연했죠.

수미 아, 일본 하니까 작년에 후지 록 페스티벌에 못 간 기억이 떠오르네요. 섭외가 돼서 무척 좋아했는데 가기 직전에 PCR 검사에서 제가 양성이 떠버렸거든요.

그래서요?

수미 못 갔죠. 굉장히 기대한 공연이었는데 아직도 아쉬워요. 그 아쉬움을 달래고자 연말에 일본에서 단독 공연을 했죠. 사실 재영이는 세이수미에 투입되고 계속 팬데믹 상황이라 투어에 제대로 참여를 못 했어요. 저희가 해외 투어 한 이야기를 해도 공감을 못 한다는 느낌을 받았는데, 그때 같이 다녀와서 저희도 좋았어요.

짓궂은 질문을 하나 드릴게요. 세이수미에서 부산을 제거하면 어떻게 될 것 같아요?

병규 부산을 강조하든 제거하든 개인적으로는 큰 의미가

없다고 생각해요. 조금 건방지게 들릴지도 모르지만,
우리는 그냥 우리거든요. 그래서 부산은 있어도 그만,
없어도 그만인 요소이기도 해요.
수미 하지만 떼려야 뗄 수 없는 부분이긴 하죠. 세이수미는
세이수미지만 어쨌든 부산에 있는 세이수미니까요.
그러니까 저희가 울산 친구들이었다면 울산에 있는
세이수미가 되었겠죠? 어쨌든 세이수미는 계속
세이수미일 거예요. 근데, 저는 여기 있는 게 당연하다는
생각이 자꾸 들어요. 이게 부산 사람들의 고집인가 싶기도
하고요. 왜 서울로 안 가냐는 질문을 참 많이 받았는데
사실 서울로 가고 싶다는 생각을 해본 적이 없어요. 왔다
갔다 하는 건 분명히 힘들지만 서울에 산다는 건 완전히
다른 차원의 일 같아요. 생활 터전을 바꾸는 건 엄청난
일이잖아요.

굳이 서울로 가야 한다는 생각을 안 하시는 거네요.
성완 맞아요. 그런 고민이 없어요. KTX도 있고, 비행기도
있는데 굳이 서울로 갈 필요가 있나요? 저희가 세이수미를
하는 건 부산 사람이어서는 아니니까 부산이 아니어도
저흰 열심히 활동하고 있을 거예요. 다만, 부산이라는
지역의 덕은 보고 있다고 생각해요.
수미 부산이란 주제에 저희를 떠올려 주신 것도 정말
감사한 일이고요. 그런 식으로 덕을 보는 것 같아요. 이런
기회를 통해 사람들이 저희 음악을 한 번 더 들어주고,
저희 존재를 알아주시는 것도 그런 덕택이겠죠.

**앞으로 "부산에서 활동하는 세이수미입니다."라는
소개를 들으면 더 반가워질 것 같아요. 벌써 마지막
질문이네요. 마지막 질문은 '아무 말도 하지 말자'를
듣다가 떠올렸는데요, 노랫말 그대로 질문으로 남겨
볼게요. "우리 오늘 밤에 어디로 갈까?"**
수미 집에 가야죠. 작업실에서 집까지 한 시간
걸린다고요(웃음)!

서울 사람에 비해 부산 사람이 무뚝뚝하지 않느냐는 물음에
그렇다고 대답하지 못했다. 화장실을 묻는 나에게 무심한
말투로 "모셔다 드려라." 하는 목소리를 들어버려서였다.
"계단 올라가서 왼쪽에 있어요." 한 문장으로 설명할 수
있는데도 화장실 앞까지 데려다 주고, 불을 켜주고, 화장실
컨디션을 이야기해 주고, "먼저 내려가 있을게요."라는
이야기까지 덧붙이는 마음. 사근사근한 말투나 대단히
다정한 손길은 없었지만, 덤덤한 표정으로 마실 걸
내어주거나 보폭을 맞춰주는 조용한 배려를 나는
안온하다고 느꼈다. 그것은 꾸며낼 수 있는 종류의 것은
아니었다.

키미와 일이는 문득 떠오른 질문을 이리저리 쪼개어 함께 고민한다. 보챔 없이 느긋하게
상대방의 말을 기다리다가 자신의 말도 살포시 얹는다. 마침내 완성한 키미의 그림과
일이의 문장, 그 위를 넘실거리는 분위기는 내 앞에 마주 앉은 그들과 꼭 닮아 있다.
하나의 이름이든 둘의 이름이든, 서로의 가장 친한 친구이자 각자의 예술을 응원하는
사이. 녹빛의 산과 중얼거리며 흐르는 천 사이에서 나는 몰래 시샘을 떠올렸다.

그린, 댄스 그리고 사랑을 담아

키미·일이─사랑을 그리고 쓰는 사람

에디터 이명주
포토그래퍼 Hae Ran

부산이라는 도시와는 어떻게 인연을 맺었어요?

일이 저는 고향이 부산이에요. 서울에서 일을 하다가 부산으로 내려온 게 2014년인데, 키미 그러니까 희은이를 만나면서부터 이곳에서 함께 지내게 되었죠.

키미 저는 울산에서 자랐어요. 울산은 공업 도시라 온 주변이 공장이에요. 그 공장 지대를 항상 벗어나고 싶어했어요. 그런데 제가 가장 쉽게 갈 수 있는 곳은 근처인 부산이고, 오빠의 고향이기도 하니까 친근감이 들더라고요. 물론 부산으로 내려와 지내면서 어떤 부분에선 한계를 느껴 서울에도 갔는데, 어딜 가든 내가 하기 나름이라는 생각이 들었어요. 어디에 있었든, 과거에 무얼 했던 언젠가 다 도움이 되기도 하고요.

같은 점도, 다른 점도 가진 두 사람이 '키미앤일이'라는 하나의 이름을 사용했죠. 이유가 궁금해요.

키미 저는 원래부터 키미라는 이름으로 작게 그림도 그리고 물건도 만들었어요. 대일 오빠를 만나면서 같이 무언가 해보자는 마음으로 키미와 일이를 붙인 거죠. "나 키미 있으니까 그럼 네가 붙어라!" 하면서요. 사실 별생각 없이 지은 이름인데, 1~2년 지나니까 많은 분들이 좋아해 주시고 찾아주시면서 아예 팀명처럼 굳어지더라고요. 그게 계속 이어져 온 거예요.

작년부터는 하나의 이름을 다시 둘로 나눠 가졌어요. 마음에 어떤 물결이 흘러왔기 때문일까요?

일이 키미앤일이라는 이름이 올해로 9년이나 됐어요. 한 5년간은 제가 디자이너로서 열심히 활동했는데, 그 일이 점점 힘들어지더라고요. 실력이 바닥난 것 같고 흐름을 쫓아가기도 버거웠고요. 패션 전공을 하다가 시작한 디자인이다 보니 슬슬 밑천이 드러난다는 생각도 들었어요. 그래서 저는 일을 멈추고, 키미에게 들어오는 일을 조율하는 걸 도맡았죠. 글을 쓰기도 하고요. 사실상 하는 일이 변했는데 이름은 그대로니까 혼란스럽더라고요. 용기가 나진 않았지만 무언가 결단이 필요했어요.

키미 이런 애매모호한 상황이 결국에는 제가 가려고 하는 방향에도 걸림돌처럼 보이더라고요. 우리한테는 그냥 단순한 이름인데 외부에서 바라보는 시선은 다르니까.

좀더 자세한 이야기를 들어보고 싶어요.

키미 저는 계획적인 사람이 아니에요. 만약 운전을 한다고 치면, 예쁜 풀밭에서 좀 쉬었다 가고 싶고 저쪽 길도 구경해 보고 싶고 이 집도 예쁘고 저 나무도 궁금해요. 작업을 그런 방식으로 했던 거죠. 반면에 키미앤일이라는 이름은 저한테는 내비게이션 같았달까요. 내가 가야 하는 곳, 최적의 경로를 안내해 주니 물론 좋지만 그게

과연 내가 할머니가 될 때까지 하고 싶은 걸까 싶었어요. 이곳저곳 자유롭게 둘러보고 만끽하는 게 그림에 생동감을 주니까요. 그래서 처음의 마음을 따라가 보자고 선택한 거예요. 우리의 사이나 일상에는 변한 게 없는데 이름과 함께 앞으로의 할 일도 정리한 거죠.

이름이 별것 아닌 것 같아도 나를 정의하고 구성하는 방법 중 하나였네요.

일이 그러게요. 이름 하나를 둘로 나눠 가지는 게 별일인가 싶었는데 느낌은 조금 다르더라고요. 설명하기 어렵지만 흐름이 달라진 것 같아요. 이제 누군가가 너는 뭐 하는 사람이냐고 물어보면 "저요? 저는 뭐 하는 사람일까요."라고 답해요. 나의 이름으로 무얼 하고 싶은지 이것저것 시도해 보려고요.

키미 하나의 이름이라는 테두리 안에 있으니까 나만의 전문성이나 진지한 고민 등을 미뤘던 것 같아요. 이제는 스스로 고민을 풀어보고 각자 역할을 찾는 데 힘을 써야죠.

그래도 여전히 서로의 존재가 큰 응원일 텐데요. 어때요?

(서로를 바라본다)

일이 우리는 항상 하는 표현이 있어요. 그냥 베스트 프렌드. 최고의 친구라고요.

이 집으로 얼마 전에 이사 왔다고 했죠. 짐 정리는 끝났나요?

키미 딱 일주일 되었어요. 급하게 결정한 집이라 가구를 어디에 놓고 무얼 꾸미고 이런 걸 생각할 시간이 많지 않았어요. 그저 우리의 목표는 무조건 인터뷰 전까지 끝낸다는 거였죠(웃음). 덕분에 정리도 모두 끝났네요. 인터뷰 아니었으면 한 달 동안 난리 났을 거예요.

일이 한 달이 뭐야, 지난 집에서는 일 년째 못 푼 박스가 있었어요. 잘 쓰지도 않고 버리지도 못하는 그런 짐들.

부산에서도 외곽에 자리한 정관읍이라는 마을이에요. 뒤에는 산이 서 있고 앞에는 천이 흐르네요. 어떻게 이 마을로 오게 됐어요?

일이 여기는 정관읍에서 두 번째 집이고 첫 번째로 살던 집이 있었어요. 그때 저희가 남프랑스에 여행을 갔는데 코로나19가 터진 거예요. 처음으로 팬데믹이라는 용어가 등장하면서 위기가 마구 부풀어 오를 때였죠. 그러니 프랑스에서도 전부 봉쇄되고 숙소 안에서만 지냈어요. 비행기도 취소되고요.

키미 숙소가 2층이었는데 창밖으로 고개를 내밀면 마당 있는 옆집이 보였어요. 가끔 할아버지가 나와서 식물에 물을 주는데 자기 집이 있다는 게 참 안락한 거라는 걸

크게 느꼈죠.

일이 그래서 한국 오면 집을 사야겠다고 마음먹고 그중에서도 테라스 있는 집을 찾아봤어요. 막 찾다 보니까 정관읍이 눈에 보이는 거예요. 가격도 합리적이라 이곳에서 평생 살자는 마음으로 샀죠.

키미 그런데 집이 너무 안락하고 편하니 그냥 그대로 있고 싶은 거예요. 작업도 하고 새로운 걸 보면서 살아야 되는데, 누가 정지 버튼을 누른 것처럼 아무런 자극도 의욕도 불편함도 없이 지낸 거죠. 그림도 도무지 뭘 그려야 할지 모르겠고 이렇게 나이가 드는 건가 하다가 이게 맞나 하는 의문이 떠올랐어요. 우리가 하고 싶은 게 뭔지 고민하면서 거길 벗어나야겠다고 결심했고요.

도대체 어떤 집이었길래 일시 정지 상태가 된 걸까요?

일이 베란다 창문을 열면 테라스가 있고 그 뒤로는 산책로가 보여서 풀도 많고 나무도 많고 고양이들도 다녔어요. 외부 소음도 전혀 안 들리고 자동차 소리 같은 것도 없고 공간도 넓어지니 작업하기도 좋았죠. 뭐든 충만한 곳이었어요.

키미 은퇴한 노부부처럼 살았던 거죠. 소파도 하필 깊고 푹신한 거라 누우면 빨려 들어가듯 일어나기가 힘들었고요. 소파 앞에 테이블 펼쳐 두고 밥 먹고 다 먹으면 다시 소파로 올라가고. 시공간이 멈추고 우리만 있는 기분이었어요.

일이 공간이 우리 성향과 똑 닮아서 오히려 자극 없는 생활이 되어버렸던 것 같아요. 다른 성질의 성향이 필요했어요.

그곳에서 쉼이 아닌 일상을 보내야 했으니까요. 그래서 프랑스로 떠날 계획을 세웠다고요.

일이 장기 비자를 받아서 떠나려고 1년 동안 프랑스어도 열심히 공부했어요. 서류 심사를 기다리며 집을 처분하고 정리하기 시작했죠. 짐을 점점 줄이던 와중에 승인이 불가하다는 소식을 들었어요.

키미 살던 집에는 이미 친구가 들어오기로 했으니, 차라리 빨리 다음 액션을 취하자고 했어요. 바로 이 집을 보고 그다음 날 계약을 한 거예요. 이왕 짐까지 가벼워진 김에 우리 그냥 여기저기 가고 싶은 데서 살자면서요. 여행 온 것처럼.

여행자의 마음으로 도착한 이곳에서는 어떤 하루들을 보내는지 궁금해요.

키미 사실 이사 때문에 한동안은 온종일 청소에만 몰두했어요. 그래서 앞으로의 루틴을 말할 수 있을 것 같은데요.

(웃음) 그럼 내일부터의 일상을 들려줄래요?

일이 저희가 달리기를 꾸준히 하고 있어요. 그리고 세 달 전부터 수영을 시작했거든요. 새벽에 일어나서 식사 간단히 하고 달리기를 한 후에 아침 6시 반 수업을 들으러 수영장으로 가요. 오전을 운동하며 보냈으니 오후에는 점심 든든히 먹고 작업을 시작해요.

하루를 부지런히 시작하네요. 달리기를 하게 된 계기가 있어요?

키미 보통 운동할 때, 잘 맞는 선생님을 만나는 게 좀 어렵더라고요. 수업을 꾸준히 듣는 것도 쉽지 않고요. 여기 앞이 좌광천이라고, 달리기 좋은 산책로가 있거든요. 별다른 준비 없이 할 수 있는 거라서 시작했어요. 제가 처음에는 5분도 못 달렸거든요. 근데 꾸준히 하니까 되더라고요. 지금은 한 시간에 10킬로미터 정도 달릴 수 있고 얼마 전에 마라톤도 나갔어요. 달리다 보면 고통스러운 순간이 오지만 목표 지점까지 달성하고 멈추고, 이런 행위를 반복하다 보니까 일상에서 힘들 때마다 괴로움을 참고 끝까지 간 걸 떠올리게 돼요. 할 수 있다고 마음을 다잡고요.

그 김에 수영도 시작한 거고요?

일이 프랑스에서 머물려고 했던 곳이 니스였어요. 당연히 거기 바다에서 놀아야지 하면서 배웠죠. 원래 우리는 물놀이를 안 좋아한다고 생각했어요. 수영을 배우고 나니까 아니더라고요. 수영을 못했을 뿐이지 물은 좋아했던 거예요. 비록 프랑스엔 못 갔지만 그걸 계기로 얻은 게 되게 많아요.

그렇네요. 두 분이 함께 하니 운동도 더 재미있게 느껴질 것 같고요.

키미 오빠가 저한테 라이벌 의식이 있어요(웃음). 제 수영 실력이 이만큼 발전하면 자기도 이만큼 더 발전해야 한다는 생각을 하는 것 같아요.

일이 그럼요! 희은이가 운동 신경이 좋은 편이에요. 수영에서 평영 같은 건 저보다 좀 잘하거든요. 그럼 제가 "너 이거 어떻게 했어?" 물어보면서 견제하죠.

방금 눈빛에서 질투가 느껴졌어요(웃음). 키미와 일이가 되기 전, 그러니까 희은이와 대일이의 인연의 시작을 묻지 않을 수 없네요.

일이 2008-09년 언저리니까 꽤 오래전 이야기네요. 부산에서 열린 플리마켓 행사에 참여한 적이 있어요. 그때 희은이도 나와서 서로 아는 사이가 됐죠.

키미 모르는 사람에서 그냥 아는 사람.

일이 이후에 제가 서울로 일하러 가게 됐어요. 희은이와는 블로그 이웃이니까 거리가 멀어져도 근황을 나눌 수 있었죠. 제가 뭔가를 시작하면 희은이가 응원해 주고, 반대가 되면 제가 응원을 보내고요. 그러다가 희은이가 친구 보러 서울 온 김에 만나서 밥도 먹고 놀다가 잘 곳도 얻어줬어요. 저는 직장 다닐 때니까 얘보다는 여유가 있었거든요. 잘 가 하고 헤어졌는데, 며칠 후에 택배가 하나 도착했어요. 열어보니 희은이가 고마워서 작은 선물을 보낸 거죠. 만년필과 쪽지요.

마음이 간질간질한데요. 혹시… 서로 처음부터 마음에 들었던 건 아닌가요?

키미 아니에요. 단호하게 그런 건 없었어요(웃음). 제가 보낸 선물에 오빠가 답장과 선물을 보내고, 저도 답장을 보내고 그럼 또 답장이 오는 거예요. 이후에는 손으로 쓴 편지만 오갔던 것 같아요. 편지로 다양한 이야기를 하면서 우리가 되게 비슷하다는 걸 알게 됐고 가까워졌어요. 맹세코 처음에는 특별한 호감은 없었어요.

일이 각자 꿈이 있고 그걸 이루기 위해 노력하는 상황이었다 보니까 서로 잘 이해하고 공감했던 것 같아요. '네가 잘되길 바라!'라는 마음도 들고요.

응원에서부터 자라난 사이네요. 서로 비슷하다고 생각한 지점은 무얼까요?

키미 그야말로 어떤 형태의 대화가 간절했는데, 그런 대화를 나눌 사람이 없었어요. 예를 들어 제가 지금 손으로 둥근 받침을 만들고 이런 모양의 대화를 나누고 싶다고 하면 오빠와는 가능했죠. 그게 특별한 경험이라고 생각했어요.

일이 무언가를 바라보고 대하는 태도가 비슷했어요. 같이 살면서부터는 우리가 다른 점도 많다는 걸 깨달았지만, 덕분에 상대방을 폭 넓게 이해하게 됐죠.

6년 전쯤에는 남해에 머무르기도 하셨죠. 어쩌다가 남해로 가게 된 거예요?

일이 키미앤일이로 활동을 시작한 2014년도에는 부산에 살면서 일이 많이 없었어요. 그런데 1년 정도 지나니까 알음알음 일이 들어오고 점점 더 많은 의뢰가 오기 시작한 거예요.

키미 지금 생각해 보면 그때 현명하지 못하게 일을 마구 받아서 했던 것 같아요. 오면 오는 대로 온갖 힘을 쥐어짜서 해내고. 그런다고 잘되는 게 아닌데도요. 번아웃이 찾아오기 시작했고 그걸 못 견디겠으니까 맨날 울고, 울면서도 마감이 있으니 일을 했어요. 정말 여기만 아니면 된다, 어디든 떠나고 싶다는 마음이었어요.

그래서 둘이 지도를 보면서 아무데나 가보자면서 고른 게 남해였어요. 둘 다 남해라는 곳에 좋은 기억이 많았거든요. 바람 쐬러 남해에 가는 길에 괜히 월셋집 찾아보고, 간 김에 둘러보다가 바로 계약해 버렸어요.

그야말로 훌쩍 떠난 거네요.

키미 맞아요. 아마 계절이 좋았기 때문일 거예요. 남해 들어가는 길에 나무가 양쪽에 늘어져 있어서 엄청 예쁘거든요. 날씨도 맑았고요.

일이 남해 삼동면이라고 그냥 논밭 사이에 있는 마을인데요. 해가 지면 자고 해가 뜨면 일어났어요. 일상이 복잡하지 않고 단순해지니까 이게 사람 사는 거구나 생각했어요. 스트레스가 없었죠.

또 무얼 하며 지냈어요?

키미 그때 《바게트 호텔》을 옮겨 놓은 스토어를 열었어요. 《바게트 호텔》은 제가 만든 그림책인데, 한 공간에 불특정한 사람들이 모여 각자의 모습대로 존재함을 전하는 그림책이에요. 다양한 장소 중에서 호텔로 정한 건 손님들이 저마다의 이유로 방문하기 때문이었어요. 예를 들어 식당은 어떤 음식을 파느냐에 따라 손님들의 특징이 획일화될 수 있잖아요. 각자 있는 그대로의 모습을 자연스레 받아들일 수 있도록 한적한 동네에 있는 작은 호텔을 배경으로 삼아 쓴거죠. 우연히 남해에서 비어 있는 공간을 둘러보게 되었는데, 순간 그림책이 펼쳐지는 것처럼 구상이 마구 떠오르더라고요. 스토어를 열어보자고 마음 먹고 오빠가 인테리어 공사를 하면, 저는 《바게트 호텔》 2권을 준비하고 외주도 했어요.

그런데도 남해를 떠나 다시 부산으로 돌아왔어요.

일이 다시 정신없이 바빠지기 시작했거든요. 아마 그때부터 모든 게 어그러졌던 것 같아요(웃음). 그렇게 바빠지니까 남해라는 도시의 장점이 불편함으로 바뀌더라고요. 집에 돌아와서 요리를 안 하면 편의점뿐이고, 그마저도 10시에 닫아요. 배달은 안 되고 마트에 가려면 운전해야 하고요. 잡초도 조금만한눈을 팔면 무성해져요. 지금은 일을 해야 할 시기라고 생각하면서 해운대로 돌아왔어요.

키미 남해를 안 갔다면 분명히 어떤 시골에 가서 똑같은 일을 겪었을 거예요. 주어진 환경이 아니라 내 마음을 다루는 게 제일 중요한 건데 그걸 몰랐으니까요.

터전을 옮기는 게 간단한 일은 아니잖아요. 두 분은 변화를 시도할 때 주저함이 적은가 봐요.

일이 우리는 어디든 갈 수 있다고 생각해요. 어디서든

우리가 하는 일은 똑같을 테고 해낼 수 있으니까. 보는 게
달라지면 새로운 영감이 될 수도 있고요.
키미 머물던 자리를 옮길 때 이곳에 있던 걸 정리하게
되잖아요. 내가 가지고 있던 것들이나 해오던 것들을 다시
한번 돌아보면서 버릴 건 버리고요. 그러면서 우리 일에
대한 생각도 함께 다듬어요. 오히려 터전을 옮기면서
생기는 그런 기회를 이용하는 것 같아요.

**키미 님의 개인 작업에 대해서도 이야기 나눠볼게요.
개인전 이름이 〈Green, Dance, Love〉였죠. 서로 다른
성질의 단어들이 한데 모여 부드럽게 융화된 전시였어요.**
키미 그린은 제가 살고 싶은 세상이고, 댄스에는 춤을 추는
무용수를 동경하는 마음을 담았어요. 그리고 사랑은 우리
둘의 주된 대화 내용이에요. 모든 것은 결국 사랑이라는
이야기를 하거든요. 전부 제가 좋아하는 단어들이기도
한데, 그림에 보이는 것들을 나열하니 세 단어가
꼽아지더라고요.
일이 희은이는 춤을 정말 좋아해요. 현대무용을 배워보는
게 올해 목표일 정도로요.

**정말요? 멋진 목표예요. 춤의 어떤 부분을 좋아하는
거예요?**
키미 어떤 감정이나 주제에 맞춰서 형식 없이 움직이는
행위가 아름답게 느껴져요. 그림을 그리려면 붓과 종이가
필요하고, 캔버스도 물감도 다양하게 있어야 하잖아요.
작업에 필요한 것들을 챙기다 보면 한 번씩 부대끼는 기분이
들어요. 그런데 춤은 달라요. 나의 몸만으로도 생각과
마음을 표현할 수 있고 심지어 발가벗고 춰도 괜찮죠. 항상
무용수의 마음으로 작업하고 싶다고 생각해요.

**그래서인지, 저는 전시에서 무용수들이 춤추는 그림이
가장 좋았어요. 감정이 하나도 느껴지지 않는 무표정에서
이유 모를 위로도 받았고요. 두 분은 어떤 작품에 가장
애정이 있을까요?**
키미 전시하기 전부터 떠올리던 이미지인데, 두 손에
청포도를 한가득 들고 있는 그림이에요. 작업 아이디어가
잘 떠오르지 않아서 싱그러운 것들을 막 찾던 때인데, 그냥
그 시기를 지나면 괜찮아질까 하면서 막연한 희망으로
버텼어요. 그러다가 곧 청포도의 계절이 오니까 나한테도
주렁주렁 풍성한 열매가 열리면 좋겠다는 마음으로
그렸어요.
일이 저는 하트 보이끼리 안고 있는 그림. 그냥…
좋았어요. 희은이가 그린 그림을 보면서 이거 예쁘다고,
내가 산다고 말했죠.
키미 돈은 아직이네요(웃음). 언제 줄 거야?

(웃음) 키미 님이 맨 처음 그림을 그려보자고 마음먹은 계기가 궁금해요.

키미 오빠를 만나기 한참 전의 이야기인데요. 불어불문을 전공하다가 우연히 작은 그림 공모전에서 수상하면서 상금을 받았어요. 그걸로 한번 가보고 싶었던 프랑스로 떠났는데, 서점이나 전시를 많이 봤거든요. 알록달록한 그림책을 보는 게 재밌더라고요. 저도 한번 만들어보고 싶어졌고요. 돌아와서 찾아보니 일러스트레이션 학원은 서울에만 있었어요. 휴학하고 알바 하면서 학원에 등록했는데, 한 달 만에 그만뒀어요. 미술 선생님의 기술을 배우다 보니 자꾸 제가 그린 그림은 일러스트가 아니래요(웃음). 그래서 모은 돈으로 전시 보고 작업도 틈틈이 해보다가, 작은 무언가를 만들어서 팔아보고 했던 것 같아요. 이후에 조금씩 의뢰가 들어오면서 본격적으로 시작하게 됐어요.

일이 초창기에는 실험적인 작품도 엄청 많아요. 손가락 두 마디만한 책인데, 한 장씩 다 그려가지고 몇 천원에 팔고… 그걸 보면서 제가 "니 정신 나갔나! 이거 하는 데 얼마나 걸렸노!" 이러면서 잔소리하고.

그때는 그림에 주로 무얼 담았어요?

키미 잠시 말했다시피, 제가 공업 도시에서 나고 자랐잖아요. 동네 사람들이 공장 근로자나 근로자의 가족이니 생활 사이클이 비슷했어요. 예를 들면 카페에 사람들이 잔뜩 모여 있다가 다음 교대 근무를 위해 갑자기 싹 빠져버려요. 아주머니들은 이 동네에서 결혼해서 안정적으로 살려고들 하셨고요. 어릴 때는 당연한 일이었는데 돌아보면 참 특이한 구조라고 생각해요. 그 안에서 나만의 것을 찾아 표현하고 싶었어요. 그때 집 앞은 공장인데 집 뒤로는 산과 개울이 있었거든요. 환경이 삭막하니까 푸른 걸 찾고 탐구해서 그렸던 것 같아요. 그게 저를 살게 한 거죠.

그린이라는 키워드가 그때도 곁에 있었네요. 작업을 해온 시간이 쌓일수록 고민도 있을 것 같아요.

키미 막연하게 그림을 그리고 싶다고 생각했지 뭔가 많이 배운 후에 시작한 게 아니잖아요. 나의 그림이 어떤 장르냐고 물어보면 무엇이라고 딱 말하기가 어려웠어요. 업으로 삼으면서도 의뢰받은 걸 그렸을 뿐, 뚜렷한 메시지가 있진 않았던 것 같고요. 그래서 내가 뭘 잘 그리고 그릴 수 있는지에 대한 고민이 커요. 기준이 단단히 세워지지 않은 느낌이라 변화도 잦았고 많이 갈팡질팡했고요. 지난 8-9년 동안 헤매고 있는데, 나만의 어떤 장르가 확실하게 있으면 좋겠다는 생각을 해요. 아직까지 답을 찾아가는 중이죠.

작업이 잘 풀리지 않을 때도 곧잘 찾아오나요?

키미 그럼요. 하루아침에 눈 뜨자마자 찾아올 때도 있어요. 손바닥만 한 하얀 종이만 봐도 뭘 해야 할지 모르겠고. 그렇게 꽉 막혔을 때는 아예 다른 종류의 일을 하는 게 괜찮은 것 같아요. 뜬금없이 바느질을 한다든가요. 그 결실들이 집 곳곳에 놓여있어요. 일과 일상 사이의 중심을 찾기 위해 애를 쓰는데, 마음의 균형을 잡는 게 중요하더라고요. 내 마음대로 컨트롤이 안 되는 거라는 걸 인정하는 거죠. 그 밖에 방법이 있다면 누가 좀 알려줬음 좋겠네요.

우리가 고민하는 것에 대한 해답을 언젠가 찾을 수 있을까요?

일이 아마 평생 못 찾지 않을까요(웃음). 그래도 계속 고민하며 살고 싶어요.

죽기 직전에 깨닫게 될지도 모르고요(웃음). 일이 님은 키미 님이 그럴 때마다 어떻게 해요?

일이 상대방이 힘들어 보일 때 무언가를 억지로 해주려고 하는 모습이 부자연스러운 것 같아요. 시간이 지날 수록 자연스레 내버려 두는 게 서로에게 좋겠다는 생각이 들었죠. 예전에 희은이한테 "외주가 들어오면 그려달라는 대로 그려주면 되지. 힘들게 왜 그래?"라고 말한 적이 있어요. 너무 괴로워 하니까요. 그런데 백지를 앞에 두고 내가 한번 그려볼까 하니까 갑자기 숨이 턱 막히더라고요. 무엇부터 시작해야 할지 모르겠고 말은 쉽다는 걸 깨달은 거죠. 작업에 대한 생각 구조도 다를 테니까 제가 큰 도움이 안 될 거예요. 울고 있으면 괜찮다, 괜찮다 말해주는 게 최선이에요.

오히려 그게 더 큰 사랑의 표현 같은데요? 두 분의 사랑은 세상을 향하기도 해요. 낭비 없는 삶을 살고 고기 섭취를 하지 않는 것으로요.

일이 쓰레기를 최소한으로만 만들며 살고 싶다는 게 둘의 생각이었어요. 저와 희은이는 어릴 때부터 물이든 물건이든 무언가 낭비되는 걸 보면 마음이 쓰였어요. 예를 들어 친구네 집에 가서 물이 그냥 틀어져 있는 걸 보면 그게 고통스럽다고 느껴지는 거죠. 그리고 남해에 살 때 폐기물을 버리러 처리장에 갔는데, 거기서 쓰레기 산을 보고서 정말 충격받았어요. 남해군에 사는 사람이 버린 쓰레기가 이만큼인데, 우리나라 사람 모두가 버린 쓰레기 양은 도대체 얼마나 되는 건지 회의감이 들었고요. 희은이와 마음이 통하니까 어떻게 실천해 볼까 고민했어요. 물을 사 먹는다고 할 때 일주일만 지나면 페트병이 수북하게 쌓이잖아요. 두 개 쓸 것도

한 개만 써보자고 마음먹고 최대한 안 할 수 있는 건 하지
않았어요.

키미 작업할 때 쓰는 종이도 한번 더 써보려고 해요.
코팅되지 않은 종이를 찢어서 물에 불리고 핀 후에 말리는
거예요. 옛날 방식으로 새 종이를 만들어보는 거죠.
이외에도 작업에 쓰일 도구들은 지속가능하고 튼튼한
소재로 만들어진 걸 쓰려고 해요.

**말로야 간단하지만 행동으로는 쉽지 않죠.
큰 결심이었네요. 비건 생활은 어떻게 시작했어요?**
키미 덜 해로운 것들을 찾아가다 보니까 자연스럽게
생각이 거기까지 미쳤어요. 우리가 추구하고자 하는 생활
방식을 고민해 봤을 때 고기는 먹을 이유가 없더라고요.
자료를 찾아보면서 비건에 대한 생각이 확고해졌고 실천한
지는 5-6년 정도 됐어요.
일이 희은이가 언젠가 비건 생활을 제안할 거라는 걸
짐작하고 있었어요. 그래서 올 것이 왔다 싶었죠. 굳이
이유를 묻지 않고 그렇게 하라고 했어요. 다만 저는 먹어야
할 것 같다고도요. 그런데 다시 생각해 보니까 나는 먹고
너는 안 먹고, 이게 좀 이상하더라고요. 결국 저도
안 먹겠다고 했어요. 이런 게 저희만의 사랑의 방식인 것
같아요.

키미와 일이가 생각하는 사랑이란 무얼까요?
일이 이 질문에 대해서 희은이와 생각을 많이 해요.
대화도 자주 나누고요. 그때마다 결론을 못 내렸어요.
실없는 농담도 해보는데 어떤 과정을 거쳐도 답이
안 나오더라고요. 쉽지 않은 질문이에요.
키미 그래도 우리는 어렴풋이 느낄 수 있잖아요. 사랑이
무엇인지 찾게 될지 말지 모르겠지만, 이것 또한 평생 답을
찾아가야 하는 것 같아요.

**그럼 이 정도 질문은 어때요? 이 넓디넓은 부산에서
두 분이 가장 애정을 보내는 건 무엇인지.**
일이 (두 손으로 얼굴을 가리며) 희은이.
(일동 웃음을 터뜨린다.)
키미 이러면 나는 뭐라고 해야 해(웃음)? 음… 저는 부산
사람들 간의 공기나 온도요. 어떨 때는 너무 깊숙이
관여하는 느낌이 불편할 때도 있는데, 반대로 생각해 보면
지금 같은 때에 경험하기 힘든 인간적인 모습이잖아요.
낯선 곳에 머물렀다가 돌아오면 분위기가 친근하고
편안하게 느껴져요.

인터뷰를 마친 후 두 사람에게 '하는 일'을 무엇이라 쓰는
게 좋을지 물어보았다. 일러스트레이터, 작가처럼 보통의
답을 예상했던 나는 의외의 말을 들었다. 사랑을 그리고
쓰는 사람. 우리가 나눈 대화의 중심에는 사랑이 있으니,
영 낯선 것만은 아니겠다. 키미와 일이가 주고받은 말과
행동을 톺아보던 나는 집으로 돌아와 일기장을 펼쳤다.
그리고 크고 동그란 하트를 그려 넣었다.

휴일의 송정은 그야말로 물 반 서퍼 반이다. 해변을 따라 걷는 동안 파도에 따라
쉼없이 흔들리는 보드, 물결 위로 올라타기 위해 몇 번이고 뛰어오르는 사람들을
수도 없이 마주쳤다. 음악을 크게 틀어 놓은 서핑 숍들을 지나쳐 골목으로 들어서자
그라핀이 모습을 드러낸다. 먼 길 오시느라 고생 많았다고 인사를 건네는 모습이 꽤나
수줍어 보인다. 바다로 향해 거침없이 달겨드는 서퍼들과는 사뭇 다른 몸짓을 지녔다.

변화하는 파도에 맞서

조성익—그래픽 디자이너

에디터 오은재

포토그래퍼 강현욱

송정 바닷가 분위기가 정말 활기차네요. 서핑하시는 분들이 참 많더라고요.

그래요? 오늘 파도가 있나? (휴대폰 앱을 켠다.) '오늘 서핑을 좀 할 수 있을 것 같다.' 싶은 날에는 이 앱부터 켜봐요. 바람이 얼마나 불고, 파도가 어느 정도 치는지 확인할 수 있거든요. 일기예보처럼 조금씩 차이가 있긴 한데 어느 정도는 참고할 만해요. 출근길에 해안가를 따라오면서 살짝 확인했다가 파도가 있는 날이면 슈트랑 보드를 챙겨서 서핑 숍으로 향해요. 파도가 없는 날엔 바다 쪽은 쳐다보지도 않고요(웃음).

요즘은 서핑할 여유가 좀 있었나요?

그래도 쉴 틈이 좀 있었어요. 저는 '그라핀'이라는 이름으로 바다나 서핑을 주제로 일러스트나 그래픽 작업을 하고 있는데요. 개인 작업 외에도 외주 프로젝트 의뢰가 들어오는 경우가 많아요.

보통 외주 프로젝트를 받으면 '그라핀의 느낌을 담아주세요.'라는 이야기를 많이 들으실 것 같은데요. 성익 씨가 정의한 그라핀의 색깔은 무엇인가요?

오랫동안 고민을 해봤는데요. 단순하고 심플한 디자인이나 원색적인 색감에서 저의 색이 묻어 나오지 않나 싶어요. 근데 아직 조금 애매하긴 해요. 작업물이 조금 더 쌓여봐야 정의할 수 있을 것 같아요. 그래서 초반에 클라이언트분들과 만날 때 어떤 스타일을 원하시는지 구체적으로 체크하려고 하죠. 정말 제 스타일대로 했는데, 정작 클라이언트가 생각한 디자인과는 달랐던 경우가 꽤 있었거든요.

부산에서 자라 줄곧 디자인 공부를 하셨죠. 영국 유학 시절 방학을 맞아 잠시 들어왔다가 우연히 서핑을 접했다고요. 그것이 그라핀의 시작이라 들었어요.

당시 영국에서 알게 된 한국인 친구랑 방학을 맞이해서 함께 귀국했는데요. 그 친구가 부산 송정에서 서핑을 배워보고 싶은데 같이 하자고 조르는 거예요. 그런데 저는 별로 하고 싶지 않았거든요. 원래도 송정 쪽을 자주 놀러 오긴 했지만 서핑하는 사람들을 많이 보지도 못했어요. 무엇보다도 '서핑' 하면 떠올리게 되는 장면이 있잖아요. 엄청나게 큰 파도가 오고 그 사이를 가로지르는 이미지죠. 우리나라 파도는 느낌이 다르니까 재미없을 것 같다고 생각했어요. 그런데 친구가 굳이 강습비까지 내주겠다며 같이 하자고 꼬드기는 거예요. 그렇게 3-5일 동안 코스로 배웠는데요. 생각보다 너무 재미있더라고요. 한껏 즐기고 나서 다시 학교로 돌아갔는데 마침 첫 학기 과제가 자유 프로젝트였던 거죠. 큰 주제가 '하나에 대한 모든

것'이었어요. 바로 서핑을 떠올릴 수밖에 없었죠. 서핑을 배우면서 제일 인상 깊었던 점이 규칙이나 에티켓이 참 많더라고요. 거기에 영감을 얻어서 포스터랑 스티커 작업을 했는데 반응이 정말 좋았어요. 그때 이 일을 해봐도 되겠다 싶었죠.

처음 서핑 신에서 디자인을 시작했을 때만 해도 지금처럼 많은 사람이 서핑을 즐기기 전이었을 것 같은데요. 사람들에게 생소한 문화를 디자인을 통해 설득하는 일이 어렵게 느껴지진 않았나 봐요.

처음에는 서핑을 모르는 사람에게도 관심을 끌 수 있지 않을까 싶었어요. 재미있는 디자인만 제시하면 될 거라고 생각했죠. 좀 괜찮아서 자세히 들여다보았더니, 서핑 컬처랑 연관이 되어 있어 자연스럽게 관심을 가지게 되는… 그런 시나리오를 꿈꿨어요. 브랜딩에 대한 지식이 없었던 때라 그런 무모한 상상을 한 거겠죠. 막상 시작하고 나니까, 사람들은 생각보다 더 서핑에 관심이 없다는 걸 알게 됐어요.

그럼 서핑 신 반응은 어땠어요?

좋진 않았죠. 그때 서핑 신에 계시던 분들은 서핑 문화가 없던 시기에 우리나라에 전파한 1세대였거든요. 그분들께선 서핑조차 모르는 풋내기가 와서 룰에 관해 이야기한다고 생각한 거죠. 요즘은 서핑에 관한 작업을 하는 아티스트가 등장해도 아무도 왈가왈부하진 않지만, 그때만 해도 그렇지 않았어요. 아마 그분들 눈에는 서핑이 인기를 끌 것 같으니 슬쩍 발만 들였다가 브랜드 이름만 알리고 금방 사라질 사람처럼 보였을지도 몰라요.

장벽이 꽤 높았던 것 같은데 언제부터 허물어지기 시작했나요?

서핑을 제대로 배우기 시작하면서부터요. 송정 서핑 학교에서 서핑을 배우고 나서 여러 서핑 숍을 이용하며 바다에 자주 드나들었거든요. 그러면서 서퍼들과 안면도 트고 친구가 되기도 하면서 커뮤니티 안으로 스며들게 되었죠. 그러던 어느 날 근처 서핑 숍에서 로고 디자인을 부탁해도 되겠냐는 연락이 왔어요. 그렇게 인연이 돼서 작은 일부터 하다가 추후 다른 서핑 관련 작가분과 협업도 진행했죠. 마켓이나 행사가 있으면 꼬박꼬박 참여하기도 했고요.

신에 스며든 후로 자연스레 인정받게 된 거네요.

당시 '진정성'이라는 단어가 유행처럼 번지던 시절이었어요. 계속 배우고 바다에 자주 드나들다 보면 서핑이랑 디자인을 좋아해서 이 신에 머무르려는 거란

걸 알아주겠지 싶었어요. 사실 제 성격상 어떤 신에 적극적으로 파고들지 못하는 편인데요. 서핑에 한해서는 열심히 해야겠다 싶어서 나름 묵묵하게 노력했죠.

서핑하며 바다를 온몸으로 느끼고 나면 영감이 쌓일 것 같아요.
학부 시절에는 서핑 경험이 많지 않다 보니, 제가 몰랐던 부분이나 역사를 공부하면서 디자인했어요. 서핑이나 비치 컬처에 대해 알게 된 뒤엔 신에서 통용되는 것들을 저만의 방식대로 구현해 보려 하고 있어요. 그런데 실제로 서핑하는 동안에는 디자인을 생각할 겨를이 없긴 해요. 어떻게 하면 더 잘 탈 수 있는지 고민하고, 저 파도를 타도 괜찮을지 판단하느라 바쁘거든요. 바다에서 나와 스튜디오로 돌아와서 어떤 파도에 대한 이미지를 작업할 때가 되어서야 제가 경험한 것들이 떠오르기 시작해요. 파도의 곡선이나 물결, 부서지는 포인트들이 생생하게 되살아나죠. 이게 작업에 온전히 다 표현되지는 않지만 적어도 상상에 기대며 막연하게 접근하진 않는 것 같아요.

서퍼들에겐 각자 파도에 대한 기억이 있을 텐데요. 디자인은 모두에게 공감을 불러일으킬 만한 이미지를 만들어야 하잖아요. 그 구체성과 보편성을 어떻게 녹이려고 하는지 궁금해요.
두 마리 토끼를 잡는다는 게 어렵긴 해요. 그래서 처음엔 서퍼들이나 바다에 관심이 많은 사람한테 와닿을 만한 디자인을 하려고 했어요. 제 작업 중에 '웨이브 아나토미'라는 인포그래픽 포스터가 있어요. 파도가 생성되고 변하면서 부서지는 장면을 도면으로 표현한 건데, 공을 꽤 많이 들였어요. 감사하게도 서핑을 잘 모르는 사람들도 많이 좋아해 주시더라고요.

디테일이 살아 있어서 더 눈여겨보게 돼요. 아까 학부 시절 서핑을 배우며 가장 인상 깊었던 것이 규칙과 에티켓이라고 했죠. 어떤 룰이 있나요?
제일 기본적인 규칙이 '하나의 파도에는 한 사람만 탈 수 있다.'는 거예요. 쉽게 말하자면 새치기를 하지 말자는 거죠. 보통 파도가 부딪치고 깨지면서 해변까지 오잖아요. (손으로 물결 모양을 만든다.) 서핑하기 좋은 파도는 어느 한 지점부터 조금씩 깨지기 시작해서 하얀 면이 넓게 퍼지는 모양으로 밀려오거든요. 완전히 부서지기 직전에 올라타서 경사면을 타고 미끄러져야 해요. 쪼개지는 면이랑 가까운 서퍼가 우선권을 가지게 되는 거고요. 먼저 올라탄 사람이 깨진 면을 타고 앞으로 나아가야 하는데, 그 옆에 있던 사람이 타이밍을 잘못 잡아서 동시에 파도를 타게 되면 충돌 사고가 일어날 수도 있거든요. 모두가 안전하게

즐기기 위해선 최대한 파도를 잘 보면서 길을 잘 계산해야 해요. 때로는 양보도 필요하고요.

요즘 서퍼가 많아졌잖아요. 한꺼번에 사람들이 몰리면 자유롭게 파도를 타는 것도 쉽지 않겠어요.
맞아요. 파도가 괜찮다 싶으면 다들 보드를 들고 찾아오거든요. 바다가 그리 넓지는 않아서 안전상의 문제가 생기지 않게끔 최대한 조심하며 타긴 하는데, 쉽지는 않아요. 최근에 그런 뉴스를 봤어요. 올 여름에 송정 해수욕장 개장 시 서핑 구역이 반 토막이 될 예정이라고 하더라고요. 해당 기사의 요지는 서핑 문화의 수요가 증가함에 따라 모두가 안전하게 즐기기 위해서는 레저 구역을 넓혀야만 한다는 이야기였어요. 서퍼들에게 비난을 전가하는 댓글들을 보면서 마음이 안 좋았던 기억이 나요. 실제로 서퍼들은 해수욕이 가능한 시간 전후에 서핑을 즐기는 편이에요. 그때는 레저 구역 제한을 두지 않으니까요. 여름철 해수욕 개장시간 동안은 주로 서핑을 처음 배우는 분들께서 서핑을 즐기는데요. 그분들도 일반 해수욕장을 찾은 손님들처럼 바다를 즐기러 오셨다가 비좁은 공간에서 위험하고 불편한 경험만 하고 돌아가지 않을까 하는 우려심이 들었어요.

'문화'는 많은 사람이 함께 공유하고 누려야 확산이 되잖아요. 반면에 서핑을 할 수 있는 장소는 한정되다 보니, 한국에서 서핑 문화가 제대로 자리 잡기엔 어느 정도 한계가 있을 것 같아요.
아직 이 문제에 대한 마땅한 해결책이 나오지 않았어요. 학부 시절 프로젝트 하면서 자료 조사를 하다가 알게 된 사실인데요. 오래전 캘리포니아에서 서핑 붐이 일어나면서 서핑 인구가 폭발적으로 늘어나던 시기가 있었어요. 그때도 바다는 한정적이었고, 제대로 된 룰조차 없다 보니까 서퍼들끼리 싸움이 빈번하게 일어났던 거죠. 지자체에서 어느 지역에서 언제부터 언제까지 파도를 탈 수 있다고 적힌 스티커를 유료로 발급했대요. 근데 그마저도 관리가 잘 안 돼서 금세 사라져 버렸다고 해요. 나중에는 서퍼들끼리 자신들만의 에티켓을 만들어낸 거죠. 사람들이 의식을 가지고 질서 있게 즐기는 방법이 답인 것 같아요.

스튜디오가 위치한 '송정'은 성익 씨가 가장 좋아하는 바다라고 들었어요.
서핑의 관점으로 바다를 보았을 때, 송정의 특징은 계절을 타지 않고 틈틈이 파도가 들이쳐. 동해는 겨울이나 늦가을, 초봄 쯤 파도가 제일 좋거든요. 날이 조금 따뜻할 때는 남해 쪽에 파도가 많이 들어오고요. 부산은 동해와

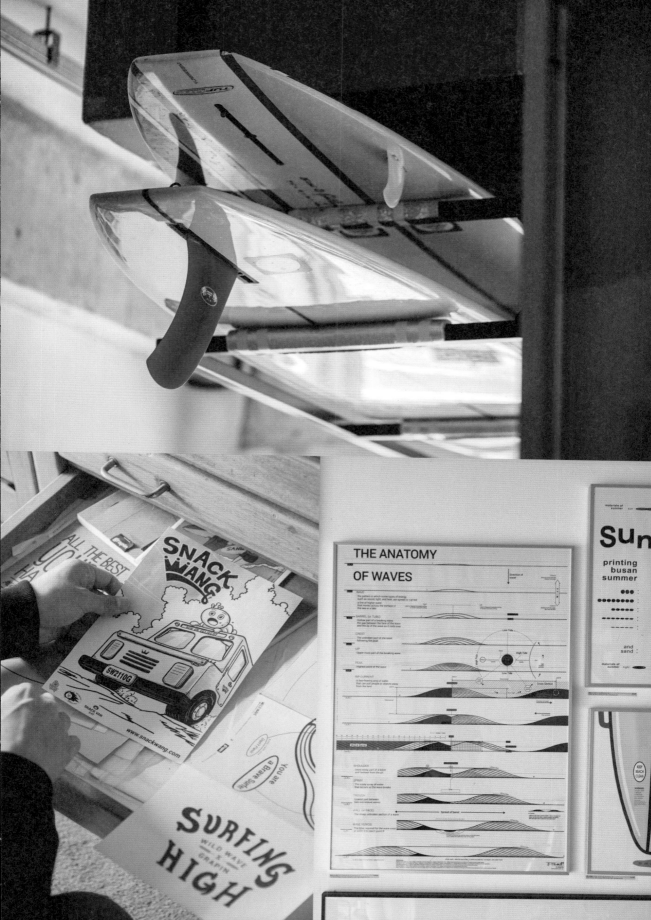

남해에 살짝 걸쳐져 있다 보니 사계절 내내 파도를 맛볼 수 있죠.

그럼, 부산 사람의 시선으로 봤을 땐 어떠한 매력이 있나요?
주차 공간과 해변이 가까워요. 생각보다 그런 해변이 많진 않거든요. 광안리랑 해운대는 건물 안으로 들어가거나 해변 공영 주차장을 이용해야 해요. 다대포는 여름엔 송정보다 파도가 훨씬 괜찮아요. 그렇지만 해변이 넓어서 서핑하러 가는 길이 멀죠. 송정에 오면 바닷가 앞에 주차하고 트렁크에서 짐을 뺀 다음 바로 모래사장에 자리를 잡을 수 있거든요. 물론 분위기도 좋아요. 옛날 해변 느낌이 나서 정감이 가요. 근처에 모여 있는 식당이나 상점을 보고 있으면 꼭 촌에 온 것 같아요. 아직 다른 바다에 비해선 예전 모습을 잘 보존하고 있지 않나 싶어요.

변하는 모습을 마주할 때면, 마음이 이상해지진 않나요?
저는 첫 아르바이트를 송정 바닷가 앞 호텔 식당에서 했어요. 그때까지만 해도 가게들도 띄엄띄엄 있었고, 빈 곳이 정말 많았거든요. 매번 친구들이랑 여기 스타벅스 하나 차리면 대박 날 것 같다는 농담을 정말 많이 했죠. 아니나 다를까 얼마 뒤에 스타벅스를 비롯한 가게들이 이곳저곳 많이 생겼더라고요. 지금은 바닷가 따라 서핑 숍도 많이 생겼고요. 발전하는 모습을 보면 좀 새롭죠. 다만 자본의 힘이 느껴지는 식당이나 카페가 금방 생겨났다가 망하는 걸 볼 때마다 아쉬워요. 아무리 목 좋은 자리라고 하더라도 개성 있는 가게가 많이 들어오면 좋을 텐데, 고민 없이 들어왔다가 반짝 잘되고선 금방 사라져 버리니까요. 송정에도 매력적인 공간이 조금 더 많이 생겼으면 해요. 서핑 숍도 그렇고요.

다른 지역들은 서핑 문화가 꽤 잘 잡혀 있죠?
그렇더라고요. 어떤 분들은 부산에서도 서핑을 하냐고 묻기도 해요. 보통 제주도나 양양이 메인이라고 생각하더라고요. 그런데 송정이 '서핑 스쿨' 샵이나 스킴보드 전문샵들을 가장 먼저 오픈 한 것으로 알고 있어요. 양양은 제주도나 송정에 비해서 후발 주자였지만 감각 있으신 분들 덕분에 홍보가 잘된 편이죠. 송정에도 재미있는 작업을 하시는 분들이 많이 들어오면 조금 더 활성화되지 않을까 싶어요.

성익 씨는 오랫동안 송정을 지키며 로컬 크리에이터로 활동하고 있지요. 다만 부산의 젊은 인재들이 모두 일자리를 찾아 고향을 떠나고 있다고 들었어요.
사실 왜 그러는지 너무나도 이해해요. 저도 부산에서

활동하면서 한 번씩 서울을 생각해 보기도 했어요. 디자인 페스티벌이나 마켓에 참여를 한다고 해도 수요나 주목도 자체가 다르거든요. 이전에 서울에서 페어를 나갔을 땐 방문해 주시는 분들께서 하나하나 들여다보고 궁금한 걸 물어봐 주셔서 큰 감동을 받았거든요. 지금처럼 쇼룸에 있을 때도 문을 열어두면 구경하다가 나가시는 분들은 대부분 타지인이나 외국 분들이세요. 어쩌면 경험의 문제 같기도 해요. 이런 아기자기한 소품들을 진열해 놓았을 때, 이걸 소비해 본 경험이 크게 없어서 그렇지 않을까 싶어요.

이 시대 속에서 로컬 크리에이터라는 이름은 어떤 의미를 갖는지도 궁금해요.
그라핀을 운영하던 초창기에는 로컬 크리에이터라는 이야기를 들어본 적이 없어요. 점점 송정과 함께한 시간이 길어질수록 수식어에 무게가 생기기 시작했고요. 서핑을 주제로 다양한 협업을 진행하면서, 송정과 서핑 신에 도움이 되는 일을 해볼 수도 있겠다는 생각이 들어요. 적어도 이곳이 재미있는 공간이라는 걸 알리기 위해서 뭔가를 해볼 수 있지 않을까, 하고 조심스럽게 접근하게 돼요.

그라핀이 가꿔나갈 서핑 신의 모습도 기대해 보게 되네요.
좋아하는 걸 정말 업으로 삼으려면 아직 가야 할 길이 멀었다고 생각해요. 그라핀을 운영하기 위해선 현실적으로 그 외의 외주 프로젝트도 함께 진행을 해야 하니까요. 온전히 그라핀이라는 브랜드만으로도 먹고 살 수 있을 때까지, 더 열심히 해봐야죠.

'하나의 파도에는 한 사람만 탈 수 있다.' 왔던 길을 걸어 돌아가는 길, 수많은 이야기 사이 유달리 마음에 남은 한 문장을 꼭 쥔 채 해변을 바라본다. 전과 달리 파도를 대하는 서퍼들의 몸짓은 시종일관 조심스러워 보인다. 이윽고 물결의 변화를 감지하는 순간 가뿐하게 그 위로 올라탄다. 부서지는 흐름들을 타고, 흔들리지 않는 몸짓으로 올곧게 자신의 길을 낸다. 물마루 위에서 바라본 송정은 그간 알고 있던 것과는 다른 이야기를 내어줄 것만 같다.

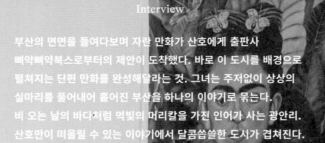

부산의 면면을 들여다보며 자란 만화가 산호에게 출판사
삐약삐약북스로부터의 제안이 도착했다. 바로 이 도시를 배경으로
펼쳐지는 단편 만화를 완성해달라는 것. 그녀는 주저없이 상상의
실마리를 풀어내어 흩어진 부산을 하나의 이야기로 묶는다.
비 오는 날의 바다처럼 먹빛의 머리칼을 가진 인어가 사는 광안리.
산호만이 떠올릴 수 있는 이야기에서 달콤쌉쌀한 도시가 겹쳐진다.

달콤쌉쌀한 나의 도시

산호—만화가

에디터 이명주
포토그래퍼 강현욱

초대해 주셔서 감사해요. 먼저 소개로 시작해 볼까요?

만화와 일러스트를 그리는 산호라고 합니다. 하고 싶은 이야기를 그림에 담아내는 작업을 하고 있어요. 김해까지 오시느라 고생 많으셨어요.

산호라는 이름은 필명인가요? 이름의 붉고 선명한 느낌이 그림체와 닮았다고 생각했어요.

그런가요? 환경 단체에서 신문 기사를 취합하는 일을 맡은 적이 있어요. 해양 관련 기사를 보면 가장 많이 등장하는 게 산호라는 생물이었어요. 그러니까 산호초를 말하는 건데, 해양이 오염되면서 조금씩 멸종에 가까워지고 있다고 하더라고요. 나중에 그림을 본격적으로 시작하게 됐을 때, 산호라는 단어가 머릿속에 맴돌았어요. 큰 의미 없이 지었지만 제가 추구하고자 하는 작업과 뉘앙스가 겹치는 것 같아요. 사실 친구들한테는 겉멋 부린다고 산호랑이의 줄임말이라고 한 적도 있어요(웃음).

산호랑이는 정말 강렬한데요(웃음). 여기는 혼자 쓰는 작업실 겸 집인가 봐요. 어쩌다가 김해로 오게 됐어요?

고향은 부산 강동동이에요. 초등학교 때 김해로 온 가족이 이사 와서 고등학교 때까지 머물다가 대학은 다시 부산으로 갔어요. 영화와 영상을 전공했고요. 본가는 항상 세를 들어 살았기 때문에 저만의 공간에 대한 열망이 컸어요. 혼자가 되어서 지내봤으면 했죠. 3년 전쯤 독립했고, 프리랜서로 집에서 작업하는 시간이 길다 보니까 작업 공간이 넉넉한 집을 찾다가 이곳 진영읍으로 오게 되었어요.

어릴 때 바라본 부산은 지금과는 많이 다를 것 같아요.

광안대교가 갓 생겼을 때가 떠올라요. 지금은 주변에 높은 아파트가 많잖아요. 그때는 시야를 가리는 게 없다 보니 해변이 더 넓고 하늘이 더 가까운 느낌이었어요. 어릴 때 본 바다 풍경은 참 여유로웠는데 지금은 반짝반짝하고 바쁜 도시가 되었죠. 변화가 일어나고 더 많은 사람들이 올 수록 필연적으로 오염이나 해양 쓰레기 문제가 생길 거예요. 반면에 사람들의 관심이 모여 자정작용이 일어날 수도 있다고 생각해요. 그리운 모습이 없어지는 건 아쉽지만 변화를 마냥 나쁘게 바라보진 않아요.

그럼에도 불구하고 변하지 않은 게 있다면요?

당연히 사람이죠. 부산 사람들은 참 시원시원해요. 예를 들어 제가 손가락을 다쳤어요. 그럼 "뭘 그런 걸 부주의해 가지고 다치냐!" 하면서 품에서 밴드를 꺼내 줘요. 거친 다정함이라고 할까요. 바다 끼고 사는 사람들 특유의 기운인 것 같아요. 그리고 부산은 이야깃거리가 정말 많은 도시예요. 역사적, 지리적으로도 여러 요소가 한데 섞여 있고 번화한 것 바로 옆에 굉장히 낡은 것이 공존하는 곳이기도 하죠.

다채로운 매력이 있는 이 도시에서 산호 씨만의 아지트는 어디예요?

딱 한 군데만 꼽는다면 다대포해수욕장이요. 제가 본 일몰 중 가장 아름다운 모습을 보여주거든요. 습지를 낀 바다여서 산책하기 좋고 번잡하지도 않죠. 주변 사람들에게 다대포를 자주 홍보하는데, 이 말을 꼭 해요. 혼자 걷고 혼자 음악 듣는 걸 좋아하는 사람이라면 다대포를 좋아하지 않을 수 없을 거라고.

누구에게도 방해받지 않는 시간을 바랄 때 들러볼게요. 산호 씨가 작업한 만화 《지역의 사생활 99 : 부산》 편에 대해서도 이야기해 볼까요? 비수도권을 조명하는 프로젝트라고 알고 있어요.

우선 '지역의 사생활' 프로젝트는 전북 군산을 기반으로 활동하는 출판사 삐약삐약북스에서 시작된 거예요. 독립만화 전문 출판사인데, 수도권과 지방의 격차를 줄이기 위한 콘텐츠를 고민하는 곳이죠. 많은 주목을 받는 서울이나 수도권에서 벗어나 그 외 지역을 주제로 만화를 그려 대중에게 알리는 거예요. 보통은 해당 지역 출신의 작가가 작업하고요. 저는 전주의 한 마켓에 참여하러 갔다가 삐약삐약북스 대표님들을 만나게 되었는데요. 작업물을 보시더니 프로젝트 만화를 기획 중인데 관심 있냐며 제안해 주셨어요. 기꺼이 응했죠.

흔쾌히 수락한 이유가 궁금해요.

비수도권을 조명한다는 목적에 공감했어요. 어릴 때부터 접하는 드라마나 소설 같은 미디어에 가장 많이 등장하는 것도, 뉴스에서 기준이 되는 것도 서울이잖아요. 예를 들어 뉴스에서 여의도 면적의 산림이 불탔다고 하면, 지방 사람들은 그게 얼마나 큰 건지 감이 잘 안 와요. 한국이 수도권에 많은 게 집중되어 있는 곳이니 다른 면을 비추는 작업을 해보고 싶었어요. 마침 그때 계획하던 원고가 광안리해수욕장에 인어가 나타나는 내용이었어요. 알맞게 찾아온 기회라고 생각했죠. 인구 350만 도시를 내가 대표해서 작업하는 게 맞을까 잠시 고민도 했는데, 부산이라는 도시를 정말 좋아하니까 온 사랑과 마음을 담아서 그렸어요. 나고 자란 도시를 내가 할 수 있는 방법으로 풀어본 거예요.

새로운 문화를 경험하거나 창작해 볼 기회는 확실히 수도권에 집중되어 있는 것 같아요.

스무 살 넘어서 처음으로 서울의 현대미술관에 가봤는데,
너무 충격받았어요. 이렇게나 큰 건물이 오직 미술
작품만을 위해 설계되고 쓰인다는 거잖아요. 또 아이들이
작품을 감상하는 것도 신기했고요. 어린 시절의 나 또는
우리 동네에 사는 아이들이 이런 경험을 자주 할 수
있다면, 꿈이나 인생에 좀더 다양한 선택지가 주어지지
않을까 하는 마음이 들었어요.

**《지역의 사생활 99 : 부산》의 〈비와 유영〉은 폭력적인
가정과 가족을 벗어나고 싶은 유영이 광안리에서 우연히
인어인 비를 만나게 되는 이야기죠. 비와 유영이라는
이름의 어감이 좋았어요.**
비 오는 광안리를 계속 보다 보면 가끔씩 이런 경험을 할

현실은 가장 비현실적일 수 있기 때문에 그 경계를 다루고
싶은 마음이 있어요. 그래서 인어라는 존재를 가져왔죠.

**익숙한 장면에 낯선 감정을 한 스푼 넣는 건 언제부터
좋아했어요?**
어릴 때 판타지 소설을 많이 읽었어요. 전민희 작가님의
《룬의 아이들》부터 이영도 작가님의 《드래곤 라자》같은
것들요. 그걸 읽고 나면 항상 그림을 그리고 싶어졌어요.
제 창작의 근간 어딘가에는 비현실적인 존재가 있는
거죠. 그런데 낯선 존재가 낯선 행동을 한다면 독자들이
이입하기 어렵잖아요. 익숙한 상황을 배경으로 만들어주면
처음에는 멀찌감치 보다가도 점차 낯선 존재와 가까운
위치에서 작품을 감상할 거라고 생각했어요.

때가 있어요. 비가 마구 내리니까 바다와 하늘의 경계가
흐려진 것 같은 거예요. 바다가 하늘까지 이어진 것처럼
보여서 해변을 걷는 것만으로도 유영하는 기분이 드는
거죠. 제가 갖고 있는 기억 중 인상적이었던 그때를 꺼내서
인어에게 비, 소녀에게 유영이라는 이름을 지어줬어요.
두 이름을 합쳐 작품 제목으로도 짓고요.

인어와의 만남이라는 소재는 어떻게 떠올린 거예요?
광안리가 도심 해변이다 보니 자연적인 풍경과는 거리가
멀어요. 그런 도심 해변에 엄청나게 낯선 존재를 뚝
떨어뜨려 놓고 싶었어요. 현실에서 볼 수 없을 것 같은
존재들이 가장 현실적인 상황을 마주했을 때 느껴지는
요철이 재밌거든요. 어떤 비현실은 가장 현실적이고, 어떤

**소재나 이야기의 물꼬를 트기 위해 공상도 자주 할
듯해요.**
정말 많이 하죠. 스쳐 가는 생각이 있을 때 그걸 붙잡고
계속 물어보면서 만들어가요. '비와 유영'처럼 광안리
바다에 인어가 있으면 어떨까. 우리 집 수도꼭지에서 물을
틀었더니 금붕어가 튀어나오면 어떡할까. 식물도 좋아해서
책상 한편에 식물 사전을 두고 그림 작업을 해요. 영감이
되어주니 막힐 때마다 넘겨보고 싶어서요.

**유영은 재봉틀로 인형을 만들어요. 부산진시장에 가서
밀면도 먹고 부자재도 사고. 산호 씨 개인 경험일지도
모른다고 짐작했어요.**
맞아요. 인물에게 취미를 하나 주고 싶었는데 저한테

친숙한 게 재봉틀이었어요. 초등학교 때 엄마가 재봉틀 쓰는 법을 알려주셔서 혼자 이것저것 만들고 놀았거든요. 천을 다루면서 깨달았던 게, 생각보다 천이 쉽게 연결되고 잘 안 끊어진다는 거였어요. 실과 천 조각이 낱개의 상태에서는 흐물거리고 약해 보이는데, 하나로 엮으면 힘을 줘도 잘 망가지지 않으니까요. 그 성질이 좋더라고요. 유영은 집에서 항상 부서지는 경험을 해요. 가족, 집 안의 그릇과 가구, 자아가 망가지는 건 되돌리기 쉽지 않지만 재봉틀을 쓸 줄 아는 유영에게는 깨진 무언가를 고치는 힘이 있다는 걸 보여주고 싶었어요.

작품에서 또 한 가지 인상 깊었던 부분은 유영뿐 아니라 비도 사투리를 쓴다는 거예요.
당연히 사투리를 써야 한다고 생각했어요. 부산 바다에서 토박이로 오래 살던 존재들이니까요. 매체에서 흔히 소비되는 사투리가 아닌 부산에서 쓰이는, 과장 없는 사투리를 담았어요.

만화의 컷을 연출하는 작업은 영화를 만드는 작업과도 비슷한 부분이 있을 것 같은데, 어때요?
기본적으로 영화와 만화는 이미지를 다룬다는 점에서 같고요. 컷의 사이즈, 그러니까 화면 비율이 중요하다는 것도 공통점인 것 같아요. 둘 다 한 장면을 구성하는 요소들에 대해 예민하고 세심하게 작업하고요. 영화에서는 그걸 미장센이라고 말하는데, 만화에도 미장센을 넣을 수 있어요. 인물이 서 있는 곳, 인물이 바라보는 곳, 배경 등이 작아 보여도 나중에 큰 트리거가 될 수 있죠. 영상을 분석하고 다뤄본 경험이 만화를 만드는 데 도움이 됐다고 생각해요.

반대로 만화에서만 보이는 특징이 있다면요?
말풍선이 있다는 거죠. 만화는 기본적으로 문자가 들어가는 매체이고, 그 문자의 위치를 지정하는 과정이 필수적이에요. 저는 대사의 뉘앙스만 정리해둔 채로 먼저 그림을 완성하고, 문장은 곱씹어 보면서 수정하는데요. 제가 쓴 문장이 어떤 흐름으로 읽히는지 계속 고민하고 체크해요.

산호 씨가 만화 작업을 참 좋아하고 있다는 게 느껴져요. 진중한 태도로 대하고요.
어렵지만 재밌어요(웃음). 그림만으로는 떠오르는 뭔가를 표현할 수 없을 때가 종종 있는데 글과 그림, 둘의 간격, 크기, 종이 안을 채우는 요소… 이런 모든 것이 세밀하고 조밀하게 조율돼서 페이지에 드러나는 게 흥미로워요.

혹시 프리다 칼로를 좋아해요? 작업 공간에 그녀의 모습이 크게 붙어 있네요.
좋아해요. 프리다 칼로는 개인사적인 비극을 겪었으면서도 자기가 할 수 있는 일을 찾아나선 여성이거든요. 전차 사고를 당한 후 의사의 꿈을 접고 화가로 활약하는데, 나중에는 다리마저 절단하게 돼요. 그때 프리다 칼로가 나한테는 날개가 있는데 다리가 왜 필요하겠냐는 말을 하거든요. 인간으로서 위대하다고 생각했어요. 인간은 굉장히 좌절하기 쉬운 존재인데, 그럼에도 자기가 할 수 있는 걸 행하는 사람이라서요. 저도 그런 마음으로 작업하고 싶어요.

누군가를 동경하는 마음 외에도 작업을 이어나가게 하는 원동력이 있어요?
하고 싶은 이야기가 있다는 거요. 외주나 마감 작업이 있을 때는 하루에 적어도 10시간 이상 일해요. 그림을 그리지 않는 날은 단 하루도 없고요. 그리고 가끔씩은 내 만화가 재미있는 게 맞는지 스스로 의심이 드는데요. 혼자 작업하다 보니까 그 의심이 메아리가 되어서 자꾸 맴돌기도 해요. 그럼에도 삶의 가장 큰 낙이 만화로 그려보고 싶은 스토리들을 계속 떠올려 보는 거예요. 이 부분에서는 이런 대사를 넣고, 여기서는 칸을 이렇게 나누면 좋겠다 하면서요. 쉽지 않은 과정임에도 이어나가는 이유를 꼽아보면 결국엔 하고 싶은 말과 이야기가 있기 때문인 것 같아요. 의심이 들 때마다 내가 구구절절 답해주기 보다는 '그냥 하자!'라고 생각하려고요. 고민할 시간에 한 컷이라도 더 그려보자.

작품을 통해 전하고 싶은 것이 있는지 궁금하네요.
세상에는 개인의 힘으로는 어찌 할 방법이 없는 위기가 많죠. 우리가 사는 이곳에서 연대를 하자는 말을 하고 싶어요. 사람은 한 명의 독립된 개체이지 고립된 개체가 아니기 때문에 혼자 남지 않을 방법을 생각해야 한다고요. 제 그림과 글이 해답을 주기보단 현실을 전하고 질문을 건네길 바라요.

서울로 돌아가는 기차 안. 줄기차게 내린 비 때문인지, 안개가 산등성이를 내려앉다 못해 휘감아 버렸다. 기차가 속도를 올릴수록 뭉개지는 창밖 풍경을 바라보며 이럴 때 산호 씨는 어떤 공상을 할까 궁금해진다. 그녀의 상상이 손끝에서 피어나 완성할 이야기에 몸을 가까이 숙이고 귀를 기울여 본다.

Architecture

옛것과 새것이 어우러지는 자리

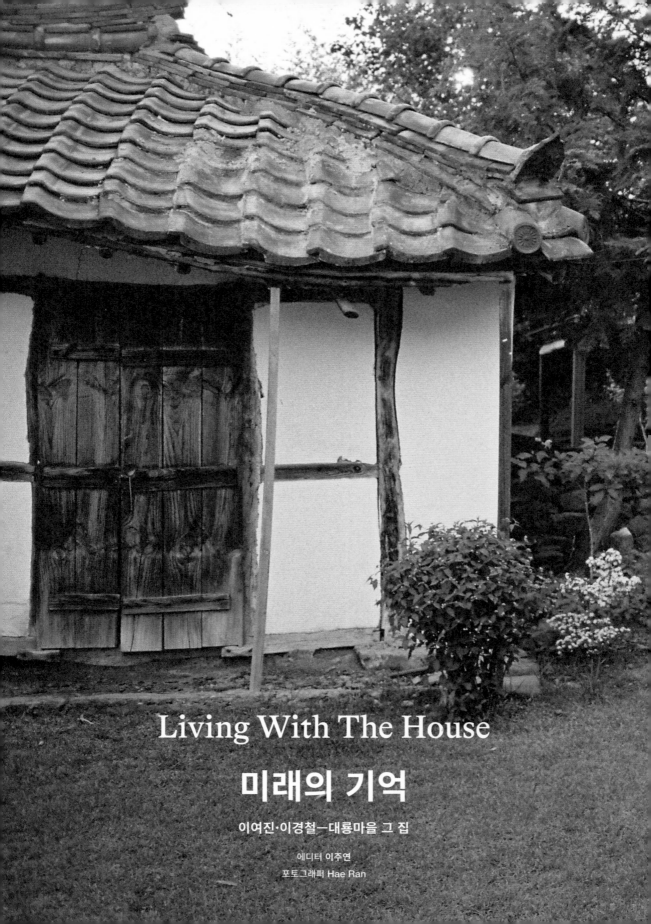

Living With The House

미래의 기억

이여진·이경철—대룡마을 그 집

에디터 이주연
포토그래퍼 Hae Ran

여기는 '부산시 기장군 대룡마을 그 집'이라는 주소만으로도 택배가 도착하는 곳이다.
사람들이 그렇게 불러 고유명사처럼 굳어진 집이다. 허벅지보다 낮은 작은 나무 문을
열면 한옥의 숨결을 고스란히 지닌 집이 있고, 지붕을 타고 넘는 고양이도 볼 수 있다.
'그 집'을 감싼 풍경은 조금도 급할 게 없다는 듯 가만하고 유유하다. 이렇게 되기까지
10년이란 세월이 걸렸다. 집과 함께 살아간다는, 이곳과 함께 늙어간다는 모자를
만났다. 대룡마을 그 집은 안주인 여진 씨가 그려온, 그 언젠가의 미래의 기억이었다.

"우리는 여기서 다른 사람이 못 사는 시간을 좀더 사는 느낌이에요."

이 집에 실제로 오다니! EBS 〈건축탐구 집〉에서 보고 집이 참 독특하고 멋지다고 생각했어요. 이 자그마한 대문 안에 집이 다섯 채, 마당이 세 개라고요.
여진 저희 집이 엄청 특별한 건 아닌데, 이렇게 관심 가져주실 때마다 의아하고 신기해요(웃음). 여기는 부산시 기장군에 있는 '대룡마을 그 집'이에요. 언젠가부터 사람들이 그렇게 불러주시는데요. 이사 올 때 모습 그대로 둔 채 불편한 부분만 보수하면서 벌써 10년째 지내고 있어요. 업체에 맡기지 않고 직접 고쳐왔고, 특히 우리 아들이 문제가 생길 때마다 투입되고 있죠(웃음).
경철 엄마가 부르시면 긴장돼요(웃음).

구조가 독특해요. 지금 우리가 있는 곳은 양옥의 형태인데, 다른 집은 한옥으로 구성돼 있네요?
여진 여기도 원래는 한옥이었다고 해요. 소가 모여 있던 축사라고 들었죠. 옛날에는 소가 귀하니까 사람 바로 옆에서 같이 살면 잘 산다는 속설이 있었대요. 그러다 시간이 지나 점점 낡아지니까 원래 집 주인의 자녀분이 양옥으로 개조했다고 해요. 한옥의 형태와 구조는 유지한 채 재료만 양식으로 바꾼 거죠.

생활은 보통 양옥 쪽에서 하세요?
여진 공간마다 역할이 있는데요. 침실은 계절에 따라 바뀌어요. 한옥이 워낙 시원하니까 날이 따뜻해지면 한옥으로 옮기죠.
경철 공간을 한번 쭉 소개해 드릴게요. 저희 집 구조는 거의 모든 게 있던 그대로인데… 한옥부터 가보실래요?

(밖으로 나와 한옥으로 향한다.) 이게 툇마루라는 거군요. 한옥에 가본 적은 있지만, 이렇게 보수하지 않고 그대로 있는 집은 처음 보는 것 같아요.
경철 툇마루도 서까래도 전부 있던 그대로예요. 한옥 본채는 세 공간으로 구분되어 있어요. 여름용 침실과 어머니 사무실도 이쪽이죠. 이 안에 있는 물건은 전부 증조할머니가 사용하시던 것들이에요.
여진 이 동네가 물이 많은 지역인지 지하에 지네가

좀 많거든요. 아무리 약을 쳐도 양옥에는 지네가 계속 나타나는데요. 한옥 쪽엔 없어요. 바닥에서 떠 있는 구조라 그런가, 하고 추측하는데 이유는 잘 모르겠어요. 그래서 날씨가 너무 더워지거나 벌레가 많아지면 한옥으로 들어와요. 한옥에도 물론 벌레는 있지만 유해한 벌레가 없거든요. 참 신기하죠?

그러게요, 그것도 조상의 지혜였을까요. 이 앞마당은 정원처럼 꾸며져 있네요. 징검다리도 있고, 나무도 잘 손질되어 있어요. 안쪽 마당은 텃밭인가요?
경철 마당도 분위기가 조금 다르죠? 엄청 신경 써서 가꾸는 건 아니지만, 마당 일은 조금만 소홀해져도 티가 나요. 일주일만 게을러져도 잡초가 엄청나게 자라거든요. 그래서 매주 한 번씩 잡초를 뽑고, 나무도 다듬어요. 이런 일은 해본 적이 없어서 유튜브나 책을 참고해서 해나가고 있죠. 저쪽 마당은 텃밭으로 사용하고 있어요. 채소들이 너무 잘 자라서 곤란할 정도인데, 채소는 웬만하면 자급자족해서 살고 있어요. 엄마가 요리 준비하시면서 "그것 좀 뽑아 와." 하시면 마당에서 뽑아 요리해 먹는 거죠. 거의 모든 음식을 집에서 만들어요.

마트에서 보던 채소와는 다른 방향으로 싱싱하네요. 저 마루 아래 있는 나무는 혹시 장작이에요?
경철 네. 이 집은 들어올 때부터 바닥 난방이 없었고, 여전히 없어요. 굳이 공사하고 싶진 않아서 난방 없이 10년을 살고 있죠. 보통 벽난로를 때는데, 장작은 저희가 직접 패거나 사 와서 관리하고 있어요. 예쁘게 생긴 게 사 온 장작, 좀 못나고 울퉁불퉁한 것들이 직접 팬 장작이에요.

장작 사이사이 고양이들이 숨어 있네요(웃음).
여진 이 집은 희한하게 동물이 자주 들러요. 특히 다친 애들이요. 이 얘길 들으시면 제가 드라마를 쓰는 줄 아실 텐데(웃음) 한번은 고양이 한 마리가 새끼 고양이를 물어다가 집 앞에 둔 적이 있어요. 추운 새벽이었는데 죽은 것 같더라고요. 몸이 빳빳해져 있었죠. 묻어줘야겠다는

생각으로 작은 수건을 가지고 와서 몸을 감쌌거든요. 근데 어딘가 꿈틀한 것 같은 거예요. 분명히 움직였다는 생각이 들어서 뜨거운 물을 받아서는 따뜻한 물로 닦아주고 마사지도 해주었더니, 글쎄 눈을 뜨더라고요. 기쁘고 반가워서 그 길로 병원에 데려갔지만 선천적인 문제로 오래 살 순 없다고, 지금까지 살아 있는 것만으로도 기적이라고 하시더라고요. 가는 길은 평안하게 보내주고 싶어서 그대로 데려와 집에서 보살폈어요. 결국 이틀 정도 살다 아주 편안한 얼굴로 떠났죠. 추운 새벽에 길가에서 얼어 죽을 수도 있었는데 예쁘게 눈을 감아서 다행이다 싶었어요. 근데, 정말 신기한 게 뭔지 아세요? 매일 어미 고양이가 와서 새끼 고양이 안부를 궁금해했다는 거예요. 묻어주기 전에는 문 앞에 두고 이리 와서 보라고, 마지막 인사를 해주라고 했는데 경계하더라고요. 제가 들어가고 나니까 문 앞에 앉아서는 가만히 이쪽을 한참 보다가 갔어요. 어미랑 새끼가 인사를 나눴구나, 싶은 생각이 들었죠. 그다음 이야기는 들어가서 할까요(웃음)?

(양옥에 들어와 자리를 잡는다.) 동물 이야기, 더 듣고 싶어요.
여진 여기 오가는 고양이가 참 많은데요. 어느 날 고양이들이 싸우는 소리가 나서 바깥으로 나가 봤더니 두꺼비 한 마리를 둘러싸고 서로 자기가 먹겠다고 야옹거리고 있는 거예요. 그래서 그 녀석들을 쫓아내고 두꺼비를 구해줬는데, 얘는 집 안으로 들일 수가 없어서

물도 뿌려주고 지켜봐 줬거든요. 제가 이 자릴 뜨면 또 고양이들이 올 것 같아서요. "여기 오면 먹이가 될 거야, 이쪽으로는 오지 마. 얼른 집으로 가렴." 하고 옆에 계속 앉아서 지켜봤는데, 그다음부터는 이 두꺼비가 매일 그 시각 저희 집 앞에 와서 앉아 있는 거예요. 오후 5시면 제가 구해준 돌 위에 앉아 빤히 집을 보고 있어요. 그럼 저는 문을 열고 나가서 인사도 하고 말도 걸고 그러죠. 이게 벌써 몇 년 전 일인데, 수개월을 매일 찾아오곤 했어요. 그러다가 지금은 1년에 한두 번쯤 오곤 하죠. 이제 자주 오지 않으니까 그때 걔가 맞나 의심스러울 때가 있는데요. 한번은 사진을 찍어서 그때 찍어둔 사진과 비교를 해봤더니 등 무늬가 똑같더라고요.

전래동화 같아요(웃음). 동물들과 함께 사는 집이네요. 누구나 한옥살이에 로망이 있을 텐데, 어떻게 이 집에 들어오게 됐어요?
여진 수첩에 항상 그렸어요. 만 번쯤 소원하면 무엇이든 이루어진다고 하잖아요. 끊임없이 그리다 보면 어느 날 눈앞에 나타나게 되어 있어요. 대룡마을엔 다른 집을 보러 왔는데, 이 집이 눈에 띄어서 혹시 이 집은 안 파는지 물어봤어요. 이 집도 매물로 나온 적이 있대요. 근데 아무도 안 보러 와서 거둬들였다고 하더라고요. 알아보니 생각보다 집값이 비쌌는데, 고민도 하지 않고 원래 살던 집을 내놨어요. 아침 10시에 내놨는데 오후 2시에 팔리더라고요. 이 집을 사라는 계시처럼 느껴졌죠(웃음). 저는 '미래의 기억'을 믿어요.

미래의 기억이요?
여진 단순하게 희망하거나 꿈을 꾸는 게 아니라 실제로 만들어 가는 기억이요. 미래의 기억을 만들고, 그 미래로 가기 위해 지금 내가 뭘 해야 하는지 항상 생각하는 거죠.

너무 좋은걸요. 지금도 미래의 기억이 있나요?
여진 그럼요. 미래에 저는 변호사가 되어 있을 거예요. 지금 로스쿨 입학을 준비하고 있죠. 변호사 시험을 쳐서 변호사가 되면, 판사 시험도 볼 거예요. 근데 판사직에는 정년이 있잖아요. 제 나이로 시간 계산을 해보면 임용받고 6개월 만에 정년퇴직할 것 같지만⋯ 어쨌든 미래의 기억에 가까이 가기 위해 지금도 계속 공부하고 있는 거예요. 법관이 되고 정년퇴직을 하게 되면 피아노 학원에 갈 거예요. 노년에 피아노를 배워서 이 집에서 연주하는 게 먼 훗날 제 미래의 기억이에요.

법관은 절대적인 시간이 필요한 일이잖아요. 갑자기 전향할 수 있는 분야는 아닐 것 같은데, 계기가 있어요?

여진 10년 전에 심각하게 고민한 적이 있어요. 저는 공부하는 게 제일 좋아서 의대에 가고 싶었거든요. 근데 가난해지는 게 겁이 났어요. 저는 어린 나이에 임원이 되고 회사 대표이사직까지 지냈거든요. 그 명함을 내려놓고 새로운 공부를 한다는 게 겁나더라고요. 제가 아무것도 안 될까 봐, 이 명함이 없어지면 사람들한테 존재감이 지워질까 봐. 좋은 데서 밥 먹고, 좋은 옷을 입고, 좋은 차를 타고 살아왔는데 누리던 게 없어질까 봐 무서웠던 거죠. 불행해질지도 모른다는 생각이 드니까 못 하겠더라고요. 근데요, 10년 후에 지난날을 돌아보니까 '그래서 뭐가 남았지?' 싶었어요. 좋은 차 타려고 미친 듯이 일하는 건 아니잖아요. 이제 더 늦으면 못 할 것 같다는 생각이 들었어요. 지금보다 더 '뽀대' 나는 직업을 갖고 싶다는 생각이 든 거죠. 그게 '사' 자 들어간 직업을 가져보자는 거였어요(웃음). 그래서 제가 할 수 있는 걸 찾다가 규칙이 주는 안정감이 좋아서 법을 공부하면 좋겠다고 생각했어요.

선박에서는 어떤 일을 하신 거예요?

여진 선주감독관 일 했다고 얘기하는데, 좀더 구체적으로 이야기하자면 일단 배를 고치는 일이에요. 보통 유조선이나 대형 크루즈인데요. 선박이 완성돼 인도되고 나면 보증 기간 내 생기는 모든 문제점을 해결해 주는 일을 했죠. 선박의 엔진 문제부터 거주구 화장실 고치는 것까지 총망라했어요. 원래 담당은 거주구인데, 오래 일하다

보니까 관련 내용을 거의 다 알게 돼서 모든 부분의 A/S를 진행했죠.

집 이야기를 좀더 해볼게요. 미래의 기억이 왜 한옥이었어요?

여진 아파트가 싫었어요. 자고 있는데 제 머리 위에서 누가 오줌 싸는 것도 싫고, 제가 언제 드나드는지 옆집 사람이 아는 것도 싫었죠. 다 같은 방향으로 앉아서 티브이를 보는 것도 싫었어요. 매일 "여기서 벗어나고 싶어. 땅 밟고 싶어." 그 얘기만 했죠. 근데, 이 집을 사고도 바로 들어오지 못했어요.

왜요?

여진 이사를 와야 하는데 집주인이 집을 안 비워주시는 거예요. 2월에 이사 준비를 마쳤는데 내년 9월에 비워주신다고 해서 이유를 물으니 "제사를 모셔야 나가지." 그러시는 거예요. 제사를 안 모시고 나가면 귀신들이 찾아온다고요. 우여곡절 끝에 이사를 왔는데, 그 이후로도 전 주인 내외가 자주 오셨어요. 어르신들이 바로 뒷집으로 이사하셨거든요. 들락거리시면서 이 나무는 자르면 안 되고, 기와집 뒤에 낙엽이 쌓이면 안 되니까 어서 치워라, 하고 자주 찾아오셨죠. 하루는 밖에 나갔다 왔는데 빨래가 걷어져 있더라고요. 비가 내릴 것 같아 치워두셨대요(웃음). 한밤중에도 찾아오시곤 했어요. 밤이니까 얼른 불 끄라면서요. 타이머가 맞춰져 있어서 저절로 꺼진다고 말씀드려도 "무슨 소리인지 모르겠고, 얼른 불 꺼라." 하세요(웃음). 대룡마을이 이렇게 재미있어요. 처음엔 적응하는 게 낯설었는데, 이제는 마을 분들을 다 알고 지내니까 친근하게 느껴져요. 한옥살이나 땅 밟고 사는 건 누구든 마음만 먹으면 적응할 수 있어요. 어떻게 살지도 선택하면 되는 거니까요. 그런데 마을 분들이랑 지내는 건 직접 겪어보지 않으면 알 수 없어요. 아무도 안 가르쳐 주거든요.

대룡마을은 부산의 도시와도 확실히 다르네요. 조용하고, 탁 트였고….

여진 도시에 있을 땐 생존하고 있다는 느낌이었는데, 여기 있으면 산다는 생각이 들어요. 특히 날씨를 생각할 때요. 시골에선 제일 중요한 게 날씨예요. 빨래만 생각해도 그렇거든요. 건조기에서 나온 빨래랑 햇볕이 말려준 빨래는 느낌이 완전히 달라요.

어떻게 달라요?

여진 일단은 까슬까슬해요. 햇볕이 모든 걸 한 번 소진시키고 공기를 불어 넣어주는 느낌이에요. 건조기에서

나온 빨래도 부드럽고 좋지만, 그건 인위적으로 만들어진 거잖아요. 햇볕에 말리면 자연이 다림질도 해주는 것 같아요 빨래는 날씨도 중요하지만 타이밍도 중요한데요. 흰 빨래를 하는 날이면 어김없이 새가 똥을 싸거든요(웃음). 그런 사소한 것에 제 운을 맡기게 됐어요. 흰 수건을 너는 날엔 주문을 거는 거예요. '오늘 새가 똥을 안 싸면 나는 내일 시험을 잘 칠 거야.' 이런 게 산다는 느낌이에요. 매일 저만의 이야기를 만들면서 지내게 되거든요. 아침에 눈 뜨자마자 흰나비를 보고 '오늘은 좋은 소식이 있겠네.' 하고 좋은 소식을 종일 기다리는 거예요.

매일 좋은 걸 찾아 나가는 삶 같기도 해요. 도심 멀리서 지내는 건 불편하지 않으세요? 여기까지 오면서 멀구나, 깊숙하구나, 계속 생각했어요.
여진 그래요? 저희는 여기서 해운대도 가깝다고 생각해요. 차 타고 30-40분 정도 걸리는데, 그 정도면 이웃 마을이죠(웃음). 전부 우리 생활권이거든요. 대룡마을은 시골이지만, 그것 외에 그리 특별한 동네는 아니에요. 말하자면 부산 근교의 시골 마을? 대룡마을은 가난한 예술가들이 모여 만든 동네예요. 어느 한 분을 시작으로, 삼삼오오 예술가들이 모인 건데 그대로 정체되서 발달되지 않은 채 이렇게 유지되고 있는 거예요. 저는 이 마을보다는 여기 사는 사람들이 유난히 마을에 애정이 강한 게 특별하다고 봐요. 그래서 좀더 잘 가꾸려는 면모가 있죠. 근데 그 방법이 개발이 아니라 유지라는 게 마음에 들고요. 도로를 넓히자는 제안이 와도 반대가 심해요. '내버려 두자.' 그게 이 마을의 기본 마인드거든요.

부산에 오기 전엔 프랑스에서 지내셨다고 들었어요.
여진 중학교 졸업하면서 프랑스로 유학을 갔어요. 거기서 16년 정도 살다가 부산으로 돌아온 거예요. 아들도 프랑스에서 태어났죠. 굳이 한국으로 옮긴 게 아니라 '돌아온다.'는 느낌이었어요. 프랑스에서도 참 즐겁게 지냈지만, 어느 순간 '현타'가 오더라고요. 여기선 얼마를 살든 이방인일 수밖에 없겠다는 느낌이었죠. 아무도 저를 차별하지 않는데 외적으로 다른 나라 사람이라는 게, 그걸로 주목받는 게 싫었던 거예요. 한국에 오면 아무도 저를 주목하지 않잖아요. 프랑스에서는 분명히 좋은 집에서 사는 느낌이었어요. 지금 삶은… 확실히 가족 안에 있다는 느낌이 들어요. 사람과 살아간다는 기분이요.

한국 중에서도 왜 부산이었어요?
여진 여기서 떠났으니까요. 저, 부산 사람이거든요. 제가 프랑스를 좋아한 이유 중 하나가 언제 돌아가도 늘

그 모습 그대로라는 거였어요. 업무 차 여러 나라를 떠돌다 돌아가도 모든 게 그대로였죠. 길도, 건물도, 사람도요. 그래서 굳이 한옥을 고른 것도 있어요. 한옥이라고 하면 사람이 오랫동안 살아온 집이잖아요. 그만큼 원형이 유지되는 동네일 확률도 높고요. 대룡마을에서 이 집을 처음 발견했을 때, 집이 주는 메시지를 받았어요. 저한테 "괜찮아." 그러더라고요. 보자마자 미래의 기억이 떠올랐죠. 여기다, 미래의 내가 여기에 살고 있다, 하고요.

한옥은 양옥과 확실히 다른 점이 많잖아요.
여진 살다 보면 불편한 게 점점 사라져요. 불편한 게 생겨서 보수하는 법을 찾아보기도 하고 공부도 하는데 결국 마지막엔 이런 질문이 남더라고요. "굳이 왜?"

불편함에도 익숙해지는 거네요.
여진 맞아요. 처음엔 추위가 너무 불편해서 외풍이 들지 않도록 고치고 싶었는데요. 지금은 너무 따뜻하면 갑갑하다는 기분이 들어요. 약간 서늘하고 코가 시릴 정도의 기온이어야 잠이 잘 오더라고요. 숨통이 트인다는 기분이랄까요. 집에 바람 드는 게 싫다는 감정에서 '공기가 통한다.'가 된 거죠. 몸도 환경에 맞춰지는 것 같아요.

아드님은 계속 도시에 산 건데, 한옥으로 오는 게 불편하진 않으셨어요?
경철 불편했죠. 근데 처음부터 그런 건 아니었어요. 이 집을 보자마자 '너무 좋다. 예쁘다.'라는 생각이 먼저였거든요. 툇마루에 앉아 있는 것만으로도 '여기가 내가 살 곳이구나.'라는 느낌이 들었어요. 불편함은 그런 풍경이 익숙해진 다음부터였죠. 추위와 벌레, 그게 가장 큰 문제였어요. 그간 잘 정비된 아파트에서 불편한 거 없이 살다가 하나부터 열까지 직접 만들어야 하는 집으로 오니까 손봐야 할 게 많더라고요. 처음엔 여기서 잘 때도 무서웠어요. 잠귀가 밝은 편인데, 고양이들이 한밤중에 지붕 위를 막 뛰어다니는 소리가 너무 무섭더라고요. 결코 사뿐사뿐 걷지 않아요. 사람이 막 달려가는 것 같아요. 고양이인 걸 아는데도 매일 놀라게 되더라고요.
여진 바람에 나뭇잎이 흩날리는데 그게 달빛에 비치면 그 또한 무섭고요. 도시에서 느껴보지 않은 것들이 처음엔 다 공포였어요. 소리도, 그림자도요.
경철 그런 걸 다 지나고 나니까 조그마한 새로운 것들이 보였어요. 동물 같은 거.
여진 맞아요. 우리는 여기서 다른 사람이 못 사는 시간을 좀더 사는 느낌이에요.

다른 사람이 못 사는 시간을 좀더 산다는 게 어떤 의미예요?

여진 똑같이 24시간을 살아도 우리는 지하철로 출퇴근하고, 도심에서 뭘 먹을까 고민하지는 않잖아요. 뭔가를 심고, 따고, 고쳐 나가고…. 사실 이것도 전부 노동인데요. 별거 아닌 것 같지만 집이랑 같이 살고 있다, 함께 늙고 있다는 느낌이 들거든요. 지붕에서 떨어지는 빗방울만 해도 남들보다 더 많이 볼 수 있고요. 비가 온다고 우산으로 하늘을 가리는 게 아니라 물방울을 보면서 '여기 떨어지는 물방울보다 저기 떨어지는 물방울이 더 예뻐.' 같은 생각을 하는 거예요.

경철 계절마다 달라지는 냄새와 소리를 느끼는 게 좋아요. 어느 순간, 이름은 몰라도 소리는 익숙한 벌레 울음소리가 들리는데요. 그러면 '얘가 우네, 곧 겨울이 끝나겠네.' 싶어요. 봄에만 우는 벌레거든요.

좀더 자연에 가까운 시간인 거네요.

경철 맞아요. 저는 도시에 살 때 하늘을 잘 안 봤어요. 굳이 고개를 들어서 봐야만 하잖아요. 근데, 여기는 고층 건물이 없으니까 굳이 안 보고 싶어도 볼 수밖에 없어요. 눈앞에 하늘이 펼쳐지는 거죠. 도시에 살 때는 함부로 시선을 돌리는 것도 어려웠어요. 조금만 돌려도 사람들이랑 눈이 마주치고, 오해를 불러일으킬 일도 많고요. 근데 여기선 제가 어디를 쳐다봐도 자유로워요.

여러 나라에서 지낸 만큼 부산만의 매력을 더 잘 아실 것 같아요.

여진 부산은 정말 다 있어요. 삶의 도시예요. 산, 바다, 강… 자연환경도 다 있고 인정도 있죠. 아, 사투리가 좀 거칠게 느껴질 수도 있을 텐데요. 겉으로 표현하는 것만 그럴 뿐 부산 사람들은 진심이 따뜻해요. 그래서인지 서울 가면 좀 서운함을 느끼게 되더라고요.

어떤 점에서요?

여진 아주 단적인 예지만, 저희가 서울에 간다고 해서 서울 사는 친척이 마중 나오는 일은 없는데요. 저희는 친척이 온다고 하면 공항까지 꼭 마중 가고 배웅도 해주거든요. 부산 사람들은 대부분 다 그래요. 누군가 우리 집에 온다고 하면 가까운 역이라도 나가서 맞이하고, 그게 당연하다고 생각해요. 겉으로는 "마, 됐다!" 하는데 속내는 아닌 거죠.

왜 그런 성격이 생긴 걸까요?

여진 항구 도시라 그런 것 같아요. 지나가는 사람들이 많거든요. 그냥 지나가는 사람이어도 베풀면 다시 돌아올 거라는 믿음이 있던 게 아닐까요? 저는 프랑스에서도 마르세유에 오래 있었거든요. 그 사람들도 그랬어요. 바닷가에 있는 사람들은 누군가를 떠나보내는 게 익숙해서 붙잡고 싶은 마음에 뭔가를 좀더 해주고 싶어 하는 것 같아요. 서울은 굳이 내가 뭔가를 하지 않아도 사람이 모여들잖아요. 굳이 뭔가를 더 했다가는 오히려 너무 모여들어서 귀찮아지는 생활이죠.

고개를 끄덕이게 되네요. 부산은 산, 바다, 강, 더불어 바람도 많죠.

여진 맞아요. 그래서 막힘이 없어요. 사람들이 시원시원하거든요. 하려면 하고, 말면 마는 마인드죠. 부는 바람을 무슨 수로 막겠어요.

명쾌하네요(웃음). 지역마다 성격 차이가 생기는 이유는 기후나 계절 영향도 있을 것 같아요.

여진 부산 사람들은 좀 많이 베푸는 편이에요. 물건 하나를 사도 옆에 있는 사람한테 "이거 좋네. 니도 하나 해라." 하고는 두 개를 사는 식이죠. 그래서인지 부산은 누구랑 대화하든 소통이 쉬워요. 낯선 사람한테 경계심도 덜하고요.

경철 그런 성격은 기성세대뿐 아니라 저희 세대에서도 그래요. 제 아래 세대는 어떨지 몰라도, 제 또래만 해도 그런 성격이 분명히 있거든요. 돌아다니다가 친구에게 잘 어울릴 것 같은 물건이 있으면 필요하냐고 물어보지도 않아요. "니 써라." 하고 사서 갖다주는 식이죠. 그런다고 해서 부담감을 느끼는 사람도 없어요.

여진 '왜 사주지?' 같은 생각은 안 해요. "좋다, 비싼 거 맞제?" 하면 몰라도(웃음). 부산 사람들에겐 계산 없는 배려심이 있어요.

저도 선물을 많이 하는 편인데, 누군가는 그게 부담스럽다고 하거든요. 그럼 주춤거리게 돼요.

여진 그러다 보면 선물하기도 뭐하죠? 부산은 그런 거 없어요(웃음). 저희는 서울 가면 더치페이가 그렇게 불편해요.

경철 부산에선 더치페이를 한 번도 해본 적이 없거든요. 제가 밥을 사면….

여진 그다음 만남에서 얻어먹은 사람이 "오늘 내 살게." 하는 거죠. 친구가 10만 원어치 밥을 사줬고, 제가 오늘 2만 원짜리 밥을 사도 상관없어요. 각자 밥을 샀다는 건 똑같잖아요. 부산 사람들이 어쩌다 더치페이를 한다고 하면 이런 경우예요. 밥값이 15만 원 나왔는데 제 수중에 10만 원밖에 없어요. 그럼 "야, 나 10만 원밖에 없다. 나머지는 니들끼리 나눠서 내라." 그럼 사이좋게 마무리가 되는 거죠.

한 사람은 10만 원, 누군가는 5천 원을 내도요?

여진 네. 서울에서는 자기가 먹은 메뉴를 자기가 내잖아요. 저는 그게 너무 불편하더라고요. 그래서 "마, 내가 다 계산하믄 안 되겠나." 그래요.

친구가 5만 원짜리 밥을 사줬는데, 저는 만 원짜리 커피를 사면 빚지는 기분이 들어서 선물이라도 쥐여주게 돼요.

여진 그런 면 때문에 서울이 조금은 답답하게 느껴질 때가 있어요. 다들 어떤 식으로 계산하는지도 모르겠고, 푸짐하게 시켜서 다 같이 나눠 먹고 싶은데 분위기 파악이 안 되거든요. 부산에서는 "다 시켜라." 하고는 다 같이 먹는 문화예요. 있는 사람은 내고, 없는 사람은 적게 내는 게 당연해요.

경철 만약 밥값이 많이 나오고 제가 밥값을 안 냈어요. 그래서 제가 커피를 산다고 하면, 저는 그래요. "야, 비싼 거 먹어라. 아메리카노 말고 핸드드립 먹어라." 그 말 한마디면 되거든요.

여진 우리는 오늘 때깔이 좋은 게 중요해요. 먹고 죽자, 그런 생각이어서 따지고 계산하고 그런 게 잘 없어요.

경철 돈에 크게 집착하지 않는 것 같아요. 아니, 그보다도 사람이 먼저인 거죠. 서울엔 좀 딱딱하고 삭막한 느낌이 있어요. 더치페이 문화도 그렇고, 사람들 표정이나 도시 자체도 그렇고요. 물론 가끔 놀러 가면 너무 좋죠. 여기 계속 있고 싶다는 생각도 해요. 근데 거기서 살진 못하겠어요.

왜요?

여진 서울은… 잘사는 동네, 좋은 동네에 가야 행복한 사람들, 여유로운 사람들이 많이 보여요. 그 나머지 동네에선 지치고 피로한 얼굴을 더 많이 보고요. 부산은 그런 경우가 상대적으로 덜하다고 느껴져요. 사람들 표정에도 격차가 거의 없고요. 해운대에서 보는 사람, 부산역에서 보는 사람, 광안리에서 보는 사람… 다 비슷한 표정이거든요. 저희 집에 오시는 서울 분들이 유독 이 동네나 집을 부러워하시는데, 그건 이곳 사람들에게 여유가 있어서인 것 같기도 해요.

그 이야기를 좀더 해보고 싶어요. 사람들은 왜 이 집을 부러워하고, 관심이 많은 걸까요?

여진 익숙하지 않아서요. 지금은 다들 비슷한 데 살잖아요. 사각형 거실 뒤에 욕실이 있고, 방은 그 옆에, 다들 비슷하게 생긴 소파를 놓고요. 그래서인지 전원주택에 대한 고정관념도 있죠. 마당이 있고, 예쁜 정원이 있고…. 근데 이 집은 한눈에 어떤 집인지 알 수가 없거든요. 익숙한 집의 형태도 아니고, 전원주택의 모습도 아니니까요. 공간마다 분위기도, 쓰임도 다르고 일관되지 않아서 신선하게 느끼는 것 같아요. 무엇보다 낡았고요. 낡은 건 대개 지저분하다는 인식이 있는데 이 집은 그렇지 않잖아요.

맞아요. 다섯 채 느낌이 전부 달라요.

여진 공간이 생긴 대로 내버려 두었을 뿐인데 그렇게 만들어졌어요.

경철 공간이 이렇게 생겼으니까 안방이고, 여긴 이렇게 생겼으니까 부엌인 거예요. 저쪽은 침대가 들어갈 것 같으니 게스트 룸으로 쓰고, 손님을 앉을 만한 소파도 같이 두자고 자연스럽게 이어진 거죠.

아, 그러고 보니 저 안쪽엔 '꼼뚜와르 드 파미Comptoir de Famille' 쇼룸이 있죠. 프랑스 브랜드 한국 총판을 하신다고요.

여진 마당을 건너가면 나오는 공간인데, 저기는… 저희한텐 그냥 프랑스예요. 사업이라고 해도 예약으로만 쇼룸을 오픈하고 아주 게으르게 해나가고 있거든요. 손님이 와도 좋지만, 안 오면 더 좋은(웃음). 안 팔려도 좋아요. 그저 보고 있는 게 좋은 공간이거든요. 저 공간에 들어가면 프랑스 냄새가 나요. 마당 하나만 건너면 제2의 고향인 프랑스가 있는 거예요.

브랜드 소개해 주실래요?

여진 굉장히 오래된 브랜드예요. 제가 프랑스에서 살 때부터

친숙하게 만나온 생활 소품 브랜드죠. 이 브랜드 소개는 한 장면에서 시작돼요. 누군가 장터에서 물건을 잔뜩 사 와서는 부엌에 늘어놓는 거예요. 그럼 그 주변으로 가족과 이웃이 몰려드는데요. 거기서 다 같이 뭔가를 해 먹고, 웃고, 떠드는 이미지…. 그게 이 브랜드의 느낌이고 콘셉트예요. 한국에서 어떤 일을 할 수 있을까 생각하다가 예전에 선박 일을 할 때 한국으로 수입할 일이 있어서 만들어 놓은 시스템이 떠올랐어요. 감사하게도 보증금이나 계약금 같은 조건 없이 해나갈 수

있기에 이렇게 집 안에 쇼룸을 만들고 느슨하게 해나가고 있어요. 사실 처음엔 시골에 쇼룸을 만든다는 게 누가 되는 일이 아닐까 싶었어요. 근데 이 쇼룸 동영상을 보고는 본사 관계자가 그러더라고요. "여기, 프랑스보다 더 프랑스 같아!"

기분 엄청 좋았겠어요. 꼼뚜와르 드 파미가 집 안에 있어서 여러모로 안심이 될 것 같아요. 그런데 쇼룸은 상시 개방이 아니잖아요. 예약하고 와야 하는데, 적극적으로 홍보하거나 영업하는 것 같진 않아요.
여진 그런데도 사람들이 와요. 정말 신기해요. 그게 사람의 힘인 것 같아요.
경철 이렇게 간헐적으로 미디어에 노출되고, 또 간혹 인스타그램 업로드를 하는 정도거든요. 입소문이 가장 큰 것 같아요. 예약하고 찾아와 주시는 분들이 가장 먼저 하는 말이 '누구 소개로 왔다.'거든요. 그런 이야기를 종합해 보면 70퍼센트는 입소문, 나머지 30퍼센트는 미디어예요.
여진 저희는 물건을 팔고자 쇼룸을 만든 게 아니에요. 그보다는 프랑스 문화를 알려주자 생각이었죠. 그래서 쇼룸에 오시는 분들에게 하나하나 소개를 해줘요. 프랑스 사람들은 커피를 머그잔보다는 넙데데한 그릇 같은 잔에 마신다, 같은 거죠. 직접 그 잔에 커피도 내어드리고, 어떻게 마셔야 가장 맛이 좋은지도 알려드리죠. 그래서 예약을 받더라도 오전에 한 팀, 오후에 한 팀 이상은 받지 않아요. 한번 오시면 잘 안 가시거든요.(웃음). 스타일이나 분위기는 억지로 만든다고 만들어지는 게 아니라 자연스럽게 풍기는 거라고 봐요. 그래서 여긴 한옥인데도 쇼룸 안으로 들어가면 작은 프랑스를 느낄 수 있는 거고요.

그 점이 신기해요. 쇼룸 공간은 한옥인데도 서양 문화가 들어와 있는 거잖아요. 근데 부딪치는 느낌이 전혀 없어요.

여진 그냥 내버려 뒀기 때문이죠. 일부러 꾸미려고 한 건 아무것도 없거든요. 그래서 이 브랜드가 더 좋아요. 꾸미려고 하지 않아도, 아무 데나 두어도 물건들이 제자리를 찾아요.

모든 게 참 자연스럽네요. 텃밭에서 기른 작물로 음식을 해 먹는 것도 자연스러운 일이라고 생각해요.
여진 주로 쌈 채소를 키우고 있는데, 샐러드로 곧잘 해 먹어요. 지금부터 겨울이 오기 전까지 신선한 채소를 바로바로 따 먹을 수 있는데요. 텃밭을 하고 나니까 마트에서 파는 채소들이 예뻐 보이질 않더라고요. 플라스틱 같아요. 그렇게 완벽한 모양으로 자랄 수가 없는데, 어떻게 저럴 수 있나 싶죠. 자연스럽다는 건 전부 다 예쁠 수 없다는 것과 같은 말이에요. 예쁘지 않은 게 잘못은 아니잖아요. 텃밭을 해보면, 진짜 건강한 채소는 흙이 묻고 아무렇게나 자라는 친구들이라는 걸 알 수 있어요. 그러려면 농부가 반드시 부지런해야 하죠. 처음엔 땅의 생리를 잘 몰라서 고추를 60포기씩 심고 그랬어요. 너무 많아서 감당이 안 되죠. 올해는 네 포기를 심었는데 그것도 엄청나게 많아요. 요만한 모종에서 그렇게 많은 열매를 맺는다는 게 참 감지덕지해요. 나는 맹물을 뿌려준 게 다인데, 얘는 뭘 이렇게 잔뜩 내어주나…. 가끔은 면목이 없어요. 그 덕분에 치유가 되기도 하고요.

무엇을 치유해 주는 걸까요?
여진 강박, 걱정이요. 도시에 살면 걱정이 좀더 많아지는 것 같아요. 미래에 대한 불안, 직무에 대한 불만족, 두려움, 실망감…. 물론 그 감정이 시골로 온다고 해서 싹 사라지지는 않아요. 다만 그걸 잊게 해주는 시간이 늘어나요. 그러면서 점점 그 시간이 길어지고, 나중엔 걱정해도 소용이 없다는 걸 인정하게 해줘요. 저는 특히 이럴 때 힘이 나요. 비가 너무 많이 내리고 태풍이 와서 작물이 쓰러졌어요, 죽은 줄 알았는데 일어서요. 그럴 때요. 말라비틀어진 작물에 물을 주면 언제 그랬냐는 듯 다음 날 살아날 때도요. 그런 걸 보면 사람도 쉽게 죽지 않을 거란 확신이 생겨요. 함께 생존해 나가는 거죠.

지금 삶에 대한 만족도가 정말 크신 것 같아요. 이 집에선 특히 무엇을 할 때 안정된다는 느낌을 받으세요?
여진 테이블에 앉아 통창으로 바깥 한옥을 바라볼 때요.

자주 그 상태로 멍 때리고 있거든요. 지붕이 곧 쓰러질 것 같은 고방이 보이는데, 10년째 저 상태인 게 기특해요. 왠지 안심이 되기도 하고요.

고방…이요?
여진 오, 고방이라는 말을 안 쓰나요? 옛날 말이에요. 창고.

사투리인 줄 알았어요(웃음). 두 분은 사투리 억양이 강하지 않은 것 같아요.
경철 예? 아니에요. 서울 가면 숨만 쉬어도 부산 사람인 줄 알던데요(웃음). 공식적인 자리에선 최대한 억양 없이 이야기하려 해요. 아무리 그래도 인터뷰 중에 "하모~" 그런 말을 할 순 없잖아요(웃음).
여진 사실 사투리는 억센 단어나 거친 억양이 있기 때문에 어느 정도 선택하고 가려서 써야 할 때가 있어요. 사투리는 특히 존댓말이 명확해서 좀더 조심스러워지는 부분도 있고요. "치라, 됐다, 마." 우리끼리는 이러지만 어른들에겐 그러면 안 되잖아요. 한번은 사투리 때문에 민원을 넣은 적도 있어요. 도로 현수막에 "안전벨트 단디 해라."라고 적혀 있는 거예요. 이건 친구들한테나 쓰는 말이지, 대중한테는 쓸 수 없는 문장이거든요. 그걸 보는 순간 욱하더라고요.

어…, '단디'라는 게 그런 의미인가요? 단단히 하라는 말이라고 이해했어요.
여진 그렇긴 한데 어느 정도 비하의 의미가 있어요. '단디 해라.'라고 꼭 쓰고 싶었다면 '안전벨트 단디 하이소.' 정도는 되었어야 한다고 봐요.
경철 보통은 아랫사람에게 쓰는 뉘앙스거든요. 예를 들어, 뭔가를 잘 못하고 있는 사람한테 "니 단디 해라." 하는 거죠.

아, '똑바로 해라.'의 의미가 있는 거군요.
경철 맞아요. 질책의 뉘앙스죠.
여진 사투리로 설명하자면 '빙신같이 그것도 똑바로 못하나. 제대로 해라.'인 거예요(웃음).

다 같은 한국인인데도 말이 다르다 보니 오해가 생길 여지도 있겠어요.
경철 한번은 부산 친구랑 서울에 있는 재즈바에서 이야기를 나누는데 직원이 그러더라고요. "싸우시는 거예요?"
여진 다 친해서 그런 거거든요. 저희는 거리감이 느껴지면 입을 닫아요. 만일 제가 누군가한테 "하고 싶은 대로 하세요."라고 했다면 그건 진짜 화가 난 거예요. '이제 난

당신이랑 상종하지 않겠습니다.'라는 의미거든요. 당신이 죽어도 난 내 일을 하겠다.

와, 그 정도까지요? 그럼 표준어로 표현되지 않는 부산만의 말도 있어요?
여진 "맞나?" 굉장히 여러 의미가 있어요.
경철 의성어가 될 수도 있고, 감탄사일 수도 있죠. '리얼리?'라는 의미도 있고요.
여진 '오 마이 갓'도 되고, '그게 말이 되나?'라는 의미도 돼요.

저한테는 '리얼리?'라는 의미와 들어주고 있다는 호응의 표시로 다가와요.
여진 그게 가장 큰 부분을 차지하지만, 잘 듣고 있지 않아도 건성건성 "맞나~" 할 수도 있어요.
경철 이런 게 부산 사투리만의 매력이죠(웃음).
여진 말이야 어떻든 제가 본 가장 따뜻한 도시는 부산이에요.
경철 살고 있을 땐 모르는데 잠깐 벗어나면 크게 느끼게 돼요.

왜 그럴까요?
여진 어떤 사람들이 살고 있느냐의 차이 아닐까요? 도시는 시골에 비해, 성공하고 싶어 하는 사람이 모이는 곳일 거예요. 자연스럽게 서울은 원주민 비율이 낮고, 부산은 원주민 비중이 높겠지요. 잘 살고 싶어서 떠나거나 떠나온 사람이 아니라 이 도시에 살아온 사람들이니까 좀더 편안한 느낌이 있는 것 같아요. 뭔가를 굳이 쫓아다니는 게 아니어서요.

마지막으로 이 질문을 드리지 않을 수 없겠네요. 부산은 두 분에게 무엇인가요?
여진 집이요. 특별한 의미를 두지 않아도 되어서 좋은 곳. 특별하게 생각하지 않아서 오히려 더 특별한 곳!

"오늘 바로 돌아가세요?" 물음에 늦은 밤 기차를 탄다고 답하자 얼른 텃밭으로 가 작물을 한 소쿠리 담는다. 부엌에서 10여 분 달그락거리니 풍성한 한 상이 차려진다. 정체는 샐러드와 짜조. 입에 담자마자 "맛있다!" 소리가 절로 나온다. 향긋한 민트 잎사귀가 건네는 초록 내음이 몹시 상쾌하다. 시골살이 환상이 한소끔 끓는다. 집으로 돌아가는 길, 열차에 앉아 내 미래의 기억을 조금 더 구체적으로 그려보았다. 자그마한 텃밭이 딸린 책방, 갓 딴 오이를 책과 함께 건네는 달콤한 상상. 책방 이름도 만들어 두었으니 이제 이룰 일만 남은 거야!

부서지는 콘크리트들이 자아내는 소음 속에서 건축가 고성호는 부산을
유랑하며 대지로부터 탄생한 오래된 이야기를 찾아 나선다. 기장의
바다와 수영강, 금정산과 마주 보고 선 그의 공간에 들어서며 그곳이
들려주는 이야기에 귀를 기울일 준비를 한다. 몇 개의 계단을 오른 뒤
곳곳을 누비고 나면, 좋은 대화를 나눈 것처럼 마음이 넉넉해진다.

얼굴을 가진 장소들

고성호—건축가

에디터 오은재

포토그래퍼 강현욱

창 너머로 펼쳐진 강변이 너무 멋있네요. 그간 여러 프로젝트를 많이 진행하셨지요. 이 사옥도 직접 설계하신 거죠?

맞아요. 제가 설계를 맡았어요. 저희는 건축이 어떤 지역이나 도시의 색깔을 부여한다고 생각해요. 그래서 그저 물량 중심으로 만들어진, 표정 없는 건축물은 지양하려 하죠. 주로 맡는 프로젝트도 카페나 레스토랑처럼 많은 이들이 공유할 수 있는 상업 공간이고요. 공간 하나하나가 자기만의 얼굴을 가지고 있으면 그 지역이 조금 더 풍요로워지거든요. 그런 전반적인 부분들을 구상하고 감독하고 있지요.

인터뷰하러 오면서 사옥 주변 풍경을 쭉 훑어봤거든요. 강변 너머엔 고층 아파트들이 "표정 없이" 나란히 서 있는데, 회사가 위치한 동네 쪽은 건물들이 상대적으로 낮더라고요.

부산 하면 바다, 강, 산 같은 자연물이 대표적인데요. 건축물들이 자연환경을 지배하는 광경을 보면 권위적이다 못해 폭력적이라고 느껴요. 이제껏 부산과 관련된 프로젝트를 많이 작업했는데 지역 주변 환경을 살피며 맞춰서 진행했어요. 그게 원래 우리의 건축이기도 하고요. 옛날 한옥만 봐도 '안채', '사랑채', '행랑채'처럼 구역을 쪼개서 사용자들이 쓸 공간을 구분 지어 놓았잖아요. 아무리 넓은 면적을 차지하더라도 공간을 장악한다는 느낌이 별로 안 들어요. 오히려 자연에 순응하는 것처럼 보이죠.

그렇다면 사무실이 위치한 망미동은 어떤 환경을 품고 있나요?

앞에 보이는 강이 수영강인데요. 부산의 대표적인 명산인 금정산이 발원지예요. 계곡물이 하천을 따라 내려오다 합쳐지면서 바다로 향해가는 거죠. 이 구역이 강과 바다가 만나는 자리이다 보니까 생태계가 풍부해요. 바다에 사는 생물과 강에 사는 생물이 사이좋게 공생하는 공간이죠.

부산 하면 보통 바다를 떠올리기 마련인데, 강 주변에 자리를 마련하신 거네요.

강과 바다가 주는 느낌이 또 다르잖아요. 오래된 비유를 해보자면, 바다는 아버지 같고 강은 어머니처럼 느껴져요. 저희는 건축을 통해 따뜻한 공간을 만들고 싶어, 어머니의 너른 품을 닮은 이곳을 택했죠.

위치 선정마저 자연과 관계를 맺으려는 노력이 엿보여요.

저희가 하는 중요한 일 중 하나는 '랜드스케이프

아키텍처Landscape Architecture'이기도 해요. 쉽게 풀어 말하자면 자연과 건축을 조합하여 공간을 계획하고 설계하는 일인데요. 저희 건축 사무소는 설계부터 시공까지 시작과 끝을 함께하고 있어요. 보통 건축물을 짓고 난 뒤 '화장한다'고 말하는 단계를 거치며 조경을 조성하곤 해요. 구상할 때부터 자연물들이 기존 건축물들과 어떻게 화합할 수 있을지 고민하는 편이죠. 이 건물에도 중정에 식물을 가득 심어두었어요.

푸릇푸릇하니 아름다워요. 그간 진행하신 프로젝트들을 살펴보면 마침표처럼 꽃과 나무를 심어두시더라고요. '행서재'에는 살구나무, '더팜 471'에는 철쭉을 심을 자리를 따로 마련해 두셨죠.

땅을 다루는 일을 하다 보니 직접 삽을 들고 현장에 방문할 때도 많아요. 대지에서부터 시작되는 건축물을 설계하는 것이라 조경과 정원의 역할이 정말 중요해요.

이전에 하신 인터뷰를 찾아보다가 건축이란 "땅의 지문"을 찾는 것이나 다름없다는 말에 밑줄을 그었어요. 의인화하여 표현한 것이 마음에 와닿았거든요.

건축물은 살아 있는 유기체이기도 해요. 공간과 사람은 서로 영향을 주고받죠. 우리가 생각하기에는 사람이 어떤 공간을 만드는 것처럼 보이잖아요. 사실은 공간이 사람을 만드는 것에 좀더 가까워요. 좋은 공간에서 좋은 영향을 받은 누군가가 또 다른 공간을 만들고요.

어렴풋이 이해는 되는데… 조금 더 이야기해 주실 수 있을까요?

인문학적인 접근인데요. 건축이 존재하는 이유는 '내가 왜 존재해야 하느냐.'에 대한 이야기와 연결되어 있어요. 건축물은 누군가의 인격을 만들어 내고, 그 사람이 어떤 사람인지를 알려주거든요. 그 말인즉슨 어떤 공간은 결국 자기 자신이 될 수 있다는 거예요.

'공간이 나 자신이 될 수 있다'라….

우리가 어떤 곳에 찾아가서 400년 된 건축물을 관람하잖아요. 그곳에 살았던 사람은 이미 떠나고 없을 테고, 우리가 그들과 동시대에 산 것은 아니니 어떤 삶을 살았을지 정확히 알 수도, 들을 수도 없어요. 다만 대략 판단은 할 수 있겠죠. 이 사람은 가족이 많았나 보네, 되게 검소한 사람이네, 조금 괴팍했나 보네. 그런 사소한 정체성을 건축물을 보며 상상하게 되거든요. 공간에는 반드시 흔적이 남기 때문이에요. 실제로 프로젝트를 진행할 때도 마찬가지예요. 누군가를 만나서 그 사람 공간에 방문을 해보면 한 사람의 삶이 정말 고스란히

느껴져요. 이야기를 나누다 보면, 제가 받은 인상이
딱 들어맞을 때도 많고요. 정말 신기한 일이죠.

**이야기를 듣고 나니 제 공간은 어땠는지 조금 되돌아보게
되네요(웃음). 공간에는 여러 요소가 존재하지요. 가장
중요한 건 무엇일까요?**
일하시는 분들께 이 질문을 하면 다들 다르게 답을
하더라고요. 구조 쪽을 담당하는 사람, 안전을 책임지는
사람, 디자인을 구상하는 사람마다 다 자기가 맡은
부분이 핵심이라고 말하죠. 들어보면 다 맞는 말 같아요.
어떤 빌딩을 무척이나 아름답게 만들었는데, 비가
새거나 겨울에 춥고 여름에 더우면 그게 제대로 된
건축이겠어요? 그렇다고 해서 미적인 요소를 놓칠 수는
없겠죠. 그러니 건축가는 오케스트라의 지휘자처럼 모든
부분을 살펴야 해요. 세계적으로 유명하다는 피아니스트와
바이올리니스트를 한데 모아두고 협주를 한다고 생각해
봐요. 그들이 각자 이야기에 심취해 연주하면 아무리
좋은 연주도 듣기 싫은 소음이 되고야 말겠죠. 각 부분이
완성도가 높더라도 조화가 되질 않으면 좋은 건축이라고
볼 수는 없어요. 무엇 하나 튀지 않게끔 조직화되어야
해요.

**소통의 문제처럼 여겨지네요. 건물 하나를 지을
때도 다양한 사람의 목소리를 하나로 모으는 일도**
중요하겠어요.
건축물은 대부분 클라이언트 의뢰를 받아서 제한된 예산과
공간 내에서 최선의 결과물을 내야 하는 것이기 때문에
그들의 의견도 수용해야 해요. 건축가의 고집만 있어서는
만족스러운 결과를 이끌기 어렵죠. 근데 어떻게 보면
당연한 일이기도 해요. 그 공간을 이용하는 구성원마다
중요하게 생각하는 게 다를 거 아니에요.
한 사람 한 사람의 요구 조건을 전문가가 가진 지식을
가지고 설득하는 과정이 건축 행위거든요.

**"나는 경계에 있다."는 말씀을 하신 적이 있는데,
그 맥락과 같은 이야기처럼 들리기도 하네요.**
맞아요. 어떤 경계 사이에서 끊임없이 줄타기해야 하는
일이에요. 많은 이들의 이야기를 적용한다고 해서
제 색깔이 안 나타나는 것은 아닌데요. 그럼에도 건물을
다 짓고 나서 결과물을 보면 의뢰한 분들과 너무나도 닮아
있죠. 그럴 때 오는 희열감이 정말 커요.

**건축 요소에 관한 이야기를 더 나눠보고 싶은데요.
인터뷰 전에 이흥용 명장과 협업하여 유명해진
'칠암사계'를 다녀왔는데, 유달리 창문이 눈에 띄었어요.
상업 공간이 성공하려면 사람들을 사로잡을 만한 뷰View가
필수인 것 같아요.**
뷰도 중요하지만 내가 무엇을 보여줄 것인지에 무게를

뒤야 해요. 꼭 보여줘야 하는 공간은 넓게 보여주고, 어떤 공간은 좁게 보여주는 식으로 말이죠.

다른 상업 공간은 메인 창을 통해 사용자의 시야를 고정하는 반면에, 건물 이곳저곳에 큰 창을 두고 사용자들이 원하는 공간의 장면을 바라볼 수 있도록 선택지를 마련해 둔 것 같다는 느낌을 받았거든요.
칠암사계는 이름에서 알 수 있듯이 공간에 '칠암의 사계'를 담아내고 싶었어요. 그래서 동서남북으로 창을 냈죠. 무조건 바다를 보여주는 데에만 급급하지 않고, 동서남북의 풍경이 변하는 모습을 감상할 수 있길 바랐어요. '가든 하우스'에는 낮은 담장과 골목의 정취를 느낄 수 있도록 곳곳에 작은 창을 냈고. 메인 창은 중정을 담아내고 있죠. 넓게 조망할 수 있게끔 통유리를 썼고요. 각각의 창문이 자기 장소에서 제 역할을 충분히 해내도록 설계했죠.

안 그래도 말씀하신 가든 하우스에 머무르다 왔는데 마침 그 시간에 비가 내렸거든요. 잘 꾸며진 정원 위로 비가 들이치는데 무척이나 아름다웠어요. 와중에 뒤에 있는 사람들은 엄청 시끄럽게 떠들고(웃음).
주말에 다녀오신 거죠? 자리 잡기 어려울 때 가셨네(웃음).

공간 안에 꽉꽉 들어찬 사람들을 보다 문득 궁금해졌는데요. 처음 의뢰를 받았을 때, 수용 인원을 생각할 수밖에 없잖아요. 이런 상업 공간은 많은 사람이 찾아올 걸 염두에 둬야 할 것 같아요.
처음에 칠암사계를 지을 때 저랑 명장님이 공통으로 했던 생각은요, 공간에 충분한 여유가 있길 바랐어요. 현대인들이 살아가면서 과도하게 스트레스를 받고 있잖아요. 이곳을 찾아 맛있는 빵을 먹고 좋은 공간을 누리면서 위안이 되었으면 좋겠다고 생각했죠. 그런데 생각보다 너무 많이 오시더라고요. 저희는 1년에 30-40만 정도를 목표 인원으로 삼고 좌석 수나 화장실 칸 수, 주방의 기능적인 부분들을 만들어 두었는데요. 그보다 훨씬 더 많은 사람이 오니까 예측에서 벗어나게 된 거죠. 그렇다고 해서 운영자 입장에선 오지 말라고 막을 수도 없는 거고요. 어렵게 걸음 하셨을지도 모르는데 돌려보내는 게 쉽진 않거든요.

딜레마네요. 공간의 아름다움을 극명하게 느끼는 순간은 공간을 가득 채우던 사람들이 빠져나가고 난 뒤잖아요. 그런데 또 사람들이 찾지 않는 공간은 실패한 공간이나 다름없을 테고요.
상업 공간이 그런 지점이 가장 어려운 것 같아요. 수도원 같은 곳은 공간을 온전히 느낄 수 있게끔 정해진 인원만 받잖아요. 그런데 상업 공간은 그런 조절이 쉽지

않아요. 대신 사람들이 많이 찾아왔을 때 소음을 줄일 방법을 고민하는 거죠. 공간을 분리해 둔다든가, 어떤 특정한 공간에서는 음악을 틀지 않는다든가. 사람들 떠드는 소리도 듣기 힘든데, 음악까지 시끄러우면 더 정신없잖아요. 그 외에도 화장실 칸 수도 최대한 늘리려고 해요. 저희가 할 수 있는 역할은 거기까지죠.

화장실 이야기가 나와서 그런데, 정말 넓고 좋더라고요. 안에 멋진 테이블 하나가 있던데요.
거기서 빵 먹으라고 둔 건 아니고요(웃음). 저희는 상업 공간을 지을 때 화장실을 정말 중요하게 생각해요. 그런 이야기도 해요. "화장실에서 잘 수 있게끔 만들어라." 상업 시설에서 화장실은 매출이 일어나는 공간은 아니잖아요. 그러니 그 공간을 얼마나 세심히 매만졌느냐에 따라서 고객들에겐 배려로 다가올 수도 있겠죠. 주차장이나 화장실 혹은 쓰레기 버리는 곳처럼 사소한 공간에서도 우리가 전하려는 메시지를 전달하고자 하는 거예요. '여기까지 이 정도로 신경 썼으니, 주방도 정말 깨끗할 거야.' 하는 이미지를 심어주는 거죠. 그게 현수막에 '우리는 고객을 사랑합니다'라고 거는 것보다 훨씬 큰 역할을 해요. 다음에는 화장실에 침대를 하나 가져다 둘까 고민 중입니다(웃음).

(웃음) 최근에 진행한 '선유도원' 이야기도 들어볼 수 있을까요?
선유도원은 선동에 있어요. 신선 선仙 자를 쓰죠. 풀어보면 신선이 사는 동네라는 의미인데요. 지역명을 네 글자로 풀어서 이름을 지었죠. 신선이 유유자적 거닐던 곳, '선유도원'이라고요.

상상할 여지가 많은 이름이네요.
직접 가보면 정말 신선이 살 것만 같거든요. 동네에 회동수원지라는 저수지 하나가 자리하고 있는데, 물안개가 피어오를 때면 무척이나 영험해 보여요. 만약 상상 속의 존재가 진짜로 있다면 이런 공간에서 살지 않았을까, 이쯤에 자리를 잡고서 차를 마시지 않았을까. 책을 엎어 놓은 공간에서 풍경을 누리는 모습을 구체적으로 그려보게 되더라고요. 신선들이 복숭아를 즐겨 먹었다고들 하잖아요. 근처에는 복숭아나무처럼 진한 분홍색 꽃이 피는 박태기나무도 심어두었어요. 현대판 무릉도원을 만들고 싶었죠. 되게 조용한 동네이다 보니까 차 한 잔을 시켜 두고 앉아 있으면 꼭 명상하는 기분이 들어요.

동네를 바라보고 해석하는 건축가님의 시선이 남다른 것 같아요. 잠재되어 있던 가능성을 끌어내려는 하나의

시도처럼 느껴져요.
어떤 상업 공간 하나에서 탄생한 마침표가 그 지역을 다시 새롭게 발견하는 계기를 마련해 주기도 하거든요. 그게 일종의 마중물 역할을 하는 거예요. 메마른 우물의 물을 끌어 올리기 위해서 펌프에 물을 한 바가지 붓듯, 건축물이 지역에 관해 다시금 고찰할 수 있게 만들어 주는 거죠. 지역민들도 자신이 살고 있는 고장이 어떤 곳인지 다시 한번 상기할 수 있겠죠. 그로부터 삶의 질이 높은 장소가 탄생할 수도 있을 테고요. 특히 칠암사계는 주변이 죄다 영업장인데요. 고향을 떠났던 자녀들이 잠잠하던 어촌 마을에 다시 돌아와서 활기를 불어넣고 있다는 이야기들이 심심찮게 들려와요. 어느 한 공간이 부흥하면, 자연스레 주변까지 영향을 미치면서 시너지를 내는 거죠.

무엇보다 공간의 분위기를 해치지 않는다는 것이 한몫하지 않나 싶어요. 시간이 지나 어떤 장소로 돌아갔을 때 너무 상업화되어 있으면 나의 추억마저도 함께 사라진 듯한 느낌이 들기 마련이죠.
기억에 남는 일화가 하나 있어요. 그 근처에 예술 고등학교가 두 군데 있는데요. 졸업생으로 추정되는 학생이 카페에 들렀다 SNS에 후기를 남겨둔 것을 보았어요. 예전에 학교 담을 넘고 활보하던 동네의 풍경들, 호숫가에서 물수제비 뜨면서 뛰어놀던 기억을 적어두었더라고요. 잊힌 기억을 선유도원이라는 장소를 통해서 한 번 더 길어 올려본 거죠. 사실 스트레스에 지친 현대인들을 살아가게 만드는 동력은 그런 소소한 추억들이거든요. 공간을 기억의 저장소라고 이야기하는 것도 마찬가지예요. 그런 곳은 다시 찾아갈 수밖에 없어요.

건축가님이 맡으신 공간들은 지역민과 타지인 모두의 기억을 품은 장소가 되었네요. 그렇다면 건축가님이 바라본 부산이란 도시는 어떤 곳일지도 궁금해요.
저는 전 세계 도시들이 대부분 비슷한 생김새를 지녔다고 생각하는데요. 그중에서도 부산만이 가지고 있는 특징을 이야기해 보자면, 여유가 아닐까 싶어요.

다들 그렇게 말씀하시더라고요. 부산에는 여유가 있다고.
맞아요, 상대적으로 그런 것 같아요. 서울보다는 밀도가 낮다 보니까 경쟁이 치열하지 않죠. 여유가 있다는 것은 도시 차원에서 보면 생산성이 좀 떨어지는 문제일 수도 있어요. 주거비도 그렇고 여러모로 물가가 조금 낮으니까 빡빡하게 살지 않아도 어떻게든 돌아가는 구조긴 해요. 상상해 보세요. 좁은 공간에 닭을 열 마리 풀어놓았다면, 그 친구들은 먹이를 더 많이 차지하려고 경쟁을 하겠죠.

빨리 일어나서, 더 많이 돌아다녀야지 자기 몫을 획득할 수 있을 거예요. 그러니 스트레스도 많을 테고요. 장소가 서너 배 정도 더 크면 굳이 남의 걸 뺏어 먹지 않아도 내 분량은 이미 확보가 된 거잖아요.

그렇네요. 서울에서는 더 좋은 위치를 차지하려고 끊임없이 차별화를 해야 하거든요. 무엇보다도 발 닿는 거리에 너른 산과 바다가 있다는 점도 한몫할 것 같아요.
자연물 덕택도 있죠. 다만 건축물들이 그런 풍경을 많이 해치고 있어요. 지역 특색에 맞게 개발되면 좋을 텐데, 쉽지 않죠. 바다나 강을 면한 지역은 조망권을 해치지 않게 가이드라인을 확실히 정해야 하거든요. 도시에 사는 많은 사람에게 동등한 혜택을 줘야 하잖아요. 그런데 바다 가까이에 위치한 건물들이 어느 기준 이상으로 높게 올라가 버리는 순간, 공간은 그들 소유가 되어버리고 말아요. 이 부분은 정책이나 법으로 규정해야 맞아요. 그런데 그렇게 하질 못했죠.

개인 차원에서 해결할 수는 없는 문제인가요?
이건 시간이 조금 지나야 해결될 것 같아요. 우선 사적으로 공간을 소유한 사람들의 의식 수준이 변해야겠죠. 건축물은 지어지는 순간 공공재이기도 해요. 많은 사람이 이용하고 보게 되니까요. 그러니 도시와 잘 어울리는 공간을 만들어 내야 하는데 그런 생각을 잘 안 하는 것 같아요. 우리는 오래된 역사를 가진 민족이지만, 전통적인 건축물들이 잘 보존되어 내려왔다면 지금쯤 부산은 '부산다운' 건축물이 많았을 거예요. 그런데 해운대만 봐도 건축물 소재나 디자인 등이 서울이랑 크게 다를 바가 없죠. 참 안타까워요.

건축을 바라보는 관점과 아름다움에 대한 견해는 사람마다 다르다고 하셨지요. 그렇다면 건축가님이 생각하는 좋은 건축이란 무엇일까요?
선순환을 갖는 장소요. 그러니 선한 영향력을 줄 수 있는 공간과 장소를 만드는 일이 저한테는 아주 큰 의미예요. 저는 동네의 모든 공간이 상생할 수 있도록 책임지고 좋은 건축물을 지으려고 해요. 그렇게 되면 이 옆에 무언가를 짓는 건축가들은 '나는 여기보다 더 잘 지어야 되겠다.'고 마음먹을 수밖에 없거든요. 아름답다는 도시들을 가보면 잘 지어진 건축물들을 중심으로 주변이 형성된 걸 볼 수가 있어요. 그런 공간들은 우리나라 아파트처럼 재개발한다는 명목 아래 부술 수가 없는 거죠. 정성과 공이 들어가 있는 것은 물론이고 도시를 이야기해 줄 수 있을 정도로 정체성이 살아 있거든요. 그 하나가 없어지면 오스트리아가 사라지고, 로마라는 곳이 품은 이야기가

사라져 버리는 셈이나 다름없죠. 결국 건축물들은 도시의 정체성과 색깔을 덧입히는 셈이에요. 그렇게 잘 지어진 수많은 공간들이 모여 도시가 만들어지고 지역이 만들어지는 거죠. 무엇이든지 다 그렇게 시작돼요. 그게 건축가가 발휘할 수 있는 가장 선한 영향력이고요.

3. 선유도원

고유의 장소성과 지역성, 현재의 시대성과 미래의
가변성을 고심하며 조금은 덜고 조금은 더해서
공간을 구성했다. 어떻게 하면 산세와 물을 끌어
올릴 수 있나 고민한 끝에, 세 채에서 보이는
각각의 근경과 중경, 원경의 차경을 브릿지를
통해 연결하여 여러 단으로 나뉜 지형과 다섯 개의
정원을 통해 공간을 온전히 느낄 수 있게 했다.

A. 부산 금정구 상현로 64

1. THE FARM 471

하마마을은 골짜기에 양귀비가 흐드러지게 피고
지는 마을이었다. 이제는 그 흔적이 사라질 수밖에
없는 세상이 되었지만, '적홍'의 잔영만은 전해주고
싶었다. 지난 한겨울의 추위를 겪어보니, 무언가
따뜻한 온기 하나쯤은 심어줘야겠다는 발상도
하게 되었다. 채의 분리와 면의 분할은 자연의
산봉우리들이 중첩되며 하나 됨으로 보였으면 하는
게 소박한 바람이었다. 아래 심은 철쭉 또한 아직도
그 미련을 버리지 못한 마지막 연정이다.

A. 부산 금정구 하마2길 28-17

2. 칠암사계

일상을 뒤로한 채 건물 너머 들리는 파도 소리와
나뭇잎 바람에 부딪쳐 내는 소리를 느끼고 냄새
맡는 것만으로도 마냥 즐거운 장소가 된다. 중정의
싱그러운 이끼와 수목들 사이를 천천히 돌아보며
바쁘게 살면서 잊고 있던 무언가를 한 번쯤은
뒤돌아보기를, 천천히 걷기를, 산책하며 얻는 쉼과
휴식을 통해 이곳이 잊지 못할 마음의 성소가 되길
고대하였다.

A. 부산 기장군 일광면 칠암리

F1963

공장의 예술적인 쓸모

에디터 이주연
사진 F1963

많은 게 너무 쉽게 생기고 쉽게 사라지는 시대다. 건물마저 그렇다. 아끼던 밥집이 예고 없이
사라지고, 견고한 건물이 뼈대만 남기고 헐린다. 모든 일이 삽시간에 일어난다. 이런 시대에도
아랑곳하지 않고 1963년부터 자리를 지킨 공장이 있다. 3만 평이 넘는 부지를 늠름한 자태로 지켜온
이 와이어 공장은 근로자들이 수영강변에서 돌을 하나하나 날라가며 만들어 낸 공간이었다. 귀한
과거의 기억을 함부로 하지 않고, 다가올 미래를 지난날에 가두지 않으면서 현재를 살아가는 공장.
고려제강과 부산시는 이 공간에 F1963이라는 이름을 붙이고 묵직한 문을 활짝 열었다. 그러자
그 안에서 예술과 문화가 움텄다. 공장이라 불리던 그곳은 이내 이야깃거리를 쏟아내기 시작했다.

거대한 공장의 안부

2008년, 공장이 움직임을 멈췄다. 부산시 수영구 망미동에서의 일이다. 우리가 매일 밥을 먹고 양치를 하고 잠을 자는 것처럼 마땅히 할 일을 하는 듯 바지런히 움직이던 공장이었다. 주변으로 주택이 들어서고, 공장 소음이 민원이 되면서 다른 지역으로 설비를 이전하게 된 까닭이다. 동네 분위기가 바뀌면서 어쩔 수 없게 된 일이었다. 1963년부터 착실하게 움직여 온 이 공장의 이름은 수영공장. 국가 기반 산업이 만들어지던 60년대에 설립되었으니 확실한 역할이 주어졌음은 의심할 여지가 없다. 40년 이상 굳건히 자리를 지켜오던 수영공장은 3만 평이 넘는 너른 품으로 와이어를 생산하며 제 몫을 다해 왔다. 수영공장이 세워지기 전까지 와이어는 수입해야만 하는 재료였다. 와이어의 국산화를 목표로 설립된 이 공장은 고려제강이 세계적인 와이어 기업으로 발돋움할 수 있게 했다. 수영공장은 느슨해지거나 소홀해지는 일 없이 긴 세월 한자리를 지키며 성실하게 제 역할을 다해왔다.

설비를 이전하고 난 후에도 수영공장은 계속 그 자리를 지켰다. 여느 번화가의 가게처럼 쉽게 지어지고 가볍게 허물 수 있는 건축물이 아닌 이유에서다. 45년 동안 가열하게 움직이며 기름때의 흔적을 품고 있는 이곳. 긴 세월 버틴 목재와 페인트에는 강건한 기개가 있었다. 수영공장은 이 동네에서 할 수 있는 새로운 쓸모를 고민하기 시작했다. 묵묵히 그 자리를 지키며 동네를 둘러본 지 언 8년. 기계음으로 가득하던 산업 부지가 사람들이 살아가는 주택 단지가 되었고, 복작복작한 기운이 여실히 느껴지는 동네가 되었다. 새로운 분위기를 살피며 세심히 동네를 톺아보던 수영공장은 마침내 해야 할 일, 하고 싶은 일을 찾았다.

> "우리나라의 경우 대부분은 지자체에서 문화 공간을 조성하고 운영해요. 그러나 F1963은 기업이 선행적으로 투자와 조성을 시작한 공간이고, 이에 부산시와 협업을 통해 폐산업시설 문화재생 사업으로 탈바꿈한 공간이죠. 운영 방식에 있어서 기업과 지자체가 공동으로 운영하는 첫 사례이기에 뜻깊은 곳이에요. 기업은 관과 다른 행정 시스템이어서 공간 조성에서부터 운영까지 지자체와는 다른 결과물을 만들 수 있고, 관에서는 공공성을 지향하는 프로그램을 운영할 수 있거든요. 문화의 소비자 측면에서는 다양한 스펙트럼의 문화를 경험할 수 있다는 매력이 있죠."

이야기가 흘러가는 공간

F1963이란 이름을 가만히 들여다보면 수영공장의 흔적을 엿볼 수 있다. Factory의 첫 자와 수영공장이 완공된 1963이란 숫자를 결합해 탄생한 명찰이기에 짐작 가능한 일이다. 2016년 9월, 수영공장은 F1963이란 명찰을 달고 〈부산 비엔날레〉로 새 출발을 알렸다. 와이어가 아닌 것을 담아내는 공장의 새로운 행보는 주목할 만한 일이었다. 〈부산 비엔날레〉를 시작으로 차근차근 새로운 면모를 갖춰 나간 F1963을 사람들은 복합문화공간이라 불렀다. 대중적으로 쓰이는 이 단어가 감히 납작하게 만들어 버릴 수 없는 이야깃거리가 매일같이 F1963에 깃들었다. F1963은 명맥 유지를 위한 공연을 기계적으로 열고, 이름을 알 법한 누군가를 초청하면서 간단히 포장되는 공간이 아니다. 말하자면 부산의 문화와 예술이 고이고 흐르는 곳, 누구라도 간단하게 예술 세계에 다가갈 수 있도록 길을 내주는 곳이다. 그 예술이란, 장벽이 높아 깨금발을 떼고 기웃거려야 하는 것이 아니라 손 뻗으면 잡힐 듯한 것이다. 크기와 깊이에 압도당하지 않고 편히 부유할 수 있는 것이다. 사위에 책과 커피가 있고, 수준급의 공연과 이야기를 가까이 두는 이곳은 부산 안에 예술을 담아낼 수 있는 장을 마련했다.

> "2008년 공장 이전 이후 활용 방안을 고민하던 중 〈부산 비엔날레〉 개최 장소로 활용해 보면 어떻겠냐는 부산시의 제안을 받았어요. 경영층은 진정한 보존이란 예술과 사람 중심의 문화 공간으로 탈바꿈하는 것이라고 판단했어요. 그렇게 F1963의 출발을 계획할 수 있었죠. 고려제강의 모태가 되는 수영공장을 최대한 보존하길 원했기에 원형을 유지하며 공간을 정비했어요. F1963은 조병수 건축가와 협업을 통해 어떻게 이 공장을 문화 공간으로 조성할 것인지 고민한 결과인데요. 현장에서 고민한 다양한 아이디어를 통해 재생 건축을 진행했어요."

버려지는 것에게 쓸모를

F1963은 완전히 새로운 옷을 입는 것보다 가지고 있는 뼈대를 유지하며 또 다른 이야기를 펼치길 꿈꿨다. 그 시초는 '재생 건축'으로 출발한다. 공존이라는 키워드 아래 옛것의 형태와 뼈대는 그대로 간직하면서도 그 안에 조화로운 새로움을 담는 것이 목표였다. 수영공장의 이름을 보태 F1963이란 명찰을 만든 이상, 옛것은 반드시 살려야 했고 새로운 걸음에 방해가 될 만한 낡은 것은 현명하게 제거해야 했다. 그렇게 차근차근 조화를 찾아나갔다.

"63년에 완공된 수영공장은 제대로 된 건축 도면조차 없던 곳이었어요. 문화 공간으로 조성하기 위해서는 기본적으로 현행 건축법에 부합하는 건물로 만들어야 한다는 현실적인 문제에 부딪혔죠. 60년대 지어진 건물에 소방설비, 전기설비, 기계설비를 완비하기는 쉬운 일이 아니었어요. 게다가 전시와 공연을 위한 각종 설비까지 갖추어야 했으니까요. 새로운 공간으로 탈바꿈하면서 과거의 모습을 그대로 살리는 것은 방법적인 문제도 있었지만, 비용과 시간의 문제도 컸어요. 건축가와 머리를 맞대고 어떻게 하면 버려지는 것 없이 기존 것들이 쓸모를 찾을 수 있을까 고민한 것이 신선한 아이디어로 구현되었어요. 버려지는 공장 바닥재, 나무 트러스, 철판 같은 부품이 현재 모습으로 살아난 것은 이런 고민의 과정이었지요."

버려지는 것을 최소화하자는 이상적인 목표는 실현되었다. 걷어낸 콘크리트와 지붕의 트러스 구조물이 오브제가 되어 입구에 비치되었다. 트러스로 만든 가구로 변신하기도 했다. 눈 깜짝할 새에 버려지고 바뀌는 세상이 낭비하고 있는 자재는 어마어마하다. 매일 쓰레기가 쌓여가고 있을 때, F1963은 기존의 것을 유지함으로써 환경을 지키는 방향을 택했다.

삶에 필요한 여유와 여운

F1963에서 특히 마음 가는 공간이 있다면 바로 '소리길'이다. 대나무로 이루어진 이 숲에서 귀를 기울이면 가녀리면서도 아름다운 소리를 들을 수 있다. 혹자는 이를 단소 소리라고 이야기하는데, 가만히 듣다 보면 누군가의 휘파람 소리 같기도, 알 수 없는 악기의 선율 같기도 하다. 공장이라는 딱딱한 건축 사이에 가장 자연스럽게 자연을 들여다 놓는 일엔 반드시 애정과 정성이 필요하다. 옛것과 새것의 조화를 이루어 내는 것만큼 건축과 자연의 조화까지 고려함으로써 오가는 사람들 마음에 한 박자 쉼표를 제안하는 것. 그 역할을 공장이었던 곳이 너끈히 해내고 있다. 기분 좋은 선율을 담고 쉼을 선사하는 곳, F1963에는 삶에 필요한 여유와 여운이 한데 얽혀 있다.

"옛 공장은 건조한 공간이었어요. 공간 조성에서 가장 먼저 배려한 것은 자연을 어떻게 배치할 것인가였죠. 대나무 숲으로 이루어진 소리길도 원래 있던 자연은 아니에요. 2016년 처음 F1963을 조성할 때 식재한 거죠. 부산이라는 도심에서 편안하게 쉴 공간이 필요하다고 생각했고, 마침 대나무가 와이어를 닮았다고 생각해서 선택한 거였지요. 바람이 많은 부산에서 소리를 만드는 소리길이 되었지만, 지금 모습으로 가꾸기까지는 많은 정성과 노력이 필요했어요. 지금은 자리를 잘 잡아 봄이면 죽순도 올라오는데, 그런 걸 보면 뿌듯하고 기분이 좋죠."

F1963의 브릿지를 걸어보는 것도 묘미다. 수영강변을 조망하도록 조성된 덕분에 강변을 내려다보는 경험도 해볼 수 있다.

"F1963 브릿지는 기능적으로 필요한 건축이었어요. 이에 더해 적당한 높이에서 풍광을 즐기는 것은 또 다른 경험이라고 생각했지요. 저녁이면 시원한 바람이 부는 부산의 기후적 특성은 다른 곳에서 쉽게 경험하기 힘든 일상이라고 생각해요. 바로 앞 센텀과는 또 다른 수영강변을 조망할 수 있는 망미동은 부산의 옛 모습을 담고 있기 때문에 더욱 의미 있는 시도였어요."

이안기 고려제강
부문장·이사

F1963를 이루는 아주 많은 이야기 중 '건축'이라는 키워드를 길어 올렸다. 낡았지만 견고한
공장 부지를 그대로 두고 새로운 걸음과 공존할 수 있게 하는 데는 적잖은 고민이 필요했을 테다.
그에 관한 이야기가 궁금했다. 어떻게 와이어 공장이 이렇게나 지혜롭게 탈바꿈할 수 있었는지.

세상에는 복합문화공간이란 이름으로 운영되는 크고 작은 공간이 참 많아요. F1963을 이렇게만 소개하긴 아쉬운데, F1963의 시선에서 복합문화공간을 정의해 주실래요?
일반적인 복합문화공간과의 차이라면 문화 공간과 상업 공간이 조화를 이루고 있는 것이겠지요. 방문자들은 각기 다른 목적에 따라 문화 시설과 상업 시설을 방문하게 될 텐데요. 그 안에서 이야기를 공유하고, 공간적으로도 유기적으로 연결된다는 것이 F1963이 갖는 복합문화공간의 특징일 거라고 생각해요.

수영공장은 조병수 건축가와 함께 새로운 모습을 갖추게 됐어요. "세월의 흔적을 완전히 새로운 것으로 덮어 버리거나 낡은 것을 어울리지 않게 그대로 두지 않고, 옛것과 새것의 조화를 이루게 했다."는 이야기가 참 좋았는데요. 이와 같은 콘셉트가 가장 잘 드러난 부분에 관해 이야기를 들어보고 싶어요.
건물 구조는 필요와 안전의 측면에서 보강이 필수적이었어요. 그러면서 옛 모습을 그대로 간직하게 하기 위해서는 보이지 않도록 숨기는 일도 필요했죠. 새로운 재료를 덧댈 때도 옛것과 어울리는 재료를 택하는 것이 중요했어요. 그 방식 역시 잘 어우러져야 했고요. 무엇을 보존하고 버릴지를 선택하던 시간에 결코 애정을 잃지 않았어요. 모든 고민에 애정이 기반이 된 것이 다른 공간과 차별점을 가지게 된 주요한 마음가짐이었던 것 같아요.

단순히 골조만 유지하는 게 아니라, 공장을 이루고 있던 구조물을 재사용하기도 했어요. 지붕의 트러스 구조물이 오브제나 가구가 된 것처럼요.
버려지는 재료는 최소로 하자는 원칙이 있었거든요. 공사는 많은 폐기물을 만들 수밖에 없는 일이에요. 친환경을 앞세워 공사한다고 해도, 과정을 샅샅이 들여다보면 환경을 파괴하는 행위를 할 수밖에 없어요. 비용, 시간, 행정 제도 등 문제를 해결하다 보면 환경 파괴라는… 피할 수 없는 선택을 하게 되는데요. 이런 과정에서도 계속 애정을 놓지 않고 진지하게 아이디어를 내놓았어요. 결국 우리만의 방법을 모색하여 재사용과 보존을 만들어 낸 거죠. 게다가 수영공장의 이야기에 귀 기울이다 보면 어느 자재든 함부로 대할 수가 없었어요.

기업의 역사가 묻어 있는 공장의 흔적은 소중한 기업의 유산이기도 해요. 공장 바닥을 조성할 때 근로자들이 수영강변에서 큰 돌을 날라서 기초를 다졌다는 이야기를 전해 듣고 쉽게 버릴 수 없겠다고 생각했어요. 재료 하나하나에 이야기가 있다고 생각하니 공장 바닥에 오랫동안 깔려 있던 철판도 쉽게 제거할 수가 없겠더라고요. 역사의 일부라는 생각으로 지금은 쓰임이 훌륭한 테이블로 만들어 사용하고 있어요.

한 번의 공사로 끝내지 않고, 계속해서 쓸모를 더해가고 있어요. 최욱 건축가와 아카데미동을 설계하기도 했죠. 외부 와이어로 지지하는 이 동은 와이어 공장이던 과거의 흔적을 고스란히 보여주는 듯한데요. 건축적으로 리디자인하는 데서 어떤 의미와 가치를 끌어내는지 궁금해요.
조병수 건축가가 설계한 기존 건물 옆에는 공장의 부속동으로 사용된 옛 건물이 남아 있었어요. 어떤 쓰임을 주면 좋을까 오래 고민한 끝에 현재의 아카데미동이 탄생한 거죠. 이 동은 과거 모습과 대비되는 미래 모습을 담은 건축으로 계획된 공간이에요. 과거와 미래가 마주하는 모습을 생각하며, 서로 좀더 돋보이게 하면서 결국 하나의 건축물이 되기를 원했어요. 그 사이에는 자연을 두어 편안한 분위기를 조성했는데요. 지킨다는 명목으로 과거에만 머무르는 것이 아니라, 와이어라는 뿌리를 활용하여 새로운 도전을 시도한 거죠. 이러한 건축적 경험을 통해 F1963의 다채로운 모습이 완성되었다고 봐요.

어느 인터뷰에서 최욱 건축가가 이 공간을 '부산의 건축물을 만든다는 생각'으로 설계했다고 이야기한 걸 보았어요.
모두 열 개 기둥에 걸려 있는 와이어의 모습은 부산역에서 마주하게 되는 북항의 항만 크레인의 모습과 닮았어요. 기능적으로는 브릿지의 주탑에 와이어가 걸려서 상판을 들고 있는 형태인데요. 와이어들이 좁고 긴 튜브의 건물을 들어 올리고 있는 모습이지요. 고려제강이 생산하는 와이어의 가능성을 최욱 건축가의 디자인을 통해 건축적으로 해석한 결과예요. 이와 더불어 전체적인 모습은 부산의 자연스러운 풍광을 담고 있는 거죠.

2.

1.

1. F1963 도서관

시립 도서관이나 학교 도서관을 곧잘 이용하지만 F1963은 보통의
도서관과 사뭇 다르다. '예술 전문 도서관'이라 불리는 이곳은
빠르고 복잡한 도시의 속도에서 벗어나 예술적 감성을 일깨우는
장소로 자리한다. 미술, 건축, 사진, 디자인, 음악 등 수천년 동안
동서양을 초월해 문화 예술의 사조와 흐름을 이끈 예술가들의
작업과 그들의 이야기를 책을 통해 보여준다. 자연과 인간, 예술에
대해 영감을 얻는 공간임과 동시에 F1963 도서관은 삶의 쉼표를
제안한다. 회원제로 운영하지만 비회원이라도 일일 이용료로 쉼을
누릴 수 있다.

O. 화-일요일 10:00-18:00, 월요일 휴무

2. GMC

금난새 뮤직 센터, GMC는 국내 최초로 사면이 유리로 구성된
공간이다. 잘 준비된 공연은 물론, 리허설하는 모습까지 살필 수
있다. 관객뿐 아니라 외부 방문객도 볼 수 있도록 꾸려져 좀더
손쉽게 예술을 엿볼 수 있게 한다. "클래식은 즐겁고, 모두가
함께하는 열린 공간이다."라는 음악감독 금난새의 생각을
능동적으로 구현한 공연, 연습, 교육 공간이 가지는 의미는 과연
풍성하다. 다양한 실내악 공연, 오케스트라 리허설이 가능한
뮤직홀과 더불어 개인 연습실도 마련되어 있으니 예술을 곁에 두는
것이 마냥 어렵게 느껴지지만은 않는다.

F1963

3.

Michael's Urban Farm Table O. 평일 11:30-22:00, 주말 11:00-22:00

CAFE by Haevichi O. 매일 10:00-20:00

Praha993 O. 매일 11:00-22:30

H. f1963.org

3. 현대 모터스튜디오 부산

'Design to live by'라는 콘셉트로 구성된 공간이다. 평범한 일상을 풍요롭게 만드는 디자인으로 대중과 소통하는 이 전시홀은 해외 디자인 기관 파트너들의 작품, 현대 블루프라이즈 디자인 작품, 현대자동차 디자인 센터의 콘셉트카 등 다양한 디자인 콘텐츠를 연계하여 시즌별로 테마 전시를 품어낸다.

F1963 스퀘어
석천홀
달빛가든
유리온실
소리길

O. 매일 10:00-20:00, 첫째 주 월요일 휴무

YES24 중고서점 O. 매일 10:00-21:00

국제갤러리 O. 화-일요일 10:00-18:00, 월요일 휴무

테라로사 O. 매일 9:00-21:00

복순도가 O. 수-일요일 12:00-20:30, 월·화요일 휴무

화수목 O. 화-일요일 11:00-18:00, 월요일 휴무

A. 부산 수영구 구락로123번길 20

주소를 따라 걸음을 재촉하면 낯선 곳에 뚝 떨어진 것 같은
황토색 맨션이 보인다. 변화의 상징들을 등에 두른 채로 48년의
시간을 버틴 대림맨숀. 낡은 계단을 따라 천천히 둘러본다.

부산시 해운대구 중동 1405-10

대림맨숀

에디터 이명주
포토그래퍼 이요셉

뚜렷한 경계와 다정한 공존

파도가 몰고 오는 설렘을 찾아 당도하는 해운대. 해수욕장에는 연일 사람들이 붐비고 모래사장을 따라 번쩍거리는 빌딩들이 줄 서 있다. 관광객을 맞이하는 호텔과 각종 명품 브랜드의 쇼룸도 즐비하다. 신도심을 채운 변화의 물살에도 본연의 모습을 간직한 공간이 있다면, 바로 대림맨숀이다. 콧대 높은 빌딩들이 한참을 내려다봐야 하는 대림맨숀은 1975년 준공된 복도형 아파트로 지상 5층짜리 건물이다. 황토색 외벽에는 '大林맨숀'이라 쓰인 대리석 문패가 달려 있고, 낮은 문턱을 넘자마자 격자무늬 타일 바닥과 오래된 계단이 보인다. 본래 맨션은 고급 주거 단지의 속칭으로 쓰이던 말인데, 우리나라에서는 세월을 머금은 아파트의 이름으로 곧잘 보인다. 그래서일까, 대림맨숀을 걷는 행위는 마치 정지된 시간을 유영하는 것처럼 느껴진다. 수많은 손이 닿아 반질반질 윤기가 나는 계단 손잡이, 군데군데 움푹 패인

벽과 무심하게 칠해진 페인트, 좁은 문과 낡은 편지함. 하교 시간이 지난 후 학교에 들어선 듯한 고요함 속에서 나만의 속도대로 내딛을 수 있다.

대림맨숀의 겉을 보고 아는 것이 신과 구의 공존이라면, 속을 보고 아는 것은 주거와 상업의 공존이다. 현재 대림맨숀에는 다수의 입주민이 거주하고 있는데, 그 외 공간은 브랜드 쇼룸이나 디저트 숍, 갤러리, 편집 숍 등의 상점이 채우고 있다. 상가와 주거 공간의 층을 분리하는 현대식 아파트와 달리, 주민들이 거주하는 공동주택에 상점들이 자유롭게 들어선 것은 이례적인 모습이다. 그 엉뚱한 그림이 간판도 표지판도 없는 대림맨숀으로 걸어 들어오게 만든다. 물론 함께 쓰는 공간이기 때문에 입주민에 대한 배려가 필수적이다. 어딘가에서 당도한 사람들과 뿌리내려 살아온 주민들이 어우러지며 다정한 공존을 만든다.

Kew

우연히 발견하는 아름다움

H. beautyfullkew.com

잔잔한 걸음으로 일 층 복도를 따라 걷다 보면 끝에서 상점 하나를 만난다. 아름답고 무용한 것을 수집해 풀어둔 편집 숍 Kew. 107호의 단단한 문을 당겨 안을 살펴보면 왼쪽 편에 더 작은 입구가 보인다. 고개를 살짝 숙여 그곳으로 들어가니 짙은 녹색빛의 세상이 모습을 드러낸다. 마담 프루스트의 비밀정원이나, 토끼를 따라 이상한 나라에 도착한 것처럼 덩달아 마음도 들뜬다. 본래 편집 숍 Kew는 온라인 상점으로만 운영되다 올해 초 오프라인 공간으로 문을 열었다. 초록 풀에 대한 애정을 모아 상점을 꾸린 김경민 대표는 이름도 영국의 식물원인 '큐 가든Royal Botanic Gardens, Kew'에서 따왔다. 식물 관련 아트북과 해외 도서, 식물 드로잉 제품이 마련되어 있으며, 직접 국내외를 유영하며 모은 예술품과 식기들도 만나볼 수 있다. 공간의 빈틈을 채운 다양한 식물의 모양을 관찰하는 것도 특별한 재미다. 보물 상자를 숨겨두듯 아늑한 107호에서 누군가의 취향을 경험하자.

"대림맨숀은 바다 가까이 있지만 숲의 매력을 가진 곳이에요. 세월을 알 수 없는 키 큰 나무 몇 그루가 맨션과 함께하고 있기 때문인 것 같아요. 며칠 전, 그 나무들의 꼭대기에서 새 둥지를 발견했어요. 놀러 오는 게 아닌 살아가는 새들의 소리를 듣고는 이 공간이 바쁜 도시의 숲이라는 걸 실감했어요. 그 안에서 편집 숍 Kew는 드러나기보다 발견되고 싶은 마음입니다. 문을 열고 들어와 우연한 아름다움을 찾아보세요."

논픽션 부산　　기억에 스미는 향

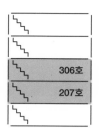

H. nonfiction.com

<table>
<tr><td></td></tr>
<tr><td></td></tr>
<tr><td>306호</td></tr>
<tr><td>207호</td></tr>
<tr><td></td></tr>
</table>

107호에서 나온 후 복도 끝 계단을 따라 한 층 위로 올라가
본다. 문을 활짝 열어놓은 207호의 틈새로 포근한 향이
퍼진다. 향을 매개로 내면의 힘을 표현하는 뷰티 브랜드
논픽션은 2020년 5월 대림맨숀에 부산 쇼룸을 열었다.
층을 넘나들며 두 개의 공간을 활용한다는 점이 특징인데,
먼저 207호에는 픽셔니스트가 상주하여 논픽션을 찾은
이들의 취향에 따라 최적의 제품을 안내한다. 시향과 구매,
포장까지 함께 하는 207호가 선택의 공간이라면 306호는
경험의 공간이다. 언택트룸이라는 이름 아래 무인으로
운영되는 306호는 마음 한편 꿈꾸던 거실을 옮겨둔 듯한
풍경이다. 식물로 채운 작은 발코니와 올리브그린색 카펫,
호두나무 프레임은 느긋한 휴식의 분위기를 만든다.
너른 창으로는 분주한 도심이 보이지만, 306호 안은
달콤한 향과 나긋한 음악 소리에 평온함만 흐른다. 갈색빛
테이블에서는 공간을 만끽하며 메시지 카드도 적어볼 수
있다. 논픽션은 잠시 멈춘 시간이 더 짙은 향기로 채워지길
바라며, 우리를 대림맨숀으로 초대한다.

"도회적인 무드로 변화해 온 해운대 일대 풍경
속, 대림맨숀이 지닌 고요함이 매력적으로
다가왔습니다. 자신의 모습을 솔직하게 마주길
바라는 논픽션과 한데 어우러지는 공간이죠.
논픽션 부산은 다양한 감각을 환기하고 부드러운
감정들을 일깨우는 공간이 되길 바랍니다. 쇼룸에
머물면서 느낀 경험의 잔상이 부산에서의 추억과
함께 지속되는 걸 경험해보세요."

갤러리ERD　　산책하듯 만나는 예술

305호

H. galerieerd.com

306호를 나온 발걸음은 바로 옆, 문이 열린 305호를 향한다. 작은 공간을 채운 그림들이 호기심을 불러일으키는 이곳은 갤러리ERD의 공간이다. 갤러리ERD는 2016년 서울 이태원에 개관하여 동시대 현대미술과 다양한 디자이너들의 작업을 소개하고 있다. 국내외 작가들의 개인전을 활발히 진행하고 아트 페어 등에 참여하여 대중과 가까운 예술을 만들기 위해 힘쓴다. 대림맨숀 305호에 문을 연 것은 2020년으로, 전시 플랫폼의 다변화를 꾀하기 위해 예술의 도시라고도 불리는 부산에 상륙했다. 군더더기 없이 하얀 공간은 전시마다 표정을 달리하며 작품과 가장 어우러지는 모습으로 관객을 맞이한다. 잠시 산책하듯 들르기 좋은 규모의 갤러리이기 때문에, 대림맨숀의 계단과 복도를 오르내리던 이들은 우연히 만난 예술 세계의 문을 반갑게 열어본다. 맨숀의 한편, 푸른 나무들을 마주한 갤러리ERD에서 일상에 스며든 예술을 발견해 보자.

"갤러리ERD는 국내 젊은 작가들의 전시와 작품 세계에 초점을 맞춰 연 10회 이상 전시를 개최합니다. 앞으로도 부산의 예술 애호가 또는 이 도시를 사랑하는 분들에게 다양한 경험을 제공하고 싶어요. 갤러리가 자리한 대림맨숀은 동서고금이 공존하는 듯한 매력적인 공간이에요. 맨숀에 들어서는 순간 느껴지는 생소한 감각과 함께 예술의 세계를 즐겨보세요."

ⓒ갤러리ERD

체크인 시간에 맞춰 숙소 근처에 도착해 마주한 중앙동의 한낮은 꽤 단정하다.
아스팔트에 캐리어 바퀴가 부딪치는 소리가 요란스럽게 들릴 정도다. 동네는
과거와 현재의 어느 즈음에 서서 번화하던 기억을 품은 채 조용히 나이 들어가고
있다. 그 한복판에 자리한 호텔 굿올데이즈Good ol' days는 추억의 뒤안길로
사라지는 시간을 낱낱이 기록한다. 오래전부터 그 자리에 있던 것만 같은 호텔의
입구로 들어서는 순간, 타임머신을 타는 듯 여행의 설렘이 찾아든다. 오늘
하루만큼은 중앙동의 좋았던 시간을 오롯이 살 수 있을 것만 같다.

서성인 시간의 기록

굿올데이즈

에디터 오은재
포토그래퍼 최모레

15:00

찬란했던 시간으로의 불시착

16:30

느긋한 중앙동의 오후

1990년대 중반까지만 해도 중앙동은 부산의 명동이라고 불릴 정도로 골목마다 사람들로 들어차 있었다. 시간이 흘러 시청과 관공서, 기업들이 원도심을 떠난 후로는 예전의 명성을 잃었다. 중앙동에서 조금 벗어나 남포동 방향으로 뻗은 길목에는 크고 화려한 새 건물이 하나둘 들어서며 풍경을 조금씩 바꾸는 중이다. 모든 것이 변화의 물결에 휩쓸려 사라졌지만, 뿌리 깊은 노포들은 이곳에 남아 동네와의 의리를 지키고 있다. 나른한 오후 짬을 내어 산책을 나온 직장인들을 피해 짐을 요리조리 옮기며 느긋하게 호텔 주변을 걷는다. 이따금 걸음을 무른다. 어떤 장소에서 좋은 감각과 마주치게 될 확률은 희박하다. 무엇보다 그 기분은 촉각을 다투는 시간 속에서 휘발되고야 만다. 오감을 활용해서 기록으로 남겨두고 나면, 좋았던 시절은 사라지지 않는 추억으로 곁에 남는다. 중앙동에서의 하루를 보내는 동안 나는 몇 번이고 멈춰 서게 될까. 그 숱한 머뭇거림을 모두 기록으로 남겨둬야겠다고 결심한다. 5층 끝에 위치한 방에선 고요한 대나무 숲의 기운이 감돈다. 부산 동구에 위치한 조향 작업실 '프롬마레'와 함께 제작한 굿올데이즈만의 향이다. 차분한 나무 빛 객실에 흐르는 공기를 느끼며 구석구석 둘러본다. 객실 내에 비치된 자잘한 소품은 모두 로컬 브랜드와 연결되어 있다. 동네 서점 주책공사에서 큐레이션한 책 두 권. 2011년부터 중앙동에서 묵묵히 커피를 내리고 있는 마크 커피의 원두. 우리나라 최초의 차 발생지에 자리한 만큼 자부심을 가지고 차를 연구하는 좋은차의 사계춘 우롱차. 그 외에도 냉장고를 가득 채운 어묵 안주들과 맥주마저 부산의 것이다. 객실에서 제품을 경험한 뒤 소비까지 이어지게끔 만들어, 지역 브랜드와 더불어 상생하고자 하는 사려 깊은 마음이 엿보인다. 침대 위에 가지런히 놓인 웰컴 기프트를 열어 보면 부산 출신 사진작가가 찍은 풍경 엽서와 오늘을 남길 만한 도구들이 봉투 가득 담겨 있다. "부산의 가장 찬란했던 시간을 머금고 있는 중앙동, 굿올데이즈 호텔에 귀한 걸음 해주셔서 감사합니다. 머무시는 동안 감성 가득하고 행복한 시간 보내시길 바랍니다." 기분 좋은 메시지는 덤이다.

짐을 어느 정도 정리하고 난 뒤, 푹신한 의자에 가만 앉아 숨을 고른다. 창밖을 보자 서울의 남산타워를 연상케 하는 흰 전망대가 눈에 들어온다. 그것이 용두산 공원의 다이아몬드타워임을 알게 될 때쯤, 이 공간에 살며시 정이 들고야 만다. 중앙동의 정취를 맘껏 즐기다 보니 문득 창밖과 이곳의 시차가 조금씩 다르게 느껴진다. 느릿하게 흐르는 시간을 제대로 즐기기 위해, 턴테이블에 LP판을 올려둔다. 이는 단지 아날로그 감성을 위한 단순한 소품이 아니다. 터치 몇 번만 하면 듣고 싶은 노래를 바로 들을 수 있는 디지털 시대 속에서 턴테이블에 LP를 올리고 음악이 나오기를 기다려보는 일. 이윽고 조심스레 틈새로 파고든 바늘이 결을 따라 제 속도로 도는 것을 바라보고 있자면 3-4분이라는 시간이 어떤 모양으로 흘러가는지 확인할 수 있다. 커피 한 잔을 내리는 동안마저도 시간을 온몸으로 감각하고야 만다. 그라인더에 원두를 넣고 시계 방향으로 힘주어 손잡이를 돌린다. 시간을 들일수록 원두 입자는 잘게 부수어지고 이내 고운 가루가 된다. 일상에서는 그저 흘려보내기 바쁜 몇 분을 이토록 역동적으로 느낄 수 있다는 것에 새삼 놀란다. 이것이 여행의 이유이기도 하다.

19:00

노포 산책

21:00

미래를 위한 기억들

숙소에서 해가 저무는지도 모르고 사부작거리다 보면 어느덧 배가 고파진다. 저녁을 먹으려고 어슬렁거리며 밖으로 나선다. 입구에 마련된 중앙동의 노포를 소개한 카드들을 샅샅이 살펴본다. 이는 굿올데이즈를 운영하는 노시현 대표가 처음 중앙동에 온 손님들이 로컬의 정수를 느끼도록 마련해 둔 친절한 설명서다. 보장된 맛은 물론, 저마다 서사가 녹아 있는 가게의 사장님들을 직접 찾아뵙고 인터뷰까지 했다. 이를 읽고 있자면 역시 오래된 가게들의 내공은 그냥 쌓인 것이 아니구나, 싶어진다. 퇴근 후 모여드는 직장인들, 단골 어르신들과의 신의가 담긴 맛을 체험하고자 곧장 길을 나선다. 휴대폰에 있는 지도 앱을 켜서 대강 경로를 살펴본 후 주머니 속에 다시 넣는다. 오래 걸려도 상관없다는 요량으로, 마음껏 헤매보겠다는 마음으로 호기롭게 중앙동 거리를 한참이나 돌고 돈다.

요즘은 여행지에서 헤맬 일이 잘 없다. 내가 가고 싶은 곳은 지도 앱에 검색만 하면 바로 나오고, 제시하는 선을 따라서 걷기만 하면 금방 목적지에 도착한다. 그러나 진정한 여행의 재미는 샛길로 샜을 때 벌어진다. 특히 중앙동은 그렇다. 이곳에 뭐가 있을까 싶어 들어간 골목길에서 발견한 오래된 식당과 뭐 하나 떨어지지 않을까 싶어 그 앞을 서성이는 동네 고양이. 퇴근한 직장인들이 삼삼오오 모여 소주잔을 기울이며 밥 한 술 크게 떠 회와 곁들이는 모습. 골목은 사람들이 겪었을 하루만치의 피곤과 시름을 잊으려 한바탕 크게 웃는 마음들을 품고 있다. 그것이야말로 중앙동이 오래도록 지켜왔을 시간이기도 하다. 굿올데이즈는 여행객들이 우연히 엿본 부산의 장면들을 기록하도록 지도를 마련해 두었다. 문구 서랍 속에서 필기도구를 고른 다음, 오늘의 걸음걸이가 닿았던 공간들을 종이 위로 소환해 낸다. 거리의 시간을 다시금 나의 언어로 풀어내는 동안 빛바랜 중앙동은 선명해진다. 굿올데이즈에서의 기록은 여기서 끝나지 않는다. 이곳의 메인 콘텐츠는 미래로 보내는 엽서다. 부산에서 수집한 좋았던 기억을 먼 미래의 어떤 달로 보낼 때, 기억의 수명은 차츰차츰 연장된다. 1년 뒤의 나에게 오늘은 어떤 의미로 다가올까. 카페에 앉아 오래도록 고민하다 잊어도 좋은 이야기를 적는다. 어느 날 문득 이 편지를 받았을 때 다시 가고 싶다는 인상만 남겨두는 것만으로도 충분할 테지. 곳곳에 그런 장소를 몇 군데쯤 마련해 두는 것만으로도 삶은 근사해지곤 한다. 그렇게 먼 훗날 다시 찾은 이곳에서 머나먼 시간을 살아가고 있을 나에게 몇 마디를 건넬 수 있길 바라며. 가늠할 수 없는 미래 속에 다정한 기억을 몇 장면 띄워 보낸다.

09:30

세상의 유일한 아침

하루를 모조리 기록하는 데 쏟아부은 나머지 기력이 소진된 기분이다. 덕분에 문밖에 조식 바구니가 도착한지도 모른 채 늦잠을 자버렸다. 갓 구운 생크림 스콘을 베어 물고선 책상 한편에 놓인 'MORNING BOOK'을 펼친다. 이는 소소문구와 함께 준비한 아침용 기록장이다. 다른 이들이 눈 뜨자마자 기록한 풍경을 살핀다. 비몽사몽인 나와 달리, 다들 올곧은 필체로 각자 소감을 적어두었다. 아침 일찍 산에 올라 길어 온 약수처럼 맑고 건강하다.

더 이상의 기록은 무리다 싶을 때, 노트 옆에 적힌 문구가 언뜻 눈에 들어온다. "하나둘, 두서없이 떠오르는 생각들을 세 페이지 가득 적어보세요. 내가 모르던 나의 생각들을 이 책은 이미 알고 있을지도 모릅니다." 그 문장에 힘을 얻고선 연필을 들어 올린다. 간밤에 닫아둔 커튼을 활짝 연다. 잠이 덜 깬 표정의 거리. 출근 전 옷매무새를 다듬듯 동네를 쓸고 닦으며 사람들을 맞이할 준비를 하는 미화원들. 그들을 피해 뒤뚱거리는 비둘기.

부지런히 아침을 불러오는 움직임을 보다가 이내 노트에 더듬더듬 적어본다. 담백한 문장으로 그려내는, 일생에 한 번밖에 없을 그날의 아침 풍경. 사람들이 기록을 남기는 동안, 해는 부지런히 떠오르고 이내 중앙동의 하루는 또다시 시작된다. 어쩌면 이 동네의 좋은 시절은 그런 식으로 이어지고 있는지도 모르겠다.

A. 부산 중구 중앙대로41번길 5 H.instagram.com/goodoldays_hotel

노시현 굿올데이즈 대표   중앙동 곁에서 변화하는 모습을 지켜본 노시현 대표는 사사로이 흘러가는 시간 속에서 아름다운 장면들을 길어 올린다. 기나긴 세월을 함께한 원주민의 마음으로 동네를 가꾸고, 여행자의 빛나는 시선으로 도시를 바라본다. 오늘도 좋았던 시절의 중심에 서서 잔영으로 남을 순간들을 부지런히 포착한다.

처음 부산에 숙소를 연 시점의 이야기를 들어보고 싶은데요. 부산의 어떤 매력 때문에 이곳에 정착하게 된 건가요?

지금의 공간을 오픈하기 전 10년 가까이 게스트하우스와 카페를 운영했어요. 2011년부터 본격적으로 서울, 전주, 경주, 부산, 제주도의 게스트하우스에서 지내보며 자리를 찾다가 최종적으로 부산에 둥지를 틀었어요. 많은 분이 느끼시겠지만, 부산의 바다가 주는 포근한 매력은 어느 도시와도 견줄 수 없지요. 대체 불가능해요. 창업 준비를 하며 이런저런 난관이 참 많았는데 부산의 풍경에서 위로를 많이 받았어요. 해운대 백사장에 앉아서 바다를 바라보며 들이키던 맥주 한잔, 광안리 민락수변공원에서 광안대교를 감상하며 먹던 회 한 접시, 다대포의 노을. 산에 올라가면 발아래로 파노라마처럼 펼쳐지는 자연과 도시의 풍경, 원도심의 향수 짙은 장면들. 누군가 진부하다고 할 광경들과 사랑에 빠지고야 말았죠. 사업적으로도 관광업을 하기에 가장 적합한 도시라는 생각이 들었어요. 그간의 경험을 토대로 저 나름의 마스터피스를 세워보자는 목표로 부산의 가장 찬란했던 시간을 머금고 있는 원도심 중앙동에 굿올데이즈 호텔과 카페를 만들었습니다.

원도심에 새로운 공간을 마련하는 것이니, 원래 풍경과 어우러지도록 만드는 것 또한 하나의 숙제였을 것 같아요. 로컬 숙소로서 공간에 자연스럽게 녹아들기 위해 특별히 고민하던 것이 있나요?

중앙동은 사방이 빌딩으로 둘러싸인 도심 한가운데 자리 잡고 있어요. 거리 곳곳에는 새로 생겨나는 가게들과 오래된 노포들이 있고, 과거와 현재가 뒤섞인 독특한 매력을 가진 곳이죠. 굿올데이즈도 이 장소에 오래 있었던 것처럼 녹여보고 싶었어요. 그와 동시에 원도심의 노쇠한 분위기를 환기하기를 바랐고요. 건물 외관과 내부를 중앙동과 자연스럽게 연결하는 방향으로 건축 사무소와 이야기를 나누며 정리를 해나갔어요. 오래된 건물들 사이에 자연스럽게 스며들도록 외벽은 벽돌로, 내부는 목재 톤을 입혔고요. 1, 2층은 카페로 운영해서 호텔 투숙객과 여행객이 뒤섞여 있는 장면을 만들고 싶었죠. 카페 손님들은 캐리어를 끌고 오는 여행객들을 보며 여행에 온 것 같은 설렘을 느끼고, 여행객들은 진짜 로컬 분위기를 느낄 수 있게끔 의도했어요.

애정을 품고 있는 중앙동의 장면은 무엇인가요?
굿올데이즈 카페를 개업할 때 제가 찍은 사진들을
전시했는데요. 그때 소개 글에 이런 문장을 적었어요.
"어느 주말 아침 카메라를 들고 차분해진 중앙동 거리를
걷는데 색다른 느낌이 들었습니다. 10년 가까이 짧지
않은 시간을 삶의 터전으로 삼은 이곳이 너무 익숙해서
잘 몰랐던 것 같습니다. 그저 회사들만 즐비한 별 특징
없는 사무 지역이라고 생각했고 밥을 먹거나 친구를
만날 때도 남포동이나 광복동을 가기 위해 스쳐 가는
공간이었습니다. 하지만 변화의 길목에서 잊혀 가는
이곳은 부산에서 찬란히 빛나는 곳이었고 가장 부산다운
매력으로 눈길을 사로잡는 곳이란 걸 알게 되었습니다.
10년은 명함도 못 내미는 기본 30-40년 전통의 보석과도
같은 로컬 맛집이 구석구석 숨어 있고, 오래되어 낡았지만
유서 깊은 건물들 그리고 은행나무와 가로수는 매력을
더해주었습니다. 정장 차림을 한 멋진 직장인들, 중절모를
쓰신 고전적인 어르신들은 원도심의 오래된 건물들을
배경으로 훌륭한 피사체가 되어 주었습니다. 너무
익숙해 미처 몰랐던 거리의 소중한 매력을 느껴보시기를
바랍니다." 다시금 살펴보니, 한 문장 한 문장 애정이
깃들어 있더라고요. 전시는 두 달 동안 진행되었는데
오셨던 분들께서 덕분에 동네를 다시 재발견하게 되었다고
감사한 이야기를 많이 건네주셨어요. 지금도 꾸준히
중앙동의 장면들을 카메라로 포착하고 있어요. 쌓이고
나면 이곳에서 한 번 더 사진전을 열 계획입니다.

**중앙동은 어찌 보면 평범한 원도심처럼 느껴질 수도
있는데, 사람들의 발걸음을 매어두고자 어떤 필살기를
갖추려고 했는지도 궁금해요.**
중앙동은 부산다운 매력이 참 많지만 해운대나 광안리에
비하면 아직 많이 알려지지 않았다고 생각해요. 그래서
개인적으로 중앙동을 포함한 원도심의 맛집과 매력적인
부산의 곳곳을 소개하는 계정을 운영하고 있기도 해요.
주변 사장님들과 협업하여 이벤트도 함께 해보고 쿠폰북도
만들어 보려고요. 용기 있는 한 사람의 시도가 동네를
바꿀 수 있다는 믿음을 가지고 꾸준히 공간의 아름다움을
알리려 하고 있습니다.

꼭 추천하고 싶은 여행 코스가 있을까요?
평일 점심시간 11시 30분부터 1시까지의 중앙동
40계단을 추천하고 싶어요. 중앙동은 부산의 대표적인
오피스 상권이에요. 예전처럼 붐비지는 않지만,
점심시간만큼은 여느 주말 관광지 못지않은 인파가 쏟아져

나오죠. 직장인들이 줄 서서 먹는 곳이 진짜 맛집인 거
다들 알고 있죠? 직장인들 틈에 줄 서서 점심을 해결하고
난 뒤 40계단 앞 테라스 카페에 앉아 바삐 움직이는
사람들을 구경해 보세요. 재미가 쏠쏠하답니다. 부산의
바다가 아닌 다른 곳으로 눈을 돌리지 못한 여행자를
위해 추천해요. 깊이 있는 로컬 분위기를 느껴볼 수 있을
거예요.

**오랜 시간 동안 공간을 운영하셨으니 자신만의 철학이
쌓였을 것 같아요. 대표님이 생각하시는 머무르고 싶은
호텔의 기준은 무엇일까요?**
아무리 공간이 예쁘고, 뛰어난 콘텐츠가 있고, 부대시설이
많고, 조식이 맛있다고 해도 숙박업의 본질은 편안한
잠자리와 연결되어 있다고 생각해요. 로컬 콘텐츠와
디자인적인 요소들을 고민하는 와중에도 이 고민은 항상
최우선의 숙제였어요. 그래서 매트리스, 침구류, 방음,
조명, 냉난방 같은 숙면과 직결되는 세심한 부분을 살피고
고민했지요.

**부산에 정착한 지 10년이라는 시간이 흘렀어요. 시간이
흐르며 점차 바뀌고 있는 것을 실감하고 계실 텐데요.
부산의 어제와 오늘은 무엇이 달라졌는지요?**
크게 변하지 않는 모습이 부산의 매력인 것 같아요.
코로나19로 3-4년 동안 찾지 못했던 외국인 친구들도
요즘 들어 카페와 호텔을 방문하고 있어요. 그들과 함께
이야기를 나눠보면 변한 게 하나도 없다고 말하죠. 바다도,
음식도, 친절한 사람도 그대로인 모습에 오히려 더
안정감을 느끼는 것 같아요. 그런 좋은 부분들은 앞으로도
큰 변화 없이 그대로 있어 주기를 바라요.

굿올데이즈가 담아낼 부산의 내일이 궁금해져요.
2호점을 오픈하겠다는 거창한 계획은 없고요. 지금의
공간을 잘 꾸려가려고 해요. 근래들어 외국인 관광객
방문이 점점 증가하고 있는데요. 해외 예약 사이트에서
10점 만점을 유지하고 있어요. 소통이 완벽하지는 않지만
저희가 준비한 진심은 통하는 것 같아요. 저희가 의도한
부분을 즐기고 좋게 봐주셔서 보람을 느끼고 있지요.
부산에 대한 좋은 기억을 선사하는 민간 외교관이라는
책임감을 가지고 맞이하고 있어요. 앞으로도 동네의
매력을 소개하고 동네 사장님들을 도우며 중앙동에
사람이 북적이게 만들고 싶어요. 이름에 담긴 '굿 올드
데이즈'라는 뜻처럼 부산 굿올데이즈에서의 경험과 기억을
훗날 떠올렸을 때 '그때 정말 좋았지.' 하고 생각할 수
있게끔 최선을 다하려 해요.

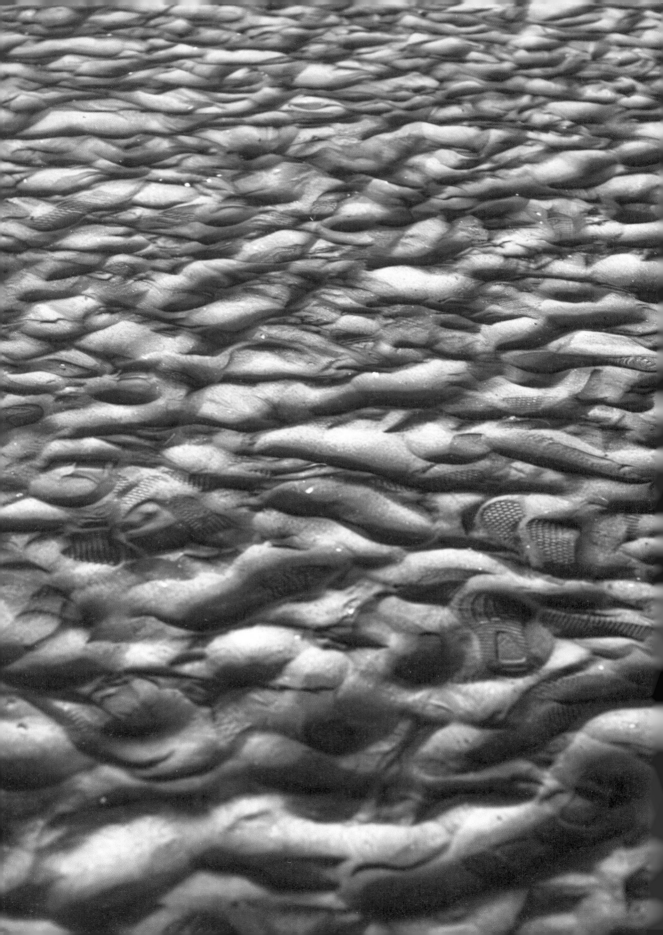

부산에서 중요한 시간을 보내고 온 세 작가. 그들은 돌아와 각자의 글을 썼다.
함께한 사진가는 텍스트와 이미지로 이어 쓰기 시작하는데….

이어달리기

글·사진 이훤
에디터 이주연

두 해 전이었다. 이슬아, 유진목, 강한비. 세 친구와
부산에 다녀왔다. 10년 만의 해수욕 때문이었는지,
그곳에서 시작된 내 안의 균열 때문인지, 이 시간은 나에게
결정적인 사건으로 기억된다. 여름이 오면 그 시간을 혼자
기웃거리기도 하는데 거기엔 우리가 그때 다녔던 공간만
남아 있다.
흩어진 이후가 궁금해졌다. 여전히 우리는 전화로 안부를
묻고 서로를 확인하지만, 그곳에서 만났던 우리는 어떻게
지내고 있을까?

돌아온 세 사람이 다른 시기에 다른 이유로 쓴 글을
읽었다. 세 편 모두 부산에서 쓴 이야기인데 내가 아는
일만 일어난 건 아니었다. 함께 다니는 동안 우리는 혼자서
멀리도 갔다.
그들의 이야기를 이어 쓰고 싶어졌다. 그 시간을 또 살고
싶었기 때문이다. 글로 쓰인 장면을 사진으로 옮겨 쓰기도
했다. 거기서 시작된 일들이다. 부산의 여름을 맘대로
비트는 동안 생겨난 언어를 여기 공유한다.

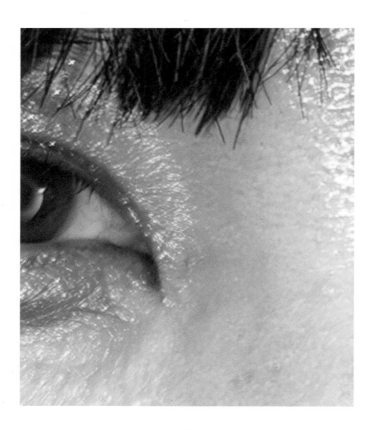

밤사이 바닷물에 떠밀려 온 커다란 물체가 물살에 이리저리 시달리고 있었다.
나는 머지않아 그것이 사람이라는 것을 알아차렸다.
자세히 보니 두 팔을 느슨하게 벌린 자세로 엎어져 물에 떠 있었다.
가만히 그것을 보고 있자니 기분이 좋지 않았다. 나일 수도 있기 때문이었다.

— 유진목, 《디스옥타비아》, 〈나는 다시 태어나려고 기다리고 있다〉 중에서

바닷가에서 일어나 보니 옷이 다 젖어 있다. 물이 차다.
얼굴에 붙은 까슬한 모래와 미끄러운 미역을 떼어내며
생각한다.
살았구나. 다행이다.
내가 나라는 게 지겹지만 이 삶을 처음으로 좋아하게
되었다. 점프를 할 수 있게 되었기 때문이다. 있기 싫은
모임에서는 집으로 미리 간다. 어떤 날은 당신을 만난
게 믿어지지 않을 만큼 좋아서 처음 만난 그 놀이터로
돌아간다. 둘이 타던 그네를 타고 또 타고.
점프가 되지 않는 날도 있다. 시도했다가 어울리지 않는
곳으로 떨어지거나 처음 와본 곳에서 일어난다. 조금 전
물에 휩쓸렸다. 아가미도 없는데 물속에서 괜찮았다.
그러다 갑자기 안 괜찮아서 헐떡이다 정신을 잃었다.
숨이 쉬어진다. 눈 떠보니 사막 한가운데. 몸 주위를 빙빙
둘러싼 발자국들. 사람들이 다녀갔구나.

점프.
다시 점프.

좋지 않은 날이 더 많아도 다시 좋을 수 있으니까 나는
또 할 것이다. 그런다고 어떤 것도 극적으로 달라지는
않지만. 이곳으로 돌아올 수만 있다면. 살 것이다.
이제 나는 기다리지 않는다. 다시 태어나지 않아도 괜찮다.
저기 아까 바닷물에 떠밀려 와 아직도 거기 있는 커다란
그 물체를, 두 팔을 느슨하게 벌린 자세로 물에 떠 있는
그것을 부른다.

지금 생각하면 그 점이 조금 후회가 돼 궁금했거든 네가 국민학교에 잘 다니는지 서울이
낯설지는 않은지 아직도 가수가 되고 싶은지 이 할머니가 보고 싶지는 않은지 아직도 이
할머니를 사랑하는지

— 강한비, 〈My name is Sulla〉 중에서

할머니, 나는 아직 태어나지 않았어. 한번 여기 와봤는데,
이제 다른 공간으로 이동 중이야. 그런데 할머니, 할머니가
맞아. 나는 가수가 되고 싶을 거야. 엄마가 흥얼거리는 게
좋거든. 엄마가 노래하면 나도 따라 해. 엄마는 자주 울어.
나도 가끔 따라 울고.
우는 엄마도 좋아. 다 울고 조용해지는 마음에 들이치는
얇고 긴 바람 소리가 들려. 거기에도 이유 없는 울음이
있어?
부지런히 가고 있어.
국민학교에 가면 코 큰 선생님을 또 만나려나. 같은 동네에
살던 대식이가 있으려나. 할머니, 할머니도 국민학교
다닐 때 얼굴이 자주 빨개졌어? 잘못한 게 없어도 난 자주
부끄러워.
할머니도 좋아하는 애가 있었어? 좋아하는 애가 생기면
이번엔 참지 않고 고백할 계획이야. 무서워서 말 안 하고
넘어갔는데, 그게 목에 복숭아씨처럼 걸려서 내려가지도
썩지도 않더라고.
할머니 젊을 때 지금보다 더 예뻤다며. 엄마가 사진
보여줬어. 예쁜 수영복 입고 바다도 갔을까. 친구들이랑
깔깔대고 웃으면서 배영도 했을까. 깔깔대며 첨벙대고.
할머니가 웃을 때 내는 소리 좋아해. 근데 웃지 않는
할머니도 좋아해.
내년에 슈퍼 앞에서 만나. 내가 할머니 맛있는 거 사줄게.

노래는 이렇게 이야기한다. 앞으로 걸으니 바다가 가까워졌다고. 뒤로 걸으니 바다가
멀어졌다고. 하지만 가만히 있었더니 아무것도 움직이지 않았다고. 외로워지지 않으려면
앞으로든 뒤로든 계속 걸어야 했다고. … 바닷물이 내 눈물보다 짤 것이라 맘 편히 눈을
헹궜다. 다시 수면 위로 얼굴을 내밀어보니 강한비는 튜브 위에서 눈을 감고 있었다.
그리고 이렇게 말하는 것이었다. 나 벌써 이 순간이 그리워.

— 이슬아, 《아무튼, 노래》, 〈앞으로 걸으니 바다가 가까워졌어〉 중에서

松月 송월타올

세수를 끝내고 타월로 얼굴을 감쌌을 때 폭 감기는 기분을 좋아한다. 유난히 도톰한
타월에 얼굴을 파묻는 날이면 몇 초쯤 더 비비며 괜히 한 번 더 만지고 살펴본다.
어디서 온 타월인지, 어디에서 만든 타월인지. 마음에 쏙 드는 타월의 명찰을 확인할
때마다 몇 번이나 마주한 이름이 있다. 아마 누구의 집에나 있을 그 이름, '송월'이다.

달빛 품은 소나무

에디터 이주연
사진 송월타올

두메산골에서 부산으로

1949년 10월, 부산 범천동. 어느 가옥에서 송월이라는 이름이 탄생했다. 가내 공업 수준에 지나지 않는 작은 일들이 벌어지는 이 공간에 '송월타올 공업사'라는 이름이 붙은 것이다. 이 이름은 달빛을 머금은 고향의 소나무에서 출발한다.

> "나는 소나무 중에서도 달빛을 품은 소나무를 몹시 좋아했다. 세상 안 가본 곳이 없어 숱한 사연을 안고 있는 휘영청 밝은 달이 싸늘한 달빛으로 소나무를 쓸어안고 들려준 이야기는 어떤 것일까를 수백 년 가난의 때가 덕지덕지 낀 툇마루에 앉아 묻곤 했다. 그때마다 산골에는 침묵만 있었다."
> ― 박동수, 《松月 박동수, 긴 세월 짧은 이야기》 중에서

송월타올 창업주인 故 박동수 초대회장은 경북 청송군 두메산골에서 태어났다. 가난의 고통을 짊어지고 살아가다 일본에 가면 일할 수 있고, 돈 벌 수 있고, 부자가 될 수 있다는 소문을 듣고 부산항으로 향한다. 그러나 일본에 가기 위해서는 조건이 필요했다. 일정 금액 이상의 준비금, 유창한 일본어, 혹은 취직처가 분명해야 했던 것이다. 그는 일본 대신 부산에 정착하기로 마음먹고 고향에서 가족을 데리고 부산에 자리를 잡았다.

두메산골에서 태어난 박동수 회장에게 부산은 매일매일 다른 일들이 벌어지는 별세계였다. 이 도시에서 청년 박동수는 일본인이 운영하던 정미소에서 일하게 된다. 그는 밤낮없이 성실하게 일하던 훌륭한 일꾼이었다. 그런 그의 태도를 높이 사, 일본으로 돌아가게 된 지배인은 머물던 집을 박동수에게 건넨다. 그즈음, 동생인 박찬수가 제안한다. 군용 타월을 받아서 탈색해 팔아보자고.

> "타월과의 인연이 맺어진 곳도 바로 이 범천동 집이다. 어느 날 찬수가 군용 타월을 가지고 왔다. '이 타월을 탈색해 봅시다. 하얗게 탈색하면 상품이 될 것입니다.'라며 권해서 누런 군용 타월을 탈색한 인연이 나를 평생을 바쳐 타월 만드는 사람으로 남게 했다."
> ― 박동수, 《松月 박동수, 긴 세월 짧은 이야기》 중에서

어떤 타월을 좋아하나요?

타월을 탈색하는 일이 쉬웠을 리 없다. 기술도, 제품도, 방법도 알 수
없던 척박한 시절, 송월은 타월의 세계를 개척했다. 아무도 해보지 않은
모험이 시작된 순간이었다. 자그마한 부전동 집에서 시작된 공업사에
비하자면 지금 송월은 어떤가. 탄탄한 시스템을 갖추고 연구와 R&D에
투자하면서 과학적인 과정과 실험을 거쳐 제품을 만들어 내고 있다.
70년 넘게 이어져 온 성실한 손길은 타월의 본질을 해치지 않으면서
안팎으로 깊이를 더해가는 중이다. 송월은 말한다. 타월의 본질은 물을
흡수하는 것에 있다고. 더불어 보풀이 일지 않는 방안을 연구하고
촉감도 소홀히 하지 않으면서 누구나 기껍게 만져보고 싶은 타월을
만드는 데 집중한다.

"타월은 면사 구매부터 시작해서 원단 제직, 염색
및 후가공, 봉제를 거쳐 탄생해요. 면사를 구매하는
단계부터 전문성이 필요하죠. 좋은 재료를 써야
음식이 맛있는 것처럼 타월도 마찬가지예요.
단순히 가격과 실 두께만 보고 구매하는 것과는
다르거든요. 송월에는 디자인 R&D팀과 염색
연구실이 있어요. 디자인 R&D팀은 원단 직조
방식을, 염색 연구실은 더 다양한 염색 방법을
연구하죠. 지금은 무염색 타월이 많이 판매되고
있지만, 친환경 타월 출시에 최초로 특허를 받은
건 송월이었어요. 효소를 사용해서 면화 색상
그대로 구현해 표백되지 않은 타월을 출시한 거죠.
통기성이 좋은 조직, 앞뒤 디자인이 다른 거즈
조직, 올이 잘 빠지지 않게 하는 후처리 방식 등에
특허를 받기 위해 여전히 활발히 연구해 나가고
있어요."

사람마다 성격이 다르듯 취향도 그럴 테다. 타월도 예외는 아니다.
사람마다 원하는 부드러움이, 크기가, 모양이, 색상이 있을 터이다.
나는 타월 속으로 얼굴이 파묻히는 듯한 깊이감이 좋다. 디자이너 Y는
두껍고 포근한 타월이, 에디터 M은 빨래하고 향기 나는 타월이, 에디터
E는 보풀 없이 매끄럽고 '퐁신'한 타월이 좋다고 한다. 대체로 부드럽고
포근한 타월을 선호한다. 그러나 타월 여러 개를 두고 어떤 타월이
가장 마음에 드느냐 물으면 각자 다른 타월을 택할 것이다. 이처럼
'부드러움'이라는 데도 구체적인 느낌을 파고들면 매우 다양한 타월
취향이 드러난다. 그런 작고 미묘한 차이는 어떻게 생겨나는 걸까.

"사람마다 원하는 부드러움이 다르다는 것에
공감해요. 부드러움에 영향을 주는 요소는
실 종류, 두께, 꼬임 정도, 원단 밀도 등 다양한
것들이 있어요. 송월에서는 '타월로지스트'라는
브랜드를 통해 굉장히 부드럽고 가벼운 타월을
만들고 있어요. 종류도 상당히 많죠. 면 30수 타월,
40수 타월부터 뱀부 타월, 뱀부 면 혼방 타월 등
부드러움을 다양하게 표현하고자 연구하고 있어요.
색상 또한 집중해서 고민하죠. 저희 실험실에서
1년에 뽑아내는 색상만 5천 가지나 돼요. 그중
제품으로 나오는 색상은 10퍼센트도 채 안 되지요.
그만큼 색상도 민감하게 고민하며 만들어 나가고
있어요."

타월로지스트 A. 서울 성동구 서울숲2길 1 H. towelogist.kr

안녕? 난 부드러운 것을 좋아해   SONGWOL X BALANSA

어느 날 '타올쿤'이라는 아이가 등장했다. 타월의 형상을 한 이 캐릭터는
"내 생일은 10월 15일, 고향은 부산이야."라는 말로 인사를 건넨다.
타올쿤은 송월의 캐릭터로 자리 잡고 '투 머치 토커' 역할을 톡톡히
해내는 중이다. 타올쿤의 탄생을 도운 건 부산의 대표 로컬 브랜드
'발란사' 대표였다. 송월이 70여 년 넘게 한자리를 지키며 우리네
타월을 담당해 주었다면, 발란사는 13년 세월을 부산 로컬 브랜드로
활약하며 서브컬처를 다루는 브랜드로 단단히 자리매김했다. 발란사는
문화와 예술, 에너지를 담아 뼈대를 단단하게 구성해 오면서 로컬
브랜드의 입지를 넘어 서브컬처의 주축을 담당하는 브랜드로 활약
중이다. 문화, 예술, 패션, 서브컬처를 좋아하는 사람들 사이에서
입소문이 나며 자연스럽게 각광받게 된 이 브랜드는 '부산釜山'이라는
글자가 적힌 오리지널 아이템으로 로컬 브랜드로서의 자아를 단단히
지켜 나가고 있다. 굳건히 세월을 쌓아온 송월은 이 에너지틱한
부산 브랜드 발란사와 손을 잡는다. 그리고 이들은 또 다른 문화를
탄생시켰다.

"발란사 대표님과 같은 부산 거주민이다
보니 함께 식사할 기회가 있었는데, 타올쿤은
그때 탄생했어요. 캐릭터를 그리고 어떠냐고
물어봐 주셨는데 마음에 들었거든요. 마침 송월
내부적으로도 자체 캐릭터를 고민하던 차여서,
직관적이고 귀여운 캐릭터에 이야기를 담아보자
싶었어요. 마케팅 조사를 통해 우리나라에서
타월을 가장 많이 제조해 왔고 품질과 기술을
앞세워 온 송월이지만, 젊은 세대에겐 인지도가
다소 낮다는 걸 알게 된 때였거든요. 디자인과
감도를 앞세운 새로운 타올 브랜드들이 더
많은 호응을 얻고 있었기에 디자인적인 접근이
필요하다고 생각했죠. 그리하여 발란사와 협업해서
타올쿤을 선보이게 됐어요."

타올쿤은 어디로든 갈 수 있다. 첫 팝업 스토어 성수에 이어 부산,
잠실까지. 캐릭터가 담긴 상품을 만들어 내는 데서 그치는 게 아니라,
타월 소재로 제품군을 의류까지 확장하거나 문구류, 타월, 가방까지도
나아간다. 발란사 팀은 타올쿤의 룩북 영상 촬영을 위해 일본에도
다녀왔다. 우직한 송월의 또 다른 행보는 몹시 신선하고 흥미롭다.
자꾸만 들여다보게 된다.

"주력 상품은 역시나 타월이에요. 그중에서도 타월로 만든 앞치마와 모자가 인기가 많죠. 타월로 만든 파우치와 가방도 있는데, 가방류는 가방 전문 브랜드 로우로우와 트리플 컬래버를 통해 제작했어요. 고객들의 만족도가 굉장히 높은 제품이에요. 지금은 반팔 그래픽 티셔츠를 기획하고 있어요. 메인 상품인 타월뿐 아니라 가운과 앞치마, 룸 슬리퍼도 리뉴얼하고 있는 중이랍니다. 계속해서 타올쿤의 이야기를 만들어 나갈 예정이에요."

Design

송월 디자이너와 발란사 디자이너의 시너지가 잘 표현된 컬래버레이션이었어요. 송월 쪽은 좀더 보수적인 패턴과 색상으로 디자인해 온 반면, 발란사는 다소 과감한 디자인도 시도해 왔거든요. 폰트 작업도 발란사에서 맡아 디자인해 주셨는데요. 특히 그 폰트가 아주 마음에 들었어요. 빨간 색상의 볼드한 폰트는 과감해 보이기도 했지만 결과적으론 폰트 디자인 회사에서 무료로 추가 개발을 해주겠다고 연락해 올 정도로 영향력이 있었지요.

Pop-up

첫 팝업 스토어는 성수였어요. 젊은 세대의 유동이 많은 동네다 보니 성수동에서 팝업을 열어 MZ 소비자의 의견을 듣고 싶었죠. 예상보다 많은 분이 호응해 주셔서 적극적으로 젊은 세대에게 다가가야겠다고 마음먹은 계기였어요. 지금은 부산 광안리 '밀락더마켓'에서 장기 팝업 중이에요. 로컬 성격이 짙은 공간이다 보니, 부산 태생인 송월과 발란사 그리고 타올쿤이 잘 어울리는 공간이라고 생각해요.

Towelkun

"이게 송월이라고?" 하는 반응이 특히 좋았어요. 젊은 고객을 대상으로 충분히 브랜딩해 볼 수 있겠다는 확신을 주었지요. 아직 론칭 초기여서 타올쿤의 존재를 알리는 게 당장의 과제이자 목표라고 생각해요. 타올쿤에 관한 스토리라인을 좀더 보강하고, 세계관을 명확하게 정립해서 선보일 계획이에요.

SONGWOL X BALANSA pop-up
SOMETHING OLD SOMETHING NEW

기간 2023년 4월 1일–6월 30일
화–일요일 11:00–21:00, 월요일 휴무
장소 밀락더마켓 부산 수영구 민락수변로17번길 56

H. instagram.com/towelkun

지극히 주관적인 관찰

글·사진 이주연

여행을 떠나기 전엔 반드시 계획을 짠다. 걸음 수까지 계산해서 분 단위로
계획하는 게 취미다. 일부러 그러는 건 아닌데, 이상하게 그 안에 유명한
식당이나 인기 있는 카페는 없다. 남들 다 하는 건 안 하겠단 심술은 아니지만,
굳이 사람 많은 델 갈 필욘 없잖아. 그렇다면… 내가 좋아하는 건 뭐지?

부지런한 상인들과 아침을

부산역에서 내려 가장 먼저 마주하는 동네, 초량동. '풀밭의 길목'이라는 뜻을 가진 이 동네는 오래전부터 교통의 요지 기능을 해왔다. 특히 조선시대에는 부산에서 육로 통행을 하려면 초량동을 거치지 않을 수 없었다는데, 지금도 별반 다르지 않다. 사람들은 부산에 오기 위해, 또 부산을 떠나기 위해 초량동을 거쳐간다.

기차에서 내리자마자 부산 역 앞 호텔에 짐을 맡기고 초량동 산책을 나섰다. 벌써 저녁 시간이 훌쩍 지나 거리는 깜깜하지만 이 앞엔 사람이 많고 조명도 밝다. 부산역 건너편은 한밤에도 붉다. 차이나타운과 텍사스거리가 펼쳐진 까닭이다. 부산 현지인과 막 도착한 관광객, 부산에 거주하는 외국인과 여행 온 외국인이 뒤섞인 길목을 관찰자의 시선으로 경험할 수 있는 동네다. 밤이 늦어 간단한 산책으로 초량동과 인사를 나누고 객실에 들어와 내일을 그리며 잠든다.

이른 아침 체크아웃을 하면서 배낭을 맡길까 하다가 그대로 짊어지고 나왔다. 고작 1박인데도 무게가 꽤 되어 어깨가 아프다. 걱정과 불안이 많은 사람은 가방이 무겁다고 했나. '이거 필요할지도 몰라, 저것도 가지고 가야겠는데?' 도대체 내 걱정과 불안의 규모는 얼만한 걸까.

목적지는 바로 그 아케이드 초량전통시장. 직관적이고 친숙한 이름이다. 항상 시장 근처에 살아와서인지 시장은 늘 반갑다. 비슷해 보이는 시장이지만 동네마다 조금씩 다른 표정을 지녔기에 더더욱 그렇다. 부지런한 상인들이 아침 일찍부터 시장을 열고 있다. 이미 준비를 마친 상인도 있고, 이제 막 도착한 싱싱한 작물을 진열하는 상인도 있다. 흙 묻은 작물의 생김새가 친숙하다. 매끄럽지 않고 울퉁불퉁한 모양, 제 색을 간신히 지닌 채 흙빛을 띤 모습. 채소의 거칠거칠한 얼굴이 일상 살림을 다 지고 부산에 온 내 모습과 닮아 있는 것 같다. 채소들처럼 단단하고 듬직한 마음을 가져야지, 생각하면서 아침 시장에 슬그머니 편입한다.

한 번도 사용해 본 적 없는 파란색 '빠께스'와 적갈색 고무 '다라이'에 반가움을 느끼고, 브로콜리를 "버러코리"라고 적어둔 누군가를 남몰래 귀여워한다. 꽃무늬 앞치마에 꽃무늬 고쟁이 바지, 꽃무늬 티셔츠까지 입은 어느 상인은 늘 앉는 (듯한) 의자에 앉아 멀거니 어딘가를 바라보는데, 그런 무료한 일상이 내 눈엔 한없이 정겹고 푸근하다. 어느 시장에나 있는 색동 파라솔. '역시 이런 풍경이 좋구나.' 나도 모르게 읊조리고 있다. 부산에 와서 아침 시장을 둘러보는 마음, 아직 문을 채 열지 않은 시장을 거니는 동선. 그런 게 나는 좋았다.

평산옥

어디로 갈까, 하다가 지도 애플리케이션에서 우연히 발견한 이름 '평산옥'에 가보기로 했다. 수육 1만 원, 국수 3천 원, 열무국수 4천 원. 메뉴는 이게 다. 두 사람이 방문해 모든 메뉴를 다 먹고는 엄지 손가락을 번쩍 치켜들고 나왔다. 이 금액에 이 맛이라고? "또 올게요!"라는 말을 하지 않을 수 없었다.

A. 부산 동구 초량중로 26   O. 월-토요일 10:00-20:00, 일요일 휴무

질서 없음의 아름다움

영도 흰여울문화마을

부산 여행을 계획한 사람들의 여행 수첩을 흘끗 보고 싶다. 대부분 사람이 영도를 가고 싶은 동네로 꼽았을 것이고, '흰여울문화마을'에 들르고자 바삐 걷지 않을까. 바닷길과 가파른 절벽 길을 따라 사람들이 사는 평범한 집과 여러 예술의 흔적을 고루 마주할 수 있는 곳. 좁은 골목길 안쪽엔 자그마한 집들이 옹기종기 붙어 있다. 영도는 피난민의 삶으로부터 시작된 곳이다. 지금은 마을 주민과 함께 문화마을공동체 흰여울문화마을을 조성하여 계단 전체를 잇는 페인팅이나 벽면 가득 그려진 그림들을 마주할 수도 있다. 골목 사이사이 바다를 바라보는 카페나 사진관 등이 들어서 관광객이 점점 많아지는데, 여전히 이곳엔 평범한 집에서 살고 있는 거주민이 있다.

영도에서 찍어온 필름을 스캔했다. 일부러 그러려던 건 아닌데, 그 안에 남아 있는 건 온통 자그마한 삶의 흔적이다. 사소하고 소소한 장면을 보려고 떠난 여행은 아닌데 나는 여전히 그곳에서도 작은 것들을 좇고 있었다. 사진 찍는 사람들 사이로 지나가기 전에 5초 정도 멈추고, 여행 온 사람들 사진을 바지런히 남겨주면서 관광객 사이사이를 요령껏 거닐었다. 그러면서 자꾸 골목으로, 더 가파른 안쪽으로 들어가게 되었는데 그곳엔 이런 풍경들이 있었다. 오래된 집 창문과 모서리가 닳은 벽돌, 빛바랜 낡은 스티커, 누군가 떼려고 노력한 흔적. 그 앞에 늘어선 초록색 장독이나 바다를 바라보는 방향으로 아슬아슬하게 늘어선 꽃나무 화분, 가느다란 간이 계단에 묶여 있는 하얀 천, 구조물에 묶인 스카프, 스쿠터 한중간에 놓여 있는 달마 인형, 바다를 보며 앉아 있던 공사장 인부(무슨 생각을 하고 있을까?)…. 규칙 없이 놓여 있는 장식물이나 살림살이를 볼 때 자꾸 웃음이 났는데, 영문은 모르겠다. 그저 아름답다고, 여기가 좋다고, 연거푸 읊조리면서 흰여울문화마을의 문화가 비단 영화나 그림 같은 장르만을 말하는 게 아니라는 걸 어쩐지 알 것도 같았다.

영도에 사는 커다란 강아지가 집에서 나와 주인과 함께 걷는다. 바닷길을 따라 걷는 그 뒷모습을 보면서 지금도 서울 어딘가에서, 경기도 어딘가에서, 인천 어딘가에서 강아지와 걷고 있을 친구들을 생각했다.

손목서가

부산 하면 가장 먼저 떠오르는 곳. "안녕하세요." 조용히 인사를 하고 2층에 자리를 잡은 뒤 1층 서가를 물끄러미 바라본다. 언제나 마음에 드는 책이 꼭 있다. 대형서점에서라면 눈에 띄지 않을 그런 책들. 타카노 후미코 대담집 《나를 해체하는 방법》과 이상의 일본어 시가 실린 《영원한 가설》, 그리고 친구에게 선물할 김뉘연 시집 《모눈 지우개》를 샀다. 베일리스밀크를 한 잔 주문하고 바다를 보면서 마시는데 너무 달콤하고 향긋해서, 기분 좋게 어지러웠다.

A. 부산 영도구 흰여울길 307   O. 매일 11:00-19:00

사방이 하늘인 것처럼

바다가 없다. 건물도 없다. 이동하는 내내 기분이 묘했다. 하늘이, 원래 이렇게 넓었나? 내 휴대전화에는 매일 같은 시각에 알람이 설정돼 있다. 알람 메모는 '하늘 보기.' 의식적으로 하늘을 보기 위해서다. 대룡마을에 진입하면서부터 시야가 낯설어졌다. 높고 기다란 빌딩과 건물이 사라지고 온통 산과 들이었다. 바다도, 강도 없다. 파랑보단 초록에 가까운 너른 그 동네에서 아무것도 하지 않고 눈앞만 바라보았다. 네온사인도, 차량도, 간판도, 쓰레기도 없고 바람과 풀과 나무와 집만 있던 동네. 언젠가 내가 살고 싶은 동네를 상상해 본 적이 있다. 마침 커다란 스케치북이 눈앞에 있어 크레파스로 그림도 그리고 색칠도 했다. 그 풍경은 서울은 아니었다. 도시도 아니었다. 말하자면 소도시, 좀더 마음껏 상상해 보자면 소도시에서도 조금 더 들어가야 하는 시골, 좀더 가능하다면 반나절이면 한 바퀴를 돌 수 있는 섬마을에서 조그맣게 살아가고 싶었다. 그런 규모의 마을이 여기 있었다. 둘러보면 온통 자연이고, 몇 채 없는 집들도 가만하다. 아스팔트가 아닌 흙바닥 위에 서서 "여기 부산 맞지?" 하고 몇 번을 물었다.

평생을 아파트에서 살아와서 나는 흙이 낯설다. 그나마 어릴 땐 놀이터 바닥이 흙이었는데 다 크고 나서 놀이터에 가보니 이제 흙으로 된 놀이터는 만나기 어렵다. 그런데 대룡마을엔 오히려 아스팔트가 없다. 시멘트가 낯설다. 지나는 길에 덩그러니 놓인 평상을 바라보며 한여름에 저기서 수박 갈라 먹으면 참 좋겠다고 생각한다. 과일, 그다지 좋아하지도 않으면서. 도시 햇살은 건물에 부딪치고 차에 반사되면서 울퉁불퉁한 동선을 지니지만, 대룡마을은 해가 드는 공간이 넓고 편평해서 좋았다. 햇살도 좋겠지, 이렇게 마음껏 내리쬘 수 있는 공간이 있다면. 한 번도 살아본 적 없는 시골이지만, 아마 나의 환상은 시골살이가 시작됨과 동시에 산산이 부서질 테지만, 지렁이도 못 보면서 텃밭을 하겠단 상상은 무모한 걸 알지만, 그래도 몇 번쯤 더 상상해 보고 싶다. 바로 몇 년 전까지만 해도 안 먹던 채소들을 지금은 손에 잡히는 대로 다 잘 먹는 어른이 되었으니까, 상상이 실현될 즈음엔 지렁이를 검지와 엄지로 건져 올리는 훌륭한 시골 사람이 되어 있을지도 모르니까.

지도는 덮고

발길 닿는 대로 아무 데나 가보면 좋겠다. 유명한 카페도, 맛있는 밥집도 있는 모양이지만 굳이 검색하지 않고 아무 방향으로 걸어보면 좋겠다. 꼭 가고 싶은 장소가 있더라도 그냥 그랬으면 좋겠다. 이 작은 대룡마을에서라면, 걷다 보면 분명히 그곳에 당도하게 될 테니까. 걸으면서 우연히 무언가를 만나면 좋겠다. 그것이 기쁨이면 좋겠고, 오래도록 기억에 남아 있음 좋겠다. 대룡마을엔 그런 게 아주 많으니까.

A. 부산 기장군 장안읍 오리

부산 하면 가장 먼저 생각나는 곳이 어디인지 물었을 때, 사람들은 저마다의 추억이 담긴
바다를 떠올린다. 같은 질문을 '영화 좀 본다.' 하는 친구들에게 건네면 그들은 같은 바다라도
사뭇 다른 풍경을 들려준다. 해운대 모래사장에 설치되어 있던 거대한 스크린을. BIFF
광장에서 빠져나와 국제시장 포장마차에서 산 주전부리를 먹으며 흥에 취해 걷던 영도다리를.
우리가 함께 본 영화가 얼마나 위대한지 열변을 토하다 바라본 수영강변과 흥분을 가라앉히기
위해 한 시간쯤 걸은 끝에 마주한 광안대교의 눈부신 빛을 추억한다. 마음만 먹으면 언제
어디서든 영화를 볼 수 있는 세상 속에서 기차를 타고 서너 시간이나 걸려 부산에 가는 마음이란
무엇일까. 그렇게 한 편의 영화를 통과한 뒤에 닿아오는 도시의 감각들은 어떻게 우리에게
남을까. 두 시간 남짓한 암흑에서 벗어나 마주한 부산은 그토록 '영화'로울 수밖에 없었다.

영화로운 도시에서 마주친 장면들

글·사진 오은재

도시가 품은 영화의 역사

날이 서서히 선선해질 무렵이면 친구들은
부산국제영화제에 같이 가지 않겠냐고 물었다. 그때마다
매번 별말 없이 먼 길을 향하는 여정에 함께하곤 했다. 조금
귀찮기는 했지만 간 김에 영화관에서 보기 힘든 영화도
보고, 겸사겸사 바다도 보면 참 좋을 테니까. 그렇지만 마음
한구석에는 해결되지 않는 의문이 늘 남아 있었다. 어째서
영화 한 편을 보러 부산까지 내려가야 하는지(어차피 반응
좋은 영화는 서울에서 개봉할 텐데), 왜 부산이 영화의 도시라고
불리는지. 알지도 못하면서 그저 달리는 기차에 몸을
실었다.

부산이 영화의 도시라고 불리게 된 것은 부산국제영화제의
역할이 크지만, 그 전부터 독자적인 길을 걸어오며 부산
영화의 역사를 차곡차곡 쌓아온 결과이기도 하다. 이는
무려 한국 영화사 100년의 흐름과 맥을 함께할
정도다. 우리나라에 영화가 뿌리를 내리던 시기에 부산의
영화사도 발맞춰 시작된 셈이다.

1895년 12월 28일, 그랑카페에서 뤼미에르 형제가
제작한 최초의 영화가 상영되었다는 것은 영화 좀 본다는
사람이면 누구나 알고 있는 사실이다. 이로부터 1~2년

만에 일본과 중국을 필두로 동아시아까지 영화라는 매체가
전파되었다는 이야기는 영화 연구자가 아닌 이상 대부분
낯설게 여긴다. 한국에서 언제 처음 영화가 상영되었는지는
의견이 꽤 분분하다. 놀랍게도 1903년쯤으로
추정된다. 횡성신문에 실린 활동사진(당시에는 'Motion
Picture'를 직역하여 활동사진이라 불렀다) 상영 광고가 이를
증명하는 유일한 기록이다. 지리적 특성상 서양 문물이
일찌감치 자리를 잡은 부산 또한 비슷한 시기부터 남포동을
중심으로 극장가가 형성되었다. 당시 일본인 거류지에서는
상설 공연장과 함께 부산 최초의 극장인 행좌와 송정좌가
운영 중이었다. 1924년에는 그 근방에서 한국 최초의
영화 제작사 '조선키네마 주식회사'가 설립되었고,
나운규, 윤백남, 안종화 같은 당대 최고의 영화감독들이
한국 영화사에서 길이길이 회고될 만한 극영화들을 배출해
냈다. 그렇게 영화의 발상지가 된 남포동은 영화인들의
무대로 자리매김한다.

부산이 한국 영화의 중심지가 된 것은 한국전쟁
이후부터다. 혼란한 상황 속 남과 북에서 수많은 피난민이
몰려들었고, 부산은 임시 수도 역할을 하며 오갈 데
없는 이들을 품었다. 남하하는 인파에는 서울 충무로를
중심으로 활동하던 영화인들 또한 뒤섞여 있었다. 제 몸
하나 건사하기 어려운 시간 속에서도 영화에 대한 열정을
거두지 않은 그들 덕분에 이 기간에만 무려 20편의
영화가 제작되었다. 물론 영화만 제작한다고 해서 다는
아니었다. 이를 소비할 사람들 또한 필요했다. 피난 온
평론가들 또한 언론 매체에 글을 쏟아냈고 그들의 문장이
쌓인 자리에는 영화 감상과 비평의 장이 마련되었다. 당시
부산의 극장들은 전쟁에 지친 국민을 위로하고 배움을
제공하는 장소였다. 삼삼오오 모여 영화를 보고 이에 대해
한마디를 얹는 동안, 모두의 마음속에 시네필의 감수성이
피어나지 않았을까. 영화 한 편이 선사하는 희노애락에
기대어 힘겨운 시대를 버텨낸 부산 사람들은 훗날 한국
영화 역사에 새로운 바람을 불러일으켰다. 휴전 이후 5년
뒤인 1958년에는 부산영화평론가협회가 창립되었고, 같은
해에는 영화 시상식인 '부일영화상'이 개최되었다. 이 모든
것이 '우리나라 최초'로 일어난 일이다.

정서를 나누는 축제

센텀시티역에서 내려 조금 걷다 보면 거대한 지붕을 가진 영화의전당이 펼쳐진다. 멀리서 봐도 웅장한 공간보다 더 압도적이었던 것은 그곳에 모인 인파였다. 아니, 머릿수만으로는 도저히 설명될 수 없는 거대한 정서였던 것 같기도 하다. 각국의 좋은 영화를 보겠다는 목표를 가진 사람들의 집념과 애정이 공간을 가득 메우고 있었다. 그 속에 속해 있다는 것만으로도 그들과 마음을 나눈듯한 우쭐한 기분이 들었다.

부산국제영화제는 1996년 9월 13일에 개막했다. 세계인이 주목하는 3대 영화제와 차별화하기 위해서 그들이 마련한 패는 '아시아 영화'였다. 그 당시만 해도 대만, 홍콩, 중국을 필두로 한 중화권 영화와 아랍권 영화에 대한 관심이 늘어나고 있었다. 정작 '아시아 영화 시장'은 개척되지 않은 금싸라기 땅이나 다름 없었다. 빈틈을 선점한 부산국제영화제는 '아시아 영화의 허브'를 도맡아 아시아의 뛰어난 작품들을 세계에 알리기 위해 힘썼다. 무엇보다도 가장 큰 차별점은 비경쟁영화제였다는 것이다. 대부분의 영화제들은 해마다 주목 받은 영화를 독점적으로 상영할 수 있는 기회를 두고 경쟁을 벌인다. 프리미엄 작품은 누가 먼저 선점하고 유치하느냐에 따라 영화제 관객 수가 좌우되기도 한다. 부산국제영화제는 이미 치열한 경쟁에 가담하여 고래 싸움에 새우 등 터지기보다는, 위 영화제 수상작들을 모아서 상영하는 방향을 택했다. 온갖 영화제에서 화제가 된 작품들만 쏙쏙 골라 볼 수 있으니 관객들은 이보다 더 좋을 수 없었다. 해양 도시 특유의 여유로움과 영화가 주는 낭만을 동시에 누릴 수 있다는 것에 매료된 사람들은 매년 영화제를 찾고 있다.

광장의 기억들

부산국제영화제가 급격하게 성장하던 시기에는 모든 행사가 해운대를 배경으로 진행이 되었다. 드레스와 수트를 차려 입은 영화인들은 모래사장 위 굴곡진 레드 카펫을 밟고, 관객들은 푹신한 해변에 주저앉아 영화를 봤다. 다만 임시 상영관 위주로 운영되어 최상의 환경에서 영화를 즐기지 못하는 아쉬움이 남았다. 이를 보완하고자 센텀시티에 영화의전당이 들어섰고, 주변에 밀접한 멀티플렉스와 협업하여 쾌적한 상영 공간을 마련한 덕에 지금의 부산국제영화제가 탄생했다.

여러 시행착오를 거쳐 비로소 안정기에 접어들었지만, 남포동 시절의 어수선한 분위기를 그리워하는 사람들도 많다. 초창기 원도심 광장에서 진행되던 영화제는 그야말로 축제나 다름없었다. 서울 아닌 부산에서 영화제가 개최되는 것에 대한 우려섞인 시선 속에서 부산국제영화제의 막은 열렸다. 뒤이어 광장은 전 세계 영화인으로 가득 찼다. 당시 총 관객은 18만 명으로 합산이 되었는데, 이는 개최 측에서 예측한 인원보다 무려 세 배가 넘는 숫자였다. 사람들을 제대로 맞이할 공간이 마련되지 않았던 탓에 열악한 환경이었음에도 관객들은 남포동 특유의 독특한 분위기에 심취하였다. 바닥에 신문지를 깔고 맛있는 음식들을 나눠 먹으며 영화의 기억을 나누는 유명한 감독과 배우들. 너나 할 것 없이 포장마차에서 한데 어울려 소주잔을 부딪치고, 근처 중·고등학교에 다니는 10대 관객들이 심심함을 달래기 위해 찾아오는 장면은 어느 영화제에서도 볼 수 없었을 것이다. 개막식부터 폐막식까지, 약 9일 간 이어졌던 광장의 시간 속에서 '부산'식 환대를 만끽한 사람들은 작은 희망을 맛보았다. 수많은 사람들과 이 도시가 기록할 영화의 역사를 그려보았다.

많은 시네필들은 부산국제영화제에 단순히 영화만 보러 가지 않는다. 밤을 새워 가며 치열한 티켓팅을 해 기어코 극장 한편에 자리를 마련하는 이유는 그 공간 안에서 느껴지는 자기장을 감각하기 위해서다. 크고 작은 극장들은 관객과 영화, 관객과 관객 사이에 오가는 수신호를 오롯이 품어준다. 사람들은 극장의 너른 품에 안겨 세계 각지에서 수집한 진귀한 영화들을 보고 영화를 만든 이들과 함께 장면 속 숨겨진 의미를 나눈 뒤, 혼몽을 꾼 듯한 얼굴로 상영관을 빠져나온다. 영화가 끝난 자리에서 탄생할 영화 같은 도시의 이야기를 기다린다.

종말의 시대 속, 예술 영화관들

2018년, 부산을 대표하던 독립 예술 영화 전용관 '국도예술관'이 작별 인사를 건넸시. 오랫동안 동네의 터줏대감으로 자리를 잡고 있던 극장이 문을 닫는 장면은 '영화관의 죽음'을 실감케 하는 초유의 사건이기도 했다. 그 이후 코로나라는 사상 최대 바이러스가 온 세상을 덮치고, OTT 시대가 도래하면서 예술 영화관이 이 땅에 살아남는 것은 더욱 힘겨워졌다. 와중에 굳건히 자리를 지키며 자신의 역할을 다하고 있는 예술 영화관 세 곳을 다녀왔다. 마침 제40회 부산국제단편영화제가 진행 중이었다(부산국제단편영화제는 국내에서 가장 오래된 단편 영화제다). 영화 한 편을 보기 위해서 끝에서 끝으로 이동하는 여정은 부산에 도착해서도 어김없이 이어졌다.

모퉁이 극장

모퉁이극장은 부산의 "관객 문화 운동"을 이끌어 온 주요한 성지다. 그간 영화관은 관객을 흥행의 척도로 소비해 왔다. 좌석 수가 얼마나 채워졌는지 집계하는 데에만 혈안이 되어 개개인의 영화적 경험은 뒷전으로 미뤄두었다. 이러한 상황에 의문을 품은 김현수 대표는 관객들이 저마다의 목소리를 낼 수 있도록 응원하는 마음으로 중앙동 40계단 '모퉁이'에 둥지를 틀었다. 시민 영화관으로서 독립 영화 정기 상영회과 관객 영화 모임을 진행해 오다 남포동의 중심부에 위치한 부산은행 건물에 새롭게 자리를 잡았다. 마침 개관 시기가 팬데믹과 맞물려 운영이 쉽지만은 않았다. 그럼에도 그간 수집해 온 관객 데이터를 토대로 극장의 시스템을 갖추고 재정비했다. 모퉁이극장은 관객들이 주체가 되어 소통하는 장소로 만들고자 관련 문화 프로그램을 선보이고 있다. 각양각색의 영화적 기호와 취향을 가진 씨네필과 커뮤니티들이 자유롭게 마주칠 수 있는 중간 지대를 마련하고자 한다. 개개인이 품은 '영화로운' 기억이 부산이라는 도시를 더욱 아름답게 만들 수 있을 것이라 믿는다. 그렇게 BIFF의 열기를 품고 있는 이곳에서 다시금 영화의 바람이 불어오기를 기대한다.

'오퍼레이션 키노' 섹션

'오퍼레이션 키노'는 부산국제단편영화제와 부산광역시 중구가 지역의 영화 인재 양성을 위해 마련한 단편 영화 제작 프로젝트다. 부산 지역에서 영화·영상 및 콘텐츠를 전공하고 있는 대학생들이 제작한 영화에는 그 시절에만 포착할 수 있는 감정들이 오롯이 담겨 있다. 설익은 화면 너머에서 느껴지는 영화에 대한 진심을 읽어 내리다, 역시 진정한 영화제의 묘미란 이런 것이지 싶었다.

영화의 전당

영화의전당 앞에 서면 '국내 최대 예술 영화 전용관'의
위용이 느껴진다. 2011년 9월에 개관한 이곳은 부산의
대표적인 비멀티플렉스 영화관으로, 그간 쉽게 볼 수
없었던 다채로운 예술 영화를 상영한다. 부산국제영화제
전용관이라는 명색에 걸맞게 중극장, 소극장, 인디플러스
등 다양한 규모의 극장을 보유하고 있으며,
부산국제영화제 사무동의 든든한 아지트 역할도
함께 하고 있다. 더불어 1999년부터 독자적으로
운영되어 오던 '시네마테크 부산' 또한 영화의전당으로
이전했다. 시네마테크는 '영화 보관소'를 뜻하는
프랑스어이다. 인류의 문화유산인 명작들이 소실되는
것을 방지하기 위해 관련 자료를 수집·이전했다. 일종의
도서관이나 박물관 역할을 하는 셈이다. 상영관에 들어선
관객들은 각자의 자리에 앉아 현실을 뛰어넘고선 머나먼
시공간으로 여행을 떠난다. 영화가 끝난 뒤에는 여운을
느끼며 영화도서관에서 끝마치지 못한 감상을 갈무리
지을 수도 있다. 오래된 영화 포스터나 DVD들이 가지런히
정리된 서가를 산책하다 보면 '영화'라는 단어에 함축되어
있는 수 백년의 시간을 어렴풋하게 실감하게 된다.

복합문화공간 무사이

도시철도를 타고 해운대에서 화명역으로 한 시간
넘게 이동한 끝에, 정겨운 동네를 마주한다. 중학교와
아파트 사이에 위치한 상가, 그 지하에 작게 자리한
복합문화공간 '무사이'. 무사이는 '생각을 불러일으키다'란
뜻을 지닌 그리스어다. 그리스로마 시대 때부터 극장은
광장의 역할을 했다. 다양한 사람들이 모여 토론하고 문화를
즐기고 교육이 펼쳐지던 드넓은 터를 생각하며, 무사이
또한 쓰임의 한계를 짓지 않았다. 동네에 위치한 공간답게
주민들이 오가며 이용할 수 있는 카페와 좋은 책들을
만나볼 수 있는 작은 책방을 꾸려놓았다. 30석이 채 안 되는
자그마한 '극장'은 가볍게 들를 수 있을 만큼 편안하고도
단란한 분위기다. 이곳에서는 문화 교육이 진행되기도
한다. 아이들은 극장에서 인간을 탐구하는 예술을 감상하며
자연스레 자신의 언어를 습득한다. 그렇게 학교의 시간은
마을로 이어진다. "문화가 우리 삶의 일부분으로 녹아들기
위해선 인근 학교의 학생들이 자연스럽게 드나들게끔
장벽을 낮춰야 한다고 생각했어요." 지역의 문화 공간은
슬리퍼를 신고 갈 수 있는 곳에 있어야 한다는 지론에 따라,
누구에게나 안전하고 자유롭게 쉬다가는 인문·사회·문화
예술 놀이터가 되기를 꿈꾼다. 걸음이 닿는 곳에서 누렸던
소비의 기쁨이 도시의 저 편까지 닿을 수 있게끔 동심원의
축이 되고자 한다.

'영화관의 죽음' 섹션

시작 전, 프로그래머 심세부가 무대로
나와 낫을 든 한 사신과 체스를 두며
영화의 죽음을 논한다. "우습게도
영화는 이미 여러 번 죽은 셈이나
다름없어요." 기술이 발전하고
플랫폼이 변화함에 따라 영화는
매번 위기를 맞이했다. 그럼에도
고비를 넘나들고 부활을 거듭하며
더 나은 생을 이어가고 있다. 극장은
그들이 눈을 감는 순간까지 함께할
무덤이며, 다음 생의 숨을 불어넣어
주는 인큐베이터이기도 하다. 그날
우리가 보았던 영화는 몇 번의 죽음
뒤에 탄생한 것일까. "어쨌든 극장은
아직까지 살아 있으니 오늘은 영화를
즐깁시다."

〈여섯개의 밤〉(2021)

어떤 지역에 가서 그곳을 다룬 영화를
보는 걸 좋아한다. 엔진이 고장
나 예정에 없던 부산에 머물게 된
여행객들은 온갖 감정을 끌어안고
밤의 풍경들을 마주한다. 인물들의
시선과 나라는 사람의 시선을 통해서
바라본 부산의 장면. 두 시선이 겹친
자리에서는 영화 같기도 현실 같기도
한 묘한 이미지들이 탄생한다.

저마다의 이유와 속도로 닿는 곳. 뚜렷한 종착지가 아닌 마음이
머무르고픈 도착지에 이르기 위해, 우리는 여행을 떠난다.

ⓒ 〈6펜스〉

오르고 거닐다 돌아오면 되지

글 이명주

"우리 내면에는 작은 동물이 사는데 그걸
받아들이고 믿어야 해. 그저 내면이 시키는 대로
하면 되는 거야. 엄마, 아빠, 딸, 남편 말은 전혀
들을 필요 없어."

열차에 오른 후에야
보이는

연인에게 오묘한 거리감을 느끼며 여행을 나선 라우라. 함께를 상상하던 장소에 혼자 가려니 마음이 무겁지만 암각화를 보기 위해 무르만스크로 가는 열차에 오른다. 그런데, 같은 칸을 쓰는 남자가 심히 수상하다. 물 마시듯 보드카를 들이켜더니 진탕 취한 채로 무례한 말을 쏟아낸다. 사랑한다는 말의 핀란드어를 묻는 료하에게 그녀는 답한다. "하이스타 비투." 엿 먹으라는 뜻이다. 쇳소리를 내며 달리는 열차는 좁고 전화를 받지 않는 연인의 존재는 애달프다. 료하는 라우라에게 눈보라가 치니 캠코더로 찍으라며, 오래된 것을 좋아하며, 표정이 뚱하다며 말을 건다. 되돌아가지도, 나아가지도 못한 채 부유하던 라우라는 늙은 친구를 만나러 가는 료하를 따라나선다. 꽁꽁 언 길에서 유일한 온기를 지닌 할머니의 집. 오랜만에 미소를 보인 라우라는 사랑을 위해 건배하자 말하고 다정한 할머니는 답한다. "좀더 확실한 걸 위해 해야지. 너를 위해 건배하자."
영화는 그날 이후로 부쩍 가까워진 료하와 라우라가 무르만스크에서 다시 만나 보내는 시간을 그린다. 헤어짐을 앞두고 라우라에게 건넨 쪽지에는 하이스타 비투, 한마디가 적혀 있다. 료하를 보며 여행에서 만나는 유난스러운 다정함이 떠올랐다. 불쑥 말을 걸고 먹을 걸 안겨주고 나를 캐물어 반가움보다 불편함이 앞서는 그 행동들. 낯선 기분이 든다고 틀린 게 아닌데 언제 이렇게 의심만 많아졌을까. 어느 누구의 말이 아닌 내면의 목소리를 들으라는 할머니의 조언처럼 마음의 문턱을 사뿐 넘어보려 한다. 설원을 달리는 춥고 좁고 불편한 무르만스크행 열차를 떠올리며.

Drama—이종필 〈박하경 여행기〉(2023)

ⓒ 〈박하경 여행기〉

"이번 여행의 목표는 확실하다. 안 가본 길로
가보자. 사라져 버리고 싶을 때 떠나는 딱 하루의
여행."

거니는 걸음마다
놓인

뜻대로 되지 않는 하루들이 있다. 그건 우리만이 아니라 박하경도
마찬가지다. 국어 교사인 하경은 수업 시간마다 교실에 성실하게
등장해 주어진 일을 한다. 책을 펴고 아이들을 다독이고 수업을
진행하고. 하지만 우뚝 서 있는 하경보다 손에 든 핸드폰이 더 큰
관심을 받는다. 그것뿐일까. 부장 선생님은 걸핏하면 전화를 걸고
비 오는 날에는 장화에 지렁이가 올라탄다. 이것저것 자꾸 무얼
알려달라며 전화하는 부모님은 도무지 하경의 말을 알아듣지 못한다.
하경은 학교 복도에 서서 문득 사라지고 싶다는 생각을 한다. 그래서
떠나기로 한다. 토요일 단 하루 동안의 여행을.
하경은 땅끝마을 해남에서 템플스테이에 참여해 소란한 마음을
가라앉힌다. 고등학교 수학여행의 기억을 간직한 경주에 찾아가 너른
길을 걷기도 한다. 부산에 가서는 부산국제영화제에 찾아가 영화를
보고, 헌책방도 둘러보다가 밀면 한 그릇을 맛있게 먹는다. 떠나는
사람은 하경, 한 명일지 모르지만 이야기를 꾸려가는 사람은 여럿이다.
때로는 하경과 친근하고 반가운 사이인 인물이, 때로는 뜻밖의 인물이
등장해 그녀의 하루에 발도장을 찍는다. 우연한 만남은 닳디 닳은
일상의 감정을 뒤집어엎는다. 가벼워지고 싶어 떠난 여행은 더 많은
것을 얻어버려 돌아오는 길이 버겁기도 하다. 그럼에도 어떤 여행이든
떠나고 싶다. 매끈한 조약돌을 주워 살펴보고 다시 내려놓는 마음처럼,
거니는 걸음마다 놓인 인연을 주워 쓰다듬다 살며시 내려두고 싶다.
하경의 토요일에 몰래 뒤따라 나서는 상상을 해본다. "걷고 먹고 멍
때릴 수 있다면 어디든."

Movie—다카하시 하나코 〈하나와 아리스〉(2008)

마침내
돌아온 곳에는

부산함이 만연한 초봄의 대학교. 물감이 묻은 앞치마를 두른 이들이 양동이를 든 채로 붓을 헹구면, 한편에서는 물레를 돌리며 흙반죽의 무게 중심을 연신 매만진다. 근처 다섯 평짜리 낡은 아파트에서 살며 '미대생다운 불량함'이 부족하다 일컬어지는 다케모토는 우연히 신입생 하구미를 만난다. 천부적인 재능으로 캔버스를 채우는 하구미를 보며 다케모토는 첫눈에 반해버리지만, 그녀에게 다가서는 건 낡은 아파트에 제멋대로 등장한 선배 모리타. 둘은 특별한 재능 아래서 보이지 않는 영감을 주고받고, 다케모토는 한 발자국 뒤에 선 채로 그들을 동경한다. 탐구하는 학생들로 가득 찬 학교는 청춘의 상징처럼 느껴지지만, 타고난 것의 차이를 실감하는 무심한 곳이기도 하다. 너무나도 좋아하기 때문에, 내 손에 쥔 것이 하나도 없다는 걸 깨닫게 만드는 이들의 곁에서 다케모토는 무작정 자전거에 오른다. "나는 도망쳤다. 어제까지의 모든 걸 뒤로한 채. 마치 굴러떨어지듯이." 그저 페달을 돌려 앞으로, 앞으로만 나아간다.

길의 끝에서 청춘을 나눈 이들의 얼굴을 그린 다케모토는 달린 만큼의 길을 다시 돌아온다. 한 몸처럼 붙어 있던 자전거에서도 내렸다. 땅에 발을 디딘다고 모르던 답이 하늘에서 똑 떨어질 리 없다. 하지만 갈피를 못 잡던 마음은 잠깐의 여행으로 당장 할 수 있는 것을 떠올렸다. "좋아해." 다케모토의 말에 배시시 웃는 하구미. 인생은 여행과도 같다는 진부한 말이 생각난다. 종착지 대신 도착지면 충분할 테니까. 마침내 돌아온 곳에서 우리는 무얼 할 수 있을까.

"어느새 달리고 있었다. 그저 페달만 밟고 있었다. 그리고 떠올렸다. 모리타 선배의 재수 없는 웃음을, 야마다 선배의 어색한 눈물 머금은 얼굴을, 마야마 선배의 사실은 따뜻한 목소리를, 너의 미소를."

© (하나와 아리스)

박종우 작가는 세상 곳곳을 거닐며 옅어져 가는 흔적을 찾아 나선다.
이내 그 흔적의 소매를 꼭 쥐기도 한다. 그러니까, 박종우 작가는
사라지는 것들을 사진으로 기록하는 사람이다. 그는 부산을 기록하기
위해 자신의 기억부터 더듬었다. 시대의 풍파에 휩쓸리던 가족들과
무엇이든 꽉 들어찬 좁은 도시. 파란 물탱크와 높이 솟은 굴뚝. 소년의
마음으로 되새겨본 부산에는 어떤 감정과 기억이 담겨 있을까.

소년의 눈동자가 기록한 장면

박종우—사진작가

에디터 이명주

사진 박종우

작년에 고은사진미술관에서 사진전을 여셨죠. 작가님이 바라본 부산의 모습을 담아서요.
한국에 사진미술관이 두 곳밖에 없는데 그중 하나가 부산 고은사진미술관이에요. 그곳에서 우리나라의 사진가 중 중진 다큐멘터리 작가들로 하여금 부산을 기록하게 하는 프로젝트를 시작했죠. 특이한 점은 부산에 거주하지 않는 사진가에게 작업을 의뢰한다는 거였어요. 도시를 너무 아는 사람들은 오히려 정형화된 모습만 볼 수도 있으니까. 팬데믹 기간을 제외하곤 이 프로젝트로 매년 한 명씩 사진전을 열었고, 제가 여덟 번째 작가였어요.

흑백으로 작업한 점이 눈에 띄어요. '부산 이바구'라는 이름의 의미도 궁금했고요.
하나의 도시를 두고 다룰 만한 주제는 앞서 많이 나왔던 터라 내가 아는, 내가 기억하는 부산의 모습을 꺼낼 수밖에 없었어요. 그걸 중심축으로 삼으니 컬러보다는 흑백이 잘 어울릴 것 같더라고요. 전시 이름은 참 정하기 어려웠는데요. 우선은 부산을 회상한다는 의미에서 'Busan Evoked'라고 정해두고, 단어 음을 차용해서 '이바구'라는 단어를 넣어봤죠. 이야기라는 말의 경상도 사투리기도 하고 이제 보니 꽤 부산적인 이름 같아 만족스러워요. 흑백 작업도, 이런 방식의 이름 짓기도 저한테는 특별한 시도였어요.

작가님이 말하는 부산을 이해하기 위해선 먼저 가족 역사부터 들여다봐야 할 것 같아요.
친할머니는 일제강점기, 독립, 전쟁, 경제 발전 같은 시대의 격동을 전부 겪은 분이세요. 할아버지는 만주에서 독립 운동을 하느라 연락이 끊겨버려서 외동 아들이던 제 아버지와 이북에 사셨어요. 아버지가 먼저 월남하고 나중에 할머니까지 내려오셔서 서울 영등포에 자리를 잡게 되었죠. 아버지가 국방부 직할 부대 장교였는데 6·25전쟁이 터져 얼떨결에 소식이 끊겨버렸어요. 미처 피난을 떠나지 못한 할머니는 동네에 숨어 있었다고 해요. 당시에는 세력이 바뀔 때마다 밀고가 참 많아서 군 장교의 가족은 살아남기 힘들었거든요. 다행히 우리 할머니를 밀고하는 사람은 아무도 없었죠.

어떤 이유 때문일까요?
할머니 존함이 유순홍이에요. 이름처럼 유순하고 인자한 분이라서 주변에 인정을 많이 베푸셨죠. 이웃들에게 퍼주기 좋아하시고 잘 챙겨주던 분이라 다들 지켜주었대요. 이후 인천 상륙 작전이 벌어지면서 숨통이 트이나 했는데 곧 중공군이 참전한다는 소식이 들려왔어요. 전세가 다시 뒤집힌 거죠. 이때까지 할머니

아버지는 만나지 못했고, 할머니는 북한군이 점령했던 시기에 대한 공포로 피난 열차에 오르셨어요. 그때는 모든 피난 열차가 부산으로 가게 되어 있었거든요. 그래서 할머니가 난생 처음 부산진역에 도착했는데 낯선 동네라 갈 데도 없고 돈도 없었대요.

영화보다 더 영화 같은 역사의 한 장면이네요. 개인의 의지나 선택보다는 시대의 흐름에 일생이 흘러가던 시기였고요.
그때는 다 그랬죠. 불교 신자였던 할머니가 갈 곳은 절뿐이라는 생각에, 역에서 가장 가까운 절을 수소문했고 결국 수정구 연등사라는 절에 머물게 되셨어요. 사실 이때 아버지는 중공군과 황해도에서 전투를 하다가 총상을 입고 부산 수정구의 야전병원으로 후송되었어요. 당시에 워낙 헤어진 사람들이 많으니까 영도다리에 가면 누군가를 찾는 팻말과 쪽지가 가득하고 이름을 부르는 소리가 그렇게 컸다고 해요. 할머니와 아버지도 매번 영도다리를 맴돌았지만 서로 엇갈려 만나지를 못했어요 그러다가 반찬거리를 사러 간 구멍가게에서 우연히 아버지와 마주치면서 마치 영화에 나오는 듯한 기적의 상봉을 한 거예요. 그 후 아버지가 어머니와 만나 결혼하고 60년대에 경남 진해의 육군대학 관사에서 지내게 되었어요. 제 기억은 그때부터 시작되는데, 할머니가 한국전쟁 당시의 부산을 많이 들려줬어요. 부산이 바로 코앞인데 자주 못 가서 아쉽다는 말씀도 하셨고요.

부산에 머물던 시기가 길지 않은데 할머니 마음에 고마움이 깊이 남았나 봐요.
맞아요. 돌아가실 때 유언으로 전쟁 기간 동안 머물렀던 부산의 절에 있게 해달라고 하셨어요. 그래서 할머니 장례를 치르기 위해 부산에 가게 됐죠.

작가님이 처음 마주한 부산이었네요. 부산의 첫인상, 어땠나요?
진해에서 부산으로 가려면 낙동강 구포다리를 지나야 해요. 낙동강이라는 무척 큰 강을 건너는 것도 놀라운데, 다리를 지나자마자 시장에서 장사하는 분들이 쏟아져 나오면서 사투리로 이것저것 사라고 소리쳤어요. 연등사에 도착해 바라본 주변 풍경, 산복도로와 산 비탈길에 빼곡하게 들어찬 판잣집이 잊히지가 않아요. 저는 열 맞춰 지어진 관사에서만 살았으니 부산을 보곤 참 별세계가 다 있다는 생각을 했죠(웃음).

이후에도 이모님을 만나러 영도에 자주 가셨다고 하니 즐거운 추억도 많겠어요.

함께 서울에 살던 이모가 영도로 이사를 가면서 자주 놀러
오라고 했죠. 이모가 부산 사람과 결혼했거든요. 방학을
틈타 꽤 오랫동안 부산을 오갔기 때문에 60-70년대의
모습이 생생해요. 사촌들이랑 여기저기 놀러 다니고 그때
처음 해운대도 가봤어요.

**빽빽한 마을과 오래된 집, 파란 물탱크처럼 기억 속
모습을 사진에도 옮겨 두셨죠.**
원래 부산은 산이 많고 평지가 넓지 않기 때문에 큰 규모의
도시가 들어올 수 없어요. 초량이라는 동네는 예전에
해안선이었고요. 지금의 부산역은 바다를 흙으로 메운
매립지예요. 매립을 해서 탄생한 도시에 갑자기 50만 명이
넘는 피난민이 몰려오면서, 도시가 굉장히 기형적으로
발달하게 됐죠. 사람이 절대 살 수 없는 급경사에 집이
세워졌고, 산꼭대기 마을까지 물을 끌어오기 힘드니 집
위로 물탱크를 두게 되었고요. 빽빽하게 지어진 집마다
머리에 파란 물탱크 하나씩을 얹게 된 거예요. 시대의
흔적이 남은 것들은 사진으로 남겼어요.

**목욕탕 굴뚝을 포착한 작업도 흥미로워요. 부산에는
원래 목욕탕이 많나요?**
학생 때 기차를 타고 부산역에 딱 도착하면 눈앞에 굴뚝이
꽤 많았어요. 아까 말했다시피, 물이 귀하니까 집마다
목욕을 할 공간이 없어서 자연스레 목욕탕이 들어선
거예요. 전국에서 공동목욕탕이 가장 많은 도시이죠.
전성기에는 2,000여개가 넘는 곳이 영업을 했다고
해요. 굴뚝이 높은 것도 신기하죠? 굴뚝을 낮게 지으면
산꼭대기에 있는 집들이 연기 때문에 창문을 못 열거든요.
그래서 굴뚝도 이렇게나 높은 거예요.

**지역적 특색과 시대적 특색이 퍼즐 맞추듯 이어져요.
이런 장소들은 도대체 어떻게 찾으셨어요?**
목욕탕은 지도에서 검색이 잘 안 돼요. 하지만 눈에는
띄잖아요. 동네를 훑다가 발견하면 GPS 좌표를 지도에
표시하는 식으로 1년 동안 자료 조사를 했어요. 참
재미있는 게, 목욕탕 굴뚝에 세상 좋은 이름은 다 갖다
붙여요(웃음). 건강탕, 에덴탕, 장수탕… 목욕탕은 단순히
몸을 씻는 공간을 넘어서 동네 사람들이 모여서 살아가는
얘기를 나누고 서로 소식을 주고받던 공동체의 소통
공간이었어요. 그런데 집집마다 샤워시설이 갖춰지고
코로나19 시대를 거치면서 그 많던 부산의 목욕탕들이
눈에 띄게 사라지고 있어요. 사람들이 떠나니까 빈집이
많아지고 가게들은 문을 닫고, 그럴수록 마을은 황폐화
되기 쉬워져서 아쉽죠.

이 도시는 작가님에게 어떤 의미인지 궁금해요.

부산은 전근대적인 옛날 모습부터 초현대적인 모습까지
공존하는 곳이에요. 굉장히 특별한 도시죠. 이곳을 바라볼
때마다 '도시의 변신Metamorphosis To Metropolis'이라는 말이
떠올라요. 메타모포시스는 변신, 변태를 의미하는데요.
곤충이 껍질을 깨고 완전히 다른 모습으로 탈바꿈을
하잖아요. 나비가 변태를 하고 확 날아오르듯, 부산을 보면
그 생각이 들어요. 구도심의 오래된 골목길을 걷다보면
타임머신을 타고 과거로 온 듯한 착각에 빠지는 반면,
해운대 마린시티로 오면 미래도시에 시간 여행을 온 듯한
기분이 듭니다.

**멋있는 은유예요. 한편으로는 변해가는 모습이 서운하진
않으세요?**

사라져가는 것에 대한 아쉬움은 언제나 있지요. 부산은
발전이 바깥에서부터 안으로 파고 들어오는 형태라
원도심이나 산복도로의 집들은 가만둘 수가 없을 거예요.
몇십 년 후에는 내가 기록한 이 모습들이 하나도 남아 있지
않을 수도 있죠. 더 많이 기록해 두고 싶네요.

**작가님은 세계 곳곳을 다큐멘터리 사진과 영상으로
포착하시잖아요. 결국 모든 작업은 기록하기 위함에서
시작된 건지도 모르겠어요.**

저는 사진예술에서 기록성이라는 특징이 제일 중요하다고
생각해요. 마음의 상태를 표현하는 사진도 흥미롭죠.
하지만 앞으로 10년, 20년 지났을 때 과연 순간의 생각을
해석한 작업물이 얼마나 가치가 있을까요? 별로 없을 것
같아요. 앞으로 점점 더 많이 변하게 될 장면에 주목하는
것도 그런 이유 때문이죠. 사라지는 것을 박제하고 기록해
두고 싶다는 게 작업의 의미로서는 가장 커요. 누구라도
해두면 좋을 텐데 다른 사람이 할 마음이 없다면 내가 하면
되니까요.

**셔터를 눌러 기록한 공간 중 부산 외에 기억에 남는 곳이
어딜까요?**

2009년에 우리나라 비무장지대를 촬영했어요. 그때
해외 스케줄이 많았는데 제의를 받자마자 모두 캔슬하고
2년 동안 뛰어들었죠. 사진 찍는 사람이라면 당연히
가보고 싶지 않겠어요(웃음)? 한반도 어디에서든 볼 수
있는 풍경이긴 한데 사람의 기척이 조금도 느껴지지
않는 독특한 환경이었죠. 히말라야 산맥 구석구석과
티베트의 험준한 교역 루트인 차마고도 등지도 오랫동안
드나들었습니다. 낯선 곳을 향해 떠날 때마다 기대하지
않았던 엄청난 광경을 마주하면 숨이 탁 막혀요. 세상에
이런 데가 있구나, 하고.

**눈동자가 반짝이고 있어요. 호기심과 탐구심이 많으신가
봐요.**

막상 가기 전에는 어떤 장면을 담게 될지를 모르잖아요.
그 순간이 불안하지 않고 기대감이 충만하게 느껴져요.
끝까지 가보는 걸 좋아해서 그런가, 어떤 마을을
찾게 되면 그 마을 위에 다른 마을이 있는 걸 참지
못하겠더라고요(웃음). 아무리 구석진 오지라도 사람
사는 기척이 얼핏 보이면 어떻게든, 언제라도 꼭 가보고
싶어져요. 히말라야 같은 큰 산에 가면 저 산의 뒤쪽에는
뭐가 있을까 라는 생각이 들고… 그래서 몇백 킬로미터를
돌아서 찾아가 보기도 하고. 이런 마음은 호기심에서
비롯된 것 같네요.

그래서 그런지 작업실 벽 한쪽이 온통 세계 지도예요.

그렇죠? 어릴 때부터 세계 지도를 즐겨 봤어요.
쫙 펼쳐놓고 어디 가야겠다, 그런 것도 연구를 많이
했고요. 아직도 바라보면서 어딜 떠나보고 싶다는 생각을
해요.

**사진이라는 일을 매번 새 마음으로 대하시네요.
앞으로도 하고 싶은 작업이 많겠어요.**

사실 요즘엔 다른 일로 바쁘긴 해요. 팬데믹 때문에
어디 가는 게 쉽지 않았잖아요. 그래서 집에서 뭘 할까
연구하다가, 마당에 장미를 몇 송이 심기 시작했어요.
지금은 거기에 완전 빠져버려서 거의 장미 밭을 관리하고
있죠. 촬영을 가려고 하면 장미들이 눈에 밟혀서 발걸음이
떨어지질 않네요(웃음). 그래도 가야죠. 차마고도처럼
낯선 장소를 소개하고 싶기도 하고, 비무장지대처럼
사람의 왕래를 막는 세계 곳곳의 장벽에도 관심을 갖고
있으니까요.

작가님이 또 한 번 남겨주실 기록들이 기대돼요.

일종의 사명감이기도 해요. 공간 그 자체, 그곳이
가진 의미를 기억하던 사람들까지 사라져버리기 전에
찍어두려고요.

작가는 다정하고 진중한 말투로 길고 긴 이야기를
풀어냈다. 희끗한 머리와 단단한 마음의 중심은 그가
지나온 시간을 가늠케 했어도, 반짝이는 눈동자는 여전히
별세계를 마주한 소년의 것 같았다. 흐르는 시간에
사라져가는 것만 늘어나지만, 고이 간직한 기억과 감정은
풍부한 색채로 존재한다. 그에게서 산비탈과 바다와
사람들을 쓰다듬는 마음을 배운다.

고향이 어디십니까

저는 고향이 두 개입니다. 객관적 고향은 서울이지만,
주관적 고향은 부산이지요. 당신은 고향이 어디신가요?

글·사진 정다운

고향 집에 대한 로망

이룰 수 없는 로망이 하나 있다. 정말 갖고 싶지만 결코
가질 수 없는 것, 돈을 주고도 살 수 없는 것. 고향 집.
부모님을 뵈러 내가 나고 자란 고향 집에 가는 상상을
한다. 고향 집과 가까워질수록 점점 거리가 익숙해지겠지?
낯익은 골목 어귀에 접어들면 이미 집에 도착한 것 같은
기분이 들 거야. 그렇게 찾은 고향 집엔 어린 시절 추억이
가득하겠지. 키를 재던 흔적이 남아 있을지도 몰라.
오랜만에 고향 친구들을 만나기도 하겠지. 고향 친구라니,
상상 속에 존재하는 아름다운 단어다.
하지만 나에겐 고향 집이 없다. 실은 고향이 어디인지도
잘 모르겠다. 그래서 종종 고향이 어디냐는 질문을 받으면
고민하게 되고 고향의 정의가 무엇인지 되묻게 된다.
궁금해서 표준국어대사전에 '고향'의 뜻을 찾아보니
"1. 자기가 태어나서 자란 곳 2. 조상 대대로 살아온 곳
3. 마음속에 깊이 간직한 그립고 정든 곳"이라고 나온다.
주민등록상 출생지는 서울이다. 서울에서 태어나 다섯 살이
되기 전 부산으로 이사를 했다. 서울에서 살 때의 기억은
조금도 남아 있지 않다. 부산으로 이사를 한 건 아버지
직장 때문이었다. 부모님은 연고 없는 부산으로 아직
어린 자식 둘을 데리고 이사를 했다. 그리고 우리는 부산,
중에서도 해운대에서 내가 스무 살이 될 때까지 살았다.
유치원부터 초등학교, 중학교, 고등학교를 모두 부산에서
나왔다. 고향을 묻는 말에 내가 서울이라고 대답한다면
그것은 공식적인 사실이지만 대답에 정취가 담겨 있지는
않다. 만일 정취를 담아 내 고향은 부산이라고 대답한다면,
엄밀히 따지면 그건 거짓에 가깝다. 게다가 나는 부산
사투리를 쓸 줄도 모르는걸. 정말 부산이 고향인 사람들이
들으면 콧방귀를 뀔 일이다.
서울에서 나고 자란 부모님의 엄격한 교육 아래 또박또박
서울말을 쓰며 부산에서 15년을 살았다. 내가 부산을 떠날
때 가족들도 모두 함께 서울로 왔기 때문에 지금 부산에는
아무 연고도 없다. 친구들도 대부분 부산을 떠나 다른
지역에서 살고 있다. 부산에 가도 고향 집은커녕 만날
사람도 거의 없단 이야기다. 하지만 그런데도, 나의 고향은
서울보다는 부산에 가깝다고 느낀다.

시시콜콜한 이야기

얼마 전에 부산에 다녀왔다. '부산 여행'을 다녀왔다고
쓰지 않는 걸 보니 내 고향은 부산이 맞나 보다. 내가 사는

제주도에서 비행기로 40분 정도면 김해공항에 닿는다.
부산에 간 이유는 순전히 해운대역 근처에 있는 떡볶이집에
가기 위해서. 커다란 판에 끓고 있는 새빨간 떡볶이 사진을
인터넷에서 보자마자 먹어보고 싶었다. 김해공항에
내리자마자 바로 지하철을 타고 해운대역으로 향했다.
해운대역에서 가까운 곳에 있는 고등학교를 다녔는데, 그땐
이 떡볶이집은 없었다. 하지만 부산식 떡볶이의 맛은 아주
잘 알고 있다.
"저 이거 먹으려고 제주도에서 왔어요."
"다들 제주도 가는데, 거꾸로 왔네."
싱거운 대화를 나누며 떡볶이를 주문했고 가게에서는
식사를 하지 못한다고 해서, 포장해서 나왔다.
"저기 언덕 위가 우리 학교거든. 저쪽으로 올라가 보자.
빌라가 많은 동네라 앉을 곳을 찾기 쉽지 않을 것 같은데
일단 가보자. 따라와."
낯익은 동네에서 마음이 편해지는 이유는 길 잃을 걱정을
하지 않아도 되기 때문이다. 나만 이 동네가 친근하게
느껴지는 거지 동네는 내가 낯설겠지만, 이 익숙한 골목
어디에서든 떡볶이를 먹을 수 있을 거라는 생각이 든다.
길바닥에 앉아서 먹더라도, '아 너구나.' 하고 너그러이
봐줄 것 같은 기분. 떡볶이가 담긴 까만 봉지를 들고 10여
분 걷다가 정자를 찾았다.
"거봐, 여기선 나만 믿어. 내 구역이야."
부산에 오니 부쩍 말이 많아진다.
"고3 때 부반장이었거든. 반장 영아랑 다른 부반장
미진이랑 셋이 해운대역 근처에서 떡볶이 먹는데 내가 그때
순대를 못 먹었거든. 영아랑 미진이가 내가 서울 사람이라
그런 거 같다며 놀렸어. 생각해 보면 그때 나는 못 먹는
게 좀 많긴 했던 거 같아. 애들이 서울깍쟁이라고 여길
만했지."
떡볶이를 먹고 내가 다니던 학교까지 조금 더 걸어 올라가
보기로 했다.
"엄청나게 가파른 오르막이지? 등교하면서 뛰다가 정말
많이 넘어져서 무릎이 성할 날이 없었어. 지금도 그 상처가
남아 있잖아."
입구에서 가로막혀 학교에 들어가진 못했지만, 교문 앞에서
사진은 한 장 찍었다.
"학교 운동장에 벚나무가 있거든. 벚꽃 잎 손으로 받으면
사랑이 이루어진다고 해서 봄에 꽃피면 엄청 뛰어다녔어."
"저 복삿집 아직 있네. 내 노트 필기를 친구들이 복사해서
돌려 봤는데, 한 장 빼돌려서 저기 사장님이 돈 받고
팔았어. 어이없지? 지금의 나 같았으면 가만있지 않았을
텐데, 그땐 그냥 팔지 말라고 항의하고 말았네. 참나."
학교 앞 오래된 골목은 시간이 흘러도 거의 그대로였다.
언덕을 따라 내려가 해운대 바닷가까지 걸었다.

"세상에 천지가 개벽했네! 내가 아는 건물이 하나도 안 보여. 그때 제일 높은 건물이 리베라백화점이었거든? 근데 지금 빌딩에 가려서 그 건물이 어디 있는지 보이지도 않아."

고개를 이리저리 돌리며 낯선 빌딩 사이에서 겨우 아는 건물을 찾았다.

"저 오락실! 수능 본 날 혜령이랑 '비시바시' 했던 곳이다. 그리고 저 건물에서 임정이 남편 될 사람 처음 인사 했었네! 저기 2층 카페였던 거 같은데."

오랜만에 찾은 해운대 바다 주변 풍경이 정말 많이 변해서 서운한 기분이 들었다. 하지만 이제 와서 내가 아쉬워할 자격은 없는 것 같아 섭섭한 감정에 빠지지 않으려고 애썼다.

"학교 끝나고 종종 해운대 바닷가 따라 걸어서 집에 갔거든. 신발에 모래 가득해서 엄마한테 엄청 혼났어. 그런데도 나는 좀 돌아가더라도 이 길로 집에 가는 게 좋았어."

그리움

처음 서울로 이사하고 대학교에 다니는 동안 늘 해운대를 그리워했다. 아는 사람이 거의 없는 서울이 어쩐지 쌀쌀맞게 느껴졌다. 외로움을 많이 탔고, 자주 해운대에 갔다. 영등포역에서 밤 기차를 타면 아침 일찍 부산역에 도착한다. 부산역에서 다시 버스를 타고 해운대 바다 앞에서 내렸다. 아침부터 문을 여는 바닷가 카페에 앉아 있으면 친구들이 일어나는 대로 하나둘 카페로 왔다. 그때 처음 알았다. 외로움과 그리움은 하나구나. 그리운 곳이 있다는 건 좋은 일이네. 그렇다면 외로움도 꼭 나쁜 건 아닌 것 같아. 나에겐 혼자서도 갈 곳이 있고, 그게 해운대라니 정말 좋은 일이야. 아빠는 부산으로 회사를 옮기며 해운대에 집을 구했다. 아빠 회사가 있던 남포동에서 해운대는 차로 30분이 넘게 걸리는데도 그랬다. 그 당시 아빠에겐 낭만이라는 게 있었던 것 같다. 여기까지 쓰다가 깨달았다. 지금 나는 제주도에 살고, 반려인의 회사는 제주 시내에 있다. 출퇴근할 때 차로 30분이 걸리지만 우리는 중산간 시골에 산다. 제주도에 살면서 굳이 시내에 살고 싶진 않은 마음. 생각해 보니 그때 아빠도 같은 마음이었던 것 같다. 기왕 부산에 산다면 해운대에 살고 싶은 마음이었던 거겠지. 그때의 아빠보다 나이가 들고 나서야 그 마음을 헤아릴 수 있게 되었네. 오늘도 글 덕분에 하나 알았다. 이래서 내가 글쓰기를 좋아한다. 아무튼 나는 아빠의 낭만을 닮은 것 같다.

고향의 정의

제주에서는 주로 직접 차를 운전해서 다닌다. 성큼성큼 점에서 점으로 이동한다. 그래서 그런가, 추억이 잘 쌓이지 않는다. 생겼다가도 금방 사라진다. 서울에서는 주로 지하철을 타고 다녔다. 서울 곳곳을 여기저기 다니느라 덧칠할 새가 없었다.

표준국어대사전에서 정의한 '고향'을 다시 살펴본다. 그중에서도 셋째 의미 "마음속에 깊이 간직한 그립고 정든 곳"에 밑줄을 긋는다. 유년의 추억은 다른 추억과 결이 많이 다르다. 고향의 땅바닥을 기고 걷고 뒹굴며 생긴 추억은 몸으로 기억되고 나를 먹이고 키운다. 부산에는 집과 학교, 그 사이의 좁은 골목과 길게 이어진 해변을 수도 없이 걸으면서 덧칠한 선들이 있다. 그 선이 나를 성장시켰다. 그 선은 높은 건물이 생기고 새 도로가 나더라도 사라지지 않는다. 그 선이 있는, 그립고 정든 곳이 고향이다.

그러니까 제 말은, 서울에서 태어난 나의 고향은 부산 해운대라는 겁니다. 사실은 이 글을 시작하기 전까지도 조금 알쏭달쏭했는데요, 앞으로는 주저하지 않고 대답할 수 있을 것 같습니다. 제 고향은 부산 해운대입니다.

호기심 천국 여행자를 위하여

글 배순탁—음악평론가·〈배철수의 음악캠프〉 작가

02.
'Killjoy'
—The Czars

01.
'Going to a Town'
—Rufus Wain-wright

03.
'On the Sea'
—Beach House

04.
'Cool About It'
—Boygenius

05.
'배반'
—윤상

부산이다. 너도 알고 나도 알고 어쩌면 우리 옆집 사는 유치원생도 세 번 정도는 가봤을 그곳이다. 부산은 규모로만 따지면 대한민국에서 두 번째로 큰 대도시다. 부산 출신이 아닌 사람들 중 부산에 가보지 못한 경우 역시 그렇게 많지는 않을 것이다. 나도 일 때문이든, 그저 놀기 위함이든 최소 열다섯 번은 부산에 방문한 것 같다.

어릴 때는 좀 달랐다. 일단 너무 오래 걸렸다. 내 고향은 서울이지만 본적은 대구다. 그래서 기억도 희미한 나이 때부터 명절마다 대구에 갔다. 10대가 되고 20대가 되어서도 대구에 갔다. 그 와중에 부산 한번 가볼 수 있었을 텐데 처음 부산에 간 건 2004년 KTX가 개통되고 나서였다. 우리는 마땅히 KTX에 감사해야 한다. 이렇게 빠른 기차를 이 정도 가격에 이용할 수 있다는 건 한국에서 태어나 누릴 수 있는 몇 안 되는 축복이다. 나처럼 지방에 가야 할 일이 꽤 있는 사람이라면 공감할 것이다.

부산은 언제나 재방문할 만한 가치가 있는 도시다. 일단 기가 막힐 정도로 맛있는 게 많다. 정말 많다. 당신이 회를 좋아한다면 내가 추천하고 싶은 곳이 최소 세 곳은 된다. 내가 음악은 잘 몰라도 회 맛은 좀 안다. 숙성회 쪽으로는 특히 자신 있다.

회뿐만이 아니다. 당연하다. 부산의 중국 음식은 대한민국 최고 수준이다. 나는 하루빨리 간짜장 위에 달걀 프라이가 올라가는 걸 아예 법으로 제정해야 한다고 믿는다. 대체 이게 왜 서울에서는 보편화되지 않는 건지 이해가 되질 않는다.

이 외에 돼지국밥, 밀면, 양곱창 등 부산에는 하루 5식을 해도 부족할 먹거리가 넘쳐난다. 나는 여행의 가장 중요한 요소가 음식이라고 여기는 인간이다. 부산행을 언제나 기대할 수밖에 없는 이유다.

대도시인 만큼 부산에는 구경할 곳도 많다. 널리 알려진 해운대, 광안리는 기본, 이 외에도 조금만 찾아보면 관광지로 이렇게 매력적인 곳도 많이 없겠구나 싶을 것이다. 나는 부산 출장 및 여행 동안 곳곳을 누비고 다녔다. 그중에는 지인 추천 찬스를 쓴 곳도 있지만 무작정 내 감에만 의지해 방문한 곳도 있었다.

내가 강조하고 싶은 게 바로 이거다. 자신의 감을 믿어야 한다는 거다. 어느새 우리는 평점의 노예가 됐다. 먹고 싶은 게 있으면 평점에 의지하고, 가고 싶은 곳이 있어도 평점에 의지한다. 식당 하나 찾을 때도 평점의 신께서 우리를 굽어살피신다. 뭐랄까. 평점은 마치 동조 압력처럼 작용하는 것으로 보인다. 간단하게 "남이 좋다는 걸 답습하는 시대"라고 정의할 수 있을 것이다.

조심스레 제안하고 싶다. 어느덧 자취를 감춰버린 그 기쁨, 오감을 총동원해 발휘한 사람만이 얻을 수 있는 기쁨, 직접 찾아나서 보면 어떨까 싶다. 그냥 내 느낌을 믿는 거다. "그래, 이거다." 싶으면 망설이지 말고 이순재 아저씨처럼 직진하는 거다.

물론 당신의 용감한 선택의 결과가 실패일 수도 있다. "괜히 왔나." 싶을 수도 있을 것이다. 그래도 괜찮다. 그 별로인 순간을 곱씹으면서 여행을 추억할 수도 있다. 상상해 보라. 오로지 만족으로만 가득한 여행이라는 건 애초에 불가능하기도 하지만 어쩌면 약간 지루한 여행이었다는 뜻일지도 모른다. 그렇다. 결국 낯선 것에 대한 호기심이 우리를 구원해 줄 것이다.

다음은 호기심 천국인 당신의 여행에 든든한 동행이 되어줄 추천 플레이리스트다. 최근 〈배순탁의 B side〉에서 선곡된 노래들로 골라봤다.

'Going to a Town'
Rufus Wainwright

제목부터 여행에 딱이다. 내가 생각하는 루퍼스 웨인라이트 최고작이기도 하다. 며칠 전 〈배순탁의 B side〉에서 이 곡을 틀었더니 이런 문자가 왔다. "이 곡 들으면서 여행하고 싶네요." 무슨 말이 더 필요하겠나.

'Killjoy'
The Czars

사실 노래 뜻은 부산 여행과 맞지 않는다. 'Killjoy'는 우리말로 하면 '분위기 깨는 사람'쯤 된다. 그러나 여행길을 천천히 산책할 때 이보다 어울릴 만한 음악을, 나는 알지 못한다. 꼭 한번 들어보시라.

'On the Sea'
Beach House

넥스트N.EX.T의 'The Ocean'을 선곡할까 하다가 너무 유명한 것 같아 이 노래로 바꿨다. 비치 하우스는 2010년대 이후 가장 탁월한 포스트 록 밴드다. '비치' 하우스의 '바다에서'라니, 어쩐지 무조건 플레이해 봐야 할 것 같지 않나.

'Cool About It'
Boygenius

코로나19가 좀 풀린 이후 여행 한번 가지 못했다. 부산이든 어디든 여행을 가게 되면 실컷 돌아다닌 뒤 밤에 맥주 몇 캔 사 들고 숙소로 돌아와서 씻은 다음 이 곡을 들을 거다. 내 소박한 버킷 리스트 중 하나다.

'배반'
윤상

나는 여행 때마다 윤상의 음악을 무조건 챙겨 가는 습관이 있다. 오늘의 기분은 이 곡이다.

[Release The Stars] (2007)

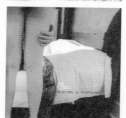

[The Ugly People Vs the Beautiful People] (2001)

[Bloom] (2012)

[The record] (2022)

[Cliche] (2000)

KTX를 타고 세 시간 남짓, 열차에서 내려 둘러본 사위가 크게 낯설지 않다.
부산이라고 해서 엄청나게 지방답다거나 단번에 사투리가 들려오는 건 아니었다.
그나마 이곳이 부산이라 짐작할 수 있던 건 거대한 역 위로 그려진 '부산역'이란
글자 덕분이었다. 우리 가족은 아빠를 따라 부산역 앞에 있는 렌터카 업체로
향했다. 어떤 차인지 묻지 않았지만 아마 적당한 금액에 우리 집 차량과 비슷한
형태의 그것이리라 짐작하면서.
"운전면허증이랑 예약증 보여 주세요." 부산 사투리가 전혀 섞이지 않은 말투였다.
아빠는 지갑을 뒤적거리다 말고, 당황한 기색도 없이 말한다. "어? 면허증을 차에
두고 왔네." 광명역에 주차되어 있을 우리 차를 말하는 거였다. 곧이어 엄마가
말한다. "응? 내 면허증은 조수석 서랍에 있는데?" 역시 광명역에 주차되어 있을
우리 차를 말하는 거였다. 부모님은 물끄러미 나를 쳐다본다. 나도 물론 운전을 할
줄 안다. 게다가 자신이 운전을 잘한다고 믿기까지 했다. 그럴 만도 했다. 성인이
되자마자 운전면허 학원에 등록했는데, 하필 궂은 날씨가 이어지던 때여서 꽤
불편한 환경에서 연수를 받아야 했다. 내가 차에 올라 가장 먼저 배운 건 시동 거는
법과 브레이크, 액셀러레이터 위치 그리고 와이퍼 조작법이었다. 교관은 시원한 날
연수를 시작한다면서 웃었다. 그런 날씨를 통과해 연수를 마쳤고 도로주행 시험
날이 밝았는데, 설상가상으로 눈이 내렸다. 살얼음이 얼락 말락 한 도로를 달려
시험에 합격했으니 이상한 자신감이 생길 만도 했다. 게다가 T자 주차 같은 고난도
코스가 포함돼 있던 시절이었고, 쓸데없이 운전면허 필기시험을 만점 받아버린
것도 이상한 자부심에 큰 역할을 했을 것이다. 그러나 이런 건 운전면허증과
아무 연관이 없었다. "나? 면허증 안 들고 다니는데?" 왠지 웃음이 났다. 아무도
면허증을 가지고 있지 않다니. 렌터카 직원은 사무적인 눈으로 우리 가족을

바라보았다. 그때만 해도 크게 걱정하지 않았다. 운전면허쯤이야 주민등록증으로
조회되리라는 시스템을 향한 믿음에서였다. "주민등록증으로는 대체할 수
없는데요." 여전히 사무적인 말투였지만 그 안에 걱정이 한 줌 담겨 있는 것처럼
느낀 건 왜였을까. 운전면허증도 없이 렌트하러 온 거냐는 듯한 나무람보다는
어쩌지 못해 같이 안타까워하고 있다는 느낌이었다. 대단히 따뜻한 말투는
아니었지만, 지금 생각해 보면 그것이 부산 사람 특유의 다정함이 아니었을까 싶다.
방법이 없겠느냐 묻는 아빠에게 직원은 고개를 저었다. 우리는 하릴없이 예약을
취소하고 차 없이 렌터카 업체를 나섰다. 부산역은 30분 전 모습 그대로,
거대하고 견고한 자세로 우리를 내려다보고 있었다. 그때 우리 여행이 어땠더라?
우당탕탕 정신이 없었을 법도 한데, 이렇다 할 사건은 기억나지 않는다. 다만
분명한 것은 렌터카를 수령하지 못했다고 해서 '망했다.' 싶은 순간은 없었다는
것이다. 우리는 요령껏 짐을 포개 버스로 이곳저곳 옮겨 다녔고, 전철을 타고 꽤
먼 동네도 다녀왔다. 사람이 드나들지 않는 시골 마을에 갔다가 교통편이 없어
고생했고, 배까지 고파 곤란했지만 그때 잔뜩 예민해진 감정이야 풍족한 먹거리가
채워주었으니 좋게 기억하는 것도 이상한 일은 아니었다.
문득 그날 이야기가 떠올라 며칠 전, 아빠에게 물었다. "그때, 우리 중 누구도
운전면허증 없던 거 기억해?" 아빠가 말한다. "다사다난한 목포 여행이었지." 귀를
의심했다. "부산 아니야?" "목포에서 차를 못 빌려서 진도에 힘들게 갔잖아." 그때
옆에서 엄마가 그런다. "무슨 소리야, 포항이었어. 울산까지 택시 탄 거 기억 안
나?" 렌트하지 못한 여행이 부산인 것도, 목포인 것도, 포항인 것도 같았지만 그런
건 중요하지 않았다. "어쩜, 아무도 운전면허증을 안 가지고 갈 수가 있어?"
그 기억만큼은 확실했으니까.

먹은 것과 먹지 못한 것

"곰장어 먹을까? 회 먹을까? 일단 나가자, 코앞이 자갈치시장이야." 친구들과 처음
해보는 여행이었다. 어른이 되고는 '진짜 친구'라 부를 만한 사람을 만들기 쉽지
않음에도 어찌어찌 만나게 된 소중한 인연이었다. 우리를 맺어준 건 음악이었다.
같은 음악을 한마음으로 좋아한다는 건 생각보다 훨씬 멋진 일이었다. 친구를
만들어 준다는 데서도 그랬다. 우리가 다 같이 부산에 간 건 친구 무리 중
두 명이 연이 닿아 결혼했고, 아이가 태어났기 때문이다. 음악 듣다 만난 친구들
사이에서 커플이 탄생하고 이내 가족이란 결실을 맺다니, 신기하고 반갑지 않을 수
없었다. 게다가 그 커플 결혼식에서 우리가 함께 좋아한 뮤지션이 축가를 부른 건
두고두고 즐거워할 만한 일이었다.
그런 이유로 우린 부산에서 1박을 함께하기로 했다. 에어비앤비에 누워 할 일을
떠올리다 곰장어 이야기 그리고 자갈치시장에 가자는 말이 나온 것이었다.
곰장어라니. 한 번도 먹어본 적 없고 실제로 본 적조차 없는 그것을 상상하며
우리는 자갈치시장으로 향했다. 시장은 사람으로 북적였다. 우리 집 앞에 있는
재래시장과는 사뭇 다른 분위기였다. 재미있는 기분에 주변을 두리번거리다
'물떡'이라는 글자를 발견했다. "물떡이 뭐야?" 친구가 대답도 없이 내 팔을 잡고는
포장마차에 데리고 가더니 "이거." 하고 답한다. 어묵이 꽂혀 있어야 할 꼬치에
가래떡이 꽂힌 채 숨죽여 선택을 기다리고 있었다. "뭐야? 당연히 맛있겠잖아!"
친구들은 회를 사기 위해 자갈치시장을 누볐고, 나는 사람 틈바구니에서 곰장어
손질하는 상인들을 눈여겨보았다. 시뻘건 속살을 드러낸 채 꿈틀거리는 것들을

매만지는 손길. 저게 곰장어라고? 산 채로 껍질을 벗기는 거란 말에 적잖이 놀란 나는 시선 둘 곳을 찾지 못하고 시장 끄트머리만 뚫어져라 바라보았다. 쳐다도 못 보는 나를 위해 친구들은 곰장어 대신 회와 과일, 튀김, 물떡과 씨앗호떡 같은 걸 먹자고 했다. 양손 가득 뭔가를 들고는 숙소로 돌아왔다. 그때만 해도 편식이 심했던 나는 회가 아닌 모든 것을 먹으며 그 밤을 보냈다. "회도 먹어봐." 하는 친구들 말을 귓등으로 들으며 보낸 밤이었다.

생각보다 얌전하게 그 밤이 지났고, 우리는 아침부터 부산스럽게 움직여 부산의 아가를 만났다. 서로가 자신을 '고모'라 부르며 소개하기 바쁜 날이었다. 덤으로 반평생 부산에 살았던 친구 추천으로 놀라울 정도로 맛있는 돼지국밥을 먹은 날이기도 했다. 우리는 시간이 며칠 더 허락되면 좋겠다며 KTX에 올랐다. 좋은 기억은 그대로 봉인하고 집에 가서 쉬면 좋겠다고 생각하던 그때, 기다렸다는 듯이 화장실 전쟁이 일어나기 시작했다. 한 명은 아무 말도 없이 배를 부여잡고 화장실로 갔고, 또 누구는 얼굴이 새하얘진 채 얼른 집으로 돌아가고 싶어 했다. 서울로 돌아가는 세 시간 동안 이어달리기를 하듯 친구들은 화장실을 들락거렸다. 그 이어달리기에서 배제된 건 어째서인지 나뿐이었다. 범인은 회가 분명했다. 친구들이 괴로움의 성토대회를 하며 사색이 될 때 얄궂게도 나는 우리가 먹은 것들을 하나씩 떠올렸다. 밀면, 물떡, 씨앗호떡, 돼지국밥…. 부산을 대표하는 먹거리는 아주 많았고, 내가 미처 다 먹고 오지 못한 것들을 떠올리며 부산에서 태어난 아가를 생각했다. 이렇게나 맛있는 것들을 먹고 자란다면 분명히 건강할 거라고 확신하며.

부산으로 인터뷰 가던 날이었다. 포토그래퍼 해란과 서울역 내 롯데리아
앞에서 만나기로 했고, 저렴하게 판매하는 커피를 한 잔씩 샀다. 부산에 간다는
것만으로도 왜인지 모르게 약간 긴장하고 설렌 우리는 조금은 달뜬 마음으로
열차에 올랐다. 그러나 2020년은 우리 여행에 그다지 호의적이지 않았다.
코로나19 시대란 그런 것이었다. 시간을 쪼개 산 커피마저 자유롭게 마실 수
없었다. 김밥과 사이다, 과자와 우유를 먹던 시절이 너무 먼 일처럼 느껴졌다.
허기를 달래고자 이야기를 나누려 했지만 그마저도 쉽지 않았다. 비말이 퍼지지
않도록 식음과 대화가 철저히 단속되던 시절이었다. 그러나 우리는 숱한 금지에
순종적이고 싶지 않았다. 모처럼 여행 기분 나는 여정인데, 박지원처럼 필담이라도
나누고 싶은 심정이었다. 요령껏 휴대전화에 글자를 적어 보여주거나 간간이
작은 목소리로 대화 나누며 부산행을 이어나갔다. 평소보다 지치고 피로한
여정이었지만 나름대로 재미있고 신선했다.
우리는 부산을 종횡무진 누비고 다니는 다섯 살 아이, 지민이를 만나기 위해
이곳에 왔다. 산책과 부산 이야기를 지민네 가족과 나누고 싶다는 말에 흔쾌히
응해주어 찾은 곳이었다. 지민의 엄마 효량은 필담을 나누다 지친 우리에게 문을
활짝 열어주었고, 지민의 아빠 영훈은 기다렸다는 듯 향긋한 커피를 내려주기도
했다. 시간 들여 우리를 맞이해 주는 부부와 그림을 그리다 말고 블록을 만지러
계단을 오르던 아이를 보니 KTX에서 억눌린 자유가 이제야 봉인 해제되는
기분이었다.

정말 그랬다. 부산이라고 하면 흔히 떠올리는 해운대나 광안리가 아닌, 그러니까
바다 아닌 것들이 이 집 주변을 감싸고 있었다. 시야 아래로 펼쳐진 수영강변이나
눈높이 위로 펼쳐진 산들이 그랬다. 우리는 그 주변을 산책하기로 했다. 토끼
인형을 챙기고, 산책에 어울리는 옷을 직접 고르고, 작은 가방을 메고, 일회용
카메라까지 들고 "렛츠 고!"를 외치던 지민이. 카메라를 거꾸로 쥐고 셔터를
누르는 것도, 바람이 많은 부산에 머리카락을 맡기고 눈 감은 채 생각하는 얼굴도
눈 속에 담고 싶어서 본분을 잊고 나는 연신 지민이만 쳐다보며 시간을 보냈다.
집으로 돌아가는 길, 우리는 지민네 가족과 함께 부산역 앞 만둣집 '신발원'에
들렀다. 열차 안에서 뜨끈한 만두를 먹을 순 없지만 집에 돌아가자마자 먹으면
딱 좋을 허기였다. 만두 맛을 상상하며 지민이네 가족에게 인사를 건네는데,
잠들었던 지민이 눈을 뜨곤 묻는다. "어디 가?" 울먹거리다 이내 울음이 터진
다섯 살 난 아이를 두고 가는 걸음이 퍽 무거웠지만 만두 봉투를 품에 꼭 안으며
약속했다. 이모가 반드시 다시 오겠다고. 피곤한 몸을 열차 간이 테이블에 누이며
부산엔 따뜻한 것들이 참 많다고 생각했다. 그건 꼭 바다만은 아니었던 것 같다.

풍경이 멈출 때

단지 기차를 오래 타기 위한 여행을 다녀와서.

글·사진 **전진우**

혼자의 기분이란

지난해 10월 처음으로 혼자 여행을 해보게 됐다. 어찌어찌 장소는
포르투갈이었고 일주일 정도의 시간이었다. '그러고 보니 처음이구나.'
여행지에 도착해 숙소에 짐을 풀고 앉아서 처음 든 생각이었다. 비행기를
처음 타본 건 스물네 살 때 제주에 가기 위해서였는데, 그때는 용감하게도
혼자였다. 그 이후 여행이라는 이름으로 잠시 집을 떠나는 일에는 꼭
누군가가 함께했다. 친구들과 가족들. 연인들. 혼자 비행기를 탄 적은
많아도 도착한 장소에는 또 누군가가 기다리고 있었다. 그게 행복하고
이상할 게 없는 동안 나는 혼자 여행하는 일은 까맣게 잊어가고 있던
것이다.
10월의 아름답던 포르투갈 여행은 그 무렵 나에게 실패라는 의미에
가까웠다. 며칠 새 혼자 식당에 가는 일도 지겨워지고 거리도 금방
익숙해져서 사진을 찍거나 웃는 일이 줄어들었다. 거리에는 온통
혼자가 아닌 사람들뿐. 설레는 이야기에서처럼 새로운 사람들과 알게
되는 일도 잘 없었다. 시무룩해진 나는 서울 집에서 하던 것처럼 장을
봐 와서 간단한 요리를 해 먹고 침대에 누워 유튜브를 보곤 했다. 집에
돌아가야겠다, 하고 비행기 티켓을 알아보니 취소 수수료와 새 티켓을
합친 비용이 너무 비싸서 괜히 갇혀 있다는 생각까지 들 정도였다.
사는 게 참 신비로운 점은 실패조차 그 의미가 변하고 심지어 같은
실수도 다시 그리워하게 된다는 것이다. 여행에서 돌아와 겨울을 보내고
난 나는 그 헛헛한 시간들을 종종 떠올려 보며 한편으로 다시 그래보고
싶은 마음이 되기도 했다. 그 마음이라는 것은 부산에 관한 글을 써야
한다고 편집부에서 메일을 받았을 때 자연스럽게 작동되어 마침내 즐거운
마음으로 변신하는 것이었다. 나는 모든 것이 처음인 양 부산행 티켓을
한 장 샀다.

동해선 여행

부산을 떠올리면 늘 윤대녕 작가 생각이 났다. 오래전 〈빨간책방〉이라는
팟캐스트에 그가 게스트로 나와 이동진, 김중혁 작가와 함께 그의 장편
소설《피에로들의 집》을 소개한 적 있다. 여러 이야기 중 기억에 남아
메모해 둔 내용은 목포역에서 부산의 부전역까지 운행하는 무궁화호
열차에 관한 것으로, 과거 동서 간 통근 열차로 쓰이던 노선이 이용객이
적은 지금까지 사라지지 않고 운행되고 있다는 내용이었다. "일곱
시간 십육 분이 걸립니다." 작가가 운행 시간을 분 단위까지 말한 것이
인상적이었다. 보통 사람들의 하루 근무 시간과 비슷한 시간 동안
온전히 한자리에서 지나가는 풍경을 바라볼 수 있는 점이 귀하다고 그는
덧붙였다. 이 내용은 5년이 넘게 스마트폰 메모장에 저장되어 있었다.
이번이 기회라는 생각에 노트북과 카메라를 챙겨 나선 것이다. 부전역이
있는 부산 서면에 도착해서는 돼지국밥을 한 그릇 사 먹고 근처 중고
서점에 가《피에로들의 집》을 구했다. 목포까지 가는 기차는 하루에
한 차례만 운행되고 오전 6시쯤 출발했기 때문에 나는 부전역 근처에
숙소를 잡고 일찍 들어가 책을 읽기 시작했다. 숙소에서, 기차에서 그리고
목포에서 서울로 돌아가는 또 다른 기차에서까지 할 일이라고는
이 책을 다 읽는 것뿐이라고 생각하니 마음이 편안해졌다. 짧은 여정이라
그랬겠지만, 혼자라는 생각도 좀처럼 들지 않았기에 나는 마음과 시야가
동시에 조금 더 넓어지는 경험을 할 수 있었다.

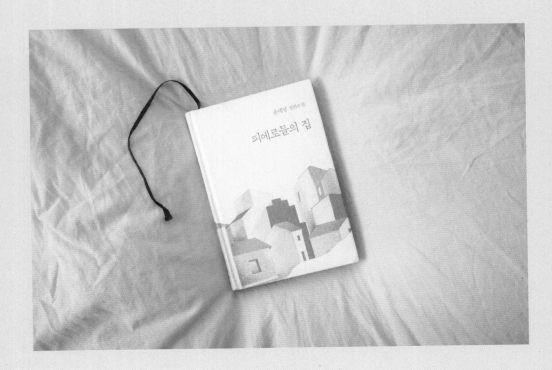

함께인 기분

부전역을 떠난 무궁화호 열차는 목포까지 가는 길에 크고 작은 모든
역에서 정차했다. 간이역이라고 불리는 지방의 작은 역들의 이름은
무척이나 낯설어서 내가 원래 성글게 알고 있던 지역 정보에 기분 좋은
낙서가 덧입혀지는 것만 같았다. 물금역, 반성역, 이양역, 다시역, 능주역.
뜻 모르고 읽기만 해도 괜한 궁금함이 생기던 글자 조합들은 가사가 없는
음악처럼, 오래 기억되지 않고 금세 잊혀서 시처럼도 읽을 수 있었다.
역 이름이 서서히 들리지 않게 됐을 무렵 나는 어제 읽다 덮어둔
《피에로들의 집》을 꺼내 다시 읽기 시작했다. 소설 속 인물들은 다들
고아나 다름없는 사람들이었다. 상처 입고 치료하지 못한 채 거리에
섞여 있는 사람들. 그들이 모여 마지못해 대화를 나누는 공간이 혜화의
아몬드나무 하우스, 피에로들의 집이다. 목포에서 부전역까지의 여정은
소설 초반에 한 차례, 거의 마지막 장에서 또 한 차례 묘사된다. 다른
인물이 다른 시점에서 각각 경험하지만, 하나의 이야기로 읽힌다.
신기하게도 그 이야기는 그날의 나도 한데 묶일 수 있게 하는 포용력을
가지고 있었다. 무언지 사정을 모르지만, 아마 윤대녕 작가의 경험도
그 이야기 안에 한데 묶일 것이다. 어딘가에 도착하기 위해 기차를 탄
게 아닌 사람들을 이 이야기는 끌어모은다. 일곱 시간이나 홀로 멍하니
앉아 있는 일은 처음에는 창밖으로 무얼 흘려보내는 기분이 들게 하지만,
결국에는 생각을 멈추게 하고 장면을 멈추게 한다. 저기에 서 있으면
어떨까. 저 마을, 저 집에서 살아보면 어떨까. 그런 생각이나 하며 멍한
채로 나아가는 동안, 내가 어디에 있는지, 그동안 어디에 속해 있었는지
어느 때보다 선명하게 알게 되는 것이다.
소설 속 주인공은 기차를 타고 내리며 자신이 속하고 싶은 세계를
감지한다. 어딘가로 전화를 건다. 나는 무얼 알았냐 하면, 책과 함께한
여행에서 내가 책을 읽는 이유에 관해 알았다. 읽기와 떠올리기, 믿기.
옆자리에 없는 누군가와 함께하는 방법이었다. 그런 생각이 들자
세상에는 사실 혼자인 사람이 없을 것이라는 추측도 해보게 되는
것이었다.

여러분 부산을 좋아하세요!

불편한 곳이 얼마나 편안한지, 편안한 곳이 얼마나 불편한지.

글·그림 한승재 — 푸하하하프렌즈

공사 현장에 돌아다니는 나무 판때기를 주워다가 식탁을 만들고 여기저기 흩어져서 일하고 있는 사장님들을 불러 모았다.

"사장님 짜장면 왔어요!" "사장님 식사하세요!!"

사장님들은 장갑을 벗어 탈탈 털고서 뒷주머니에 꽂아 넣었다.

"사장님 저쪽에 자리 만들어 놨어요!"

손끝으로 햇빛이 잘 드는 쪽에 나름 그럴듯하게 놓인 식탁을 가리켰다. 오전의 깨끗한 햇빛이 합판으로 만든 식탁을 아름답게 비추고 있었다. 그러나 현장의 우두머리 격인 설비 사장님의 반응은 시큰둥했다.

"됐어! 후딱 길에서 먹어! 타 죽을 일 있어?!"

오래전 여름과 가까워 오던 봄날 연희동에 위치한 작은 주택을 리모델링하는 현장이었다. 현장에서 공사하던 사람 서너 명과 그리고 나 이렇게 연희동 길바닥에 나란히 앉아서 짜장면을 먹었다. 짜장면 그릇은 들고 단무지는 나와 옆 사람 사이에 놓고, 대화 없이 쩝쩝 소리만 내며 먹었다. 궁둥산 나무 그늘 아래로 쏟아지는 서늘한 꽃바람이 땀을 식혀주었다. 단정한 차림의 대학생과 나이 든 주민 몇몇이 눈앞을 지나갔지만 길에서 짜장면을 먹는 걸 이상하게 바라보지 않았다. 이 이상한 해방감은 뭘까…? 옷만 꼬질꼬질하게 입고 길바닥에 앉아 있을 뿐인데 나는 솔직한 말로 어느 곳에서도 느껴보지 못한 해방감을 느꼈다. 이 느낌은 바닷가에서도 해외 어느 여행지에서도 느낄 수 없는 자유였다. 길에 앉을 자유, 옷이 더러워질 자유 그리고 입가에 짜장면을 묻힐 자유였다. 길을 지나는 모두는 단정함과 깨끗함을 유지해야만 하는데 우린 그러지 않아도 된다는 이상한 특권 의식마저 느껴졌다. 그곳이 길바닥이라도 먹고 싶은 곳에서 밥 먹고, 다 먹은 뒤엔 바닥에 석고 보드 깔고 낮잠 자고… 이건 정말이지 찐 행복이라고 생각했다. 다만 근처에 사는 엄마가 이 광경을 보지 않길 바라며 불안해했다.

서울에선 현장 일을 할 때가 아니면 길에 눕기는커녕 길에 앉아 있을 자유가 없다. 길가에 내놓은 벤치에도 잘 앉지 않게 된다. 보통 벤치는 차들이 쌩쌩 다니는 길가에 있기 때문이다. 어딘가에 앉아 시간을 보내기 위해선 카페에 들어가는 것이 일반적이고 그래서 옷이 더러워질 기회도 없다. 옷이 더러워지는 건 자연스러운 일인데 서울에선 그럴 기회가 좀처럼 주어지지 않는다. 자연스러움은 서울에서 태어나 줄곧 서울에서 자라오면서 키워온 갈증이었다.

바닷가에서 살았다면 몸에 물을 묻히고 살았을 텐데…. 시골에서 자랐다면 온몸에 흙을 묻히고 살았을 텐데…. 서울에서 살면서 몸을 뒹구는 일은 잘 일어나지 않는다. 종종 도시 아이들은 옷이 더러워진다며 꾸중을 듣는다.

나는 서울을 좋아하지 않는다. 사실은 서울을 아주 좋아하기도 하는데 서울을 좋아하는 만큼 싫어하기도 한다. 서울을 싫어하는 백만 가지 이유 중에 가장 으뜸으로 꼽는 것은 바로 이곳의 부자연스러움이다. 서울이 어릴 때부터 그런 곳이었는지 기억나진 않지만 언젠가부터 길에서 보이는 서울 사람들은 모두 굵고 단정하다. 마치 리얼리티 연애 프로그램에 나올 법한 사람들처럼. 깔끔한 티셔츠 위에 오버 핏 조끼, 사이즈는 크지만 바닥에 끌리지 않는 바지, 곱빗된 머리, 하얀 피부…. 이렇게 섬세하게 신경 쓴 사람들을 현실에서 볼 수 있다는 건 서울의 신기한 볼거리다. 하지만 서울엔 좀처럼 눈에 띄지 않는 사람들도 있다. 신체불구자가 친구와 신나게 대화 나누는 모습, 여자 복장을 입은 남자의 수줍은 표정, 길에서 키스하는 노인들 같은 어떤 장면들은 서울에서 쉽게 목격되지 않는다. 눈에 띄지 않는 사람들을 생각하면 지금 그들은 어디에 있을까 삶이 성숙한 기분이 들기도 한다. 원래 도시는 이런저런 사람들이 모여 살아야 하는데 서울에는 보이지 않는 사람들이 많다. 그것이 바로 부자연스러움이다.

부산을 처음 방문하게 된 건 몇 년 전 거제도에 건축 프로젝트를 진행하게 되면서부터였다. 전에도 부산을 몇 번 들른 적은 있지만 해운대를 방문하거나 친구를 만나는 등 잠시 도시를 접촉하는 경험이 전부였다. 일주일 혹은 이 주일에 한 번 그곳에 들르며 종종 머칠간 마무르기도 해며 부산이라는 도시를 제대로 겪는 기간이 되었다.

언뜻 거칠고 정돈되어 보이지 않는 이곳에서 문자 모를 이 편안함은 어디서 오는 걸까? 부산에서는 두꺼운 쇠붕치가 자주 보였다. 도시 한가운데에는 높이 솟은 굴뚝이 있었고, 부둣가에는 높은 천장이 있는 버려진 창고가 있었다. 버려졌다가 다시 사용되는 창고도 있었다. 부둣가엔 큰 기계, 혹은 기계처럼 보이는 건물이 있었고, 바다가 있었다. 서울에서는 어떤

시설들을 쉽게 발견할 수 없다. 공장도 발전소도 무덤도 쉽게 발견할 수 없다. 대체로 해롭고 위험해 보이는 것들이다. 그런 시설들은 인적이 드문 외곽으로 보내졌거나, 보이지 않는 곳에 숨겨지거나, 예쁜 외벽으로 감싸져 마치 보통의 오피스텔 건물인 듯 위장해 두었다. 거리에 드러나는 것은 단정한 건물, 소비자를 유혹하는 가게, 소비할 준비가 된 사람들이다. 시끄러운 기계나 위험한 물건, 일하는 사람, 특이한 사람, 불편한 사람들은 모두 소비자의 눈을 피해 어딘가에 숨어있다. 나는 서울을 싫어한다고 했으나 사실은 서울을 안쓰러워한다. 내가 부산을 좋아하는 이유는 서울에서는 가려져 있던 도시의 모습을 볼 수 있어서다. 우리 서울이 부산처럼 당당하길 바라는 마음이다. 공장도, 발전소, 일하는 사람들도, 기계도 모두 밖으로 나와 자기 모습을 드러내는 도시가 되었으면 좋겠다. 그것이 부산을 좋아하는 이유는 편안하기 때문이고, 익숙하지 않은 도시의 풍경에서 다듬어지지 않은 그곳을 좋아하는 이유는 편안하기 때문이고, 익숙하지 않은 도시의 풍경에서 내가 느낀 편안함이란 동네의 앉아 더러운 옷을 입고 짜장면을 먹을 때와 같은 마음이었다. 아무 데나 앉아도 되겠다는 안심, 아무렇게나 하고 있어도 누가 이상하게 보지 않을 것 같다는 안도감이었다. 물론 가끔 들려오는 거센 말투가 안도감을 흔들어 놓긴 했으나…

부산과 진해 사이에

글 한수희
일러스트 서수연

대도시 부산과 나의 고향 진해 사이에는 용원이라는 동네가 있었다.
그 동네에서 우리는 부산으로 가는 버스를 탔고, 그 동네에 내 어린 시절의
친구가 살았다. 부산을 생각하며 오랜만에 나는 아주 오래된 이야기를 떠올린다.

내가 태어나고 자란 진해시는 부산 옆에 있어서, 어릴
때 우리 가족은 가끔 부산까지 놀러 갔다 오곤 했다.
버스를 타고 진해와 부산 사이에 있는 용원이라는 시골
마을의 종점까지 가서 다시 부산 시내를 향해 출발하는
좌석 버스로 갈아타야 하는 만만치 않은 여정이었다.
정류장은 무슨 황무지 같은 곳 한가운데 있는 작고 초라한
매점이었고, 한 시간에 한 대인가 있는 버스를 기다리는
시간은 지루했다. 버스가 시골길을 달리고 달려 끝내 부산
시내에 도착하면 높고 큰 건물들과 많은 차들과 사람들이
눈에 들어오기 시작했다. 부산은 복잡하고 시끄럽고 거친
도시였다.
부산에 도착하면 우선 할매집 국수라는 가게에 가야
했다. 나무로 마감한 벽이 있는 비좁은 실내에 사람들이
다닥다닥 붙어 앉아 양은 냄비에 담긴 회국수를 먹고
있던 기억이 난다. 그리고 또 어디에 갔던가. 해운대에도

단발과 교복, 낯선 중국어 수업, 시험 점수가 나쁘면
가해지는 체벌과 차별, 성적 부진에 부적응아라는
낙인뿐이다.
암 수술 후 항암 치료를 받는 엄마는 육체적, 정신적으로
지쳐 있고, 아빠는 가족을 건사해야 한다는 부담에 짓눌려
늘 화가 나 있는 것 같다. 미국으로 돌아가고 싶기만 한
팡이는 엄마에게 화풀이를 하고, 엄마는 이렇게 엄마한테
못되게 굴라고 미국까지 보냈던 게 아니라고 꾸짖는다.
그러자 팡이는 이렇게 소리친다.
"다른 애들이랑 다르게 크라고 미국에 보냈던 거잖아!"
"아니, 그게 아니라 더 좋으라고 보낸 거야!"
"더 좋은 게 다른 거야!"
처음 초등학교에 입학했을 때 나는 재봉일을 하는
외할머니가 직접 만들어준 드레스 같은 것을 입고
있었다(엄마는 나를 학교의 공주로 만들겠다는 이해할 수 없는

가고, 광안리에도 가고, 태종대에도 갔을 것이다.
언젠가는 부산에 처음으로 생긴 맥도날드에 간 적도 있다.
1970년대에 군함을 타고 도착한 하와이의 맥도날드에서
난생 처음으로 햄버거라는 것을 먹어본 아빠는 직원들의
깨끗하고 단정한 유니폼에 거의 충격을 받았다고 했다.
그날 그가 빅맥을 먹는 우리를 보던 얼굴은 뿌듯함 그
자체였다. 그래봤자 맥도날드일 뿐이었는데.

넷플릭스의 영화 〈미국 소녀〉(2021)에서 엄마, 동생과
함께 캘리포니아에서 유학하던 소녀 팡이는 고향
타이완으로 다시 돌아온다. 엄마가 암에 걸렸기 때문이다.
사춘기 소녀에게 이런 변화는 받아들이기 힘든 것이다.
미국에서의 생활, 친구 그리고 좋아하던 승마까지 모두
포기해야 한다. 팡이를 기다리고 있는 것은 좁은 집과
느려터진 인터넷, 사스 바이러스, 귀밑까지 짧게 자른

야심을 품고 있었다). 어느 순간 나는 다른 아이들의 아빠는
집에서 햄버거를 만들어주지 않고, 그 애들의 엄마는
청바지를 입지 않는다는 것을 알게 되었다. 그때 나는
놀랐던가, 아니면 은근한 우월감을 느꼈던가. 얼마 지나지
않아 비위가 약해서 남이 베어 먹은 빵을 먹지도 못하던
나를 주위에 앉은 여자아이들이 미워하기 시작했다. 나는
은근한 따돌림을 당했다.
그래서 팡이가 엄마한테 "더 좋은 게 다른 거야!" 하고
소리칠 때, 나는 그 어린 마음을 이해할 수 있었다. 내가
다르다는 걸 아는 것은 어쩐지 의기양양해지는 일인
동시에, 무척 피곤한 일인 것이었다. 어른들은 늘 별거
아니라고 말한다. 별거 아니야, 친구는 또 생겨. 별거
아니야, 머리는 또 자라. 그러나 어린 마음에는 별거다.
지금 이 순간이 인생의 전부인 것만 같다. 다시는 친구를
사귈 수 없을 것만 같고, 머리가 또 자라건 어쩌건 오늘의

이 꼴이 문제다.

'나는 절대로 우리 엄마처럼 되고 싶지 않습니다. 엄마의 두려움이 나의 두려움이 될 것이고 엄마의 나약함이 나의 나약함이 될 테니까요.'

팡이는 학교 웅변대회에서 발표할 글에 이렇게 쓴다. 팡이가 그 원고를 읽을 때 친구는 그렇게 묻는다.

"엄마한테 왜 그렇게 화를 내?"

"더 잘 살 수 있는데 그냥 그러고 있잖아."

"그런데 만약 최선을 다하시는 거라면?"

결국 이 이야기는 어른이 된 자식이 젊은 날의 부모를 이해하고 보듬어보려는 시도다. 부모이고 어른이기에 당연할 거라 믿었던 것들이 그때 부모의 나이가 되어서야 사실은 전혀 그렇지 않다는 것을 알게 되는 것이다. "처음 혹을 발견하고 계속 그런 생각을 했어. 이제 다 끝났구나. 여태 얼마나 노력했는데 그게 다 헛수고가 되겠구나."라고 씁쓸하게 말하는 엄마와, 사스로 병원에 격리된 막내딸이 사스가 아니었다는 소식을 듣고 계단을 뛰어 내려가다 주저앉아 어린아이처럼 울음을 터뜨리는 아빠. 그 모습을 비춰주는 카메라는 어른이 된 자식이 젊은 날 부모의 등을 쓰다듬는 손길 같다.

앤드루 포터Andrew Porter의 소설집《빛과 물질에 관한 이론》에 실린 단편 소설〈외출〉은 평범한 열여섯 살 소년이 아미시 공동체 청소년들과 어울린 한때를 그리고 있다. 별 볼 일 없는 시골 소년들은 금요일 밤마다 도시 외곽의 한 식당으로 간다. 거기에서 그들은 마차를 타고 특별히 허락받은 외출을 나온 아미시 청소년들을 관찰한다. 화장실에서 평범한 옷으로 갈아입고는 평범한 젊은이들처럼 욕하고 술 마시고 음악을 듣고 키스를 하는 아미시 아이들을 보며 그들은 놀라고 또 일종의 두려움을

느낀다. 아미시 청소년들처럼 소년들에게도 이 외출은 특별한 것이다. 아미시 소녀들과 키스를 하면서 그들은 학교에서와는 달리 특별한 사람이 될 수 있다. 또 아미시 아이들의 운명에 빗대 자신이 누리는 평범하고 정상적인 삶에 안도감을 느끼기도 한다.

> 학교로 돌아가면 예쁜 여자아이들은 우리에게
> 눈길도 주지 않았다. 우리는 평범했다.
> 운동도 못했고 아버지가 은행장이나 정형외과
> 의사도 아니었다. 그러나 그 시골 고속도로에
> 나가면 우리는 아미시 여자아이들 가운데
> 가장 예쁜 아이들과 데이트를 했다. 그 아이들은
> 우리가 자기네와 다르다는 것에 끌렸고,
> 우리 역시 마찬가지였다.
> – 앤드루 포터, 《빛과 물질에 관한 이론》 중에서

진해에서 부산으로 가는 길목에 있던 용원이라는 시골 마을에 대해서 나는 잘 몰랐다. 그런데 그 마을에는 내 친구 황소가 살았다. 황소의 본명은 황소가 아니다. 그 애의 성이 황이라서 자연스럽게 황소라는 별명이 붙어 버렸다. 어떻게 보면 황소는 정말로 황소를 닮았던 것 같기도 하다.

고등학교 1학년의 첫날, 1교시 수업이 시작하고 얼마 지나지 않아서 부스스한 머리의 여자애가 교실 문을 열고 들어왔다. 그 애는 집도 먼데다 늦잠을 자서 늦었다고 웅얼거렸다. 얼마 후 우리는 친해졌다. 우리의 성적은 비슷했고, 기본적으로 내향적이지만 가까워지면 익살스러운 성격도 비슷했다. 하지만 우리에게는 본질적으로 다른 면들이 있었다. 이를테면 그 애가 저 멀리 시골 마을에 산다는 것. 그리고 그 애의 아버지가 보내온

편지 같은 것. 그 애는 자기 아버지가 가족들에게서 편지가 자주 와야 좋은 점수를 받는다며 자꾸 편지를 쓰라고 강요한다고 했다. 그 애의 아버지는 교도소에 있었다. 그즈음 우리는 이 지긋지긋한 지방 소도시를 벗어나 서울로 가겠다는 열망에 부풀어 있었다. 우리는 쉬는 시간마다 패션 잡지의 스트리트 패션 기사를 뒤적이며 압구정에서, 이대에서, 명동에서 찍힌 개성 넘치는 옷차림의 남녀들을 황홀한 표정으로 바라보았다. 그리고 우리도 서울에 가서 힙합 바지로 길바닥을 쓸며 활개를 치자고 다짐도 했다.

그러나 어느 순간 황소의 표정이 씁쓸해지던 것을 잊지 않고 있다. 그즈음 황소의 성적은 조금씩 떨어지고 있었다. 복잡하고 피곤한 가정사가 그 애를 점점 움츠러들게 만들었는지도 모른다. 황소에 비하면 나는 안정적인 군인 가족에 나름대로 화목한 가정 환경이었다. 공부 말고 내가 다른 것에 주의를 빼앗겨야 할 것은 없었다.

〈외출〉의 소년은 활발하고 호기심 많은 아미시 소녀 레이철과 사귀게 된다. 레이철이 외출하는 날마다 그들은 온갖 곳을 쏘다니며 치기 어린 모험들을 하는데, 그중에서 레이철이 가장 좋아했던 건 깜깜한 밤에 10미터 아래로 강물이 흐르는 오래된 철교 위를 건너는 것이었다.

한마디로 믿음이었다. 믿음과 타이밍.
미끄러졌다 하면, 타이밍이 조금만 어긋났다 하면,
발이 널판 사이로 미끄러져 들어가 정강이뼈가
뚝 부러질지도 몰랐고, 까딱 잘못하다가는 만약
재수가 없어서 발이 쑥 빠져버리는 날에는,
10미터 아래 강물 속으로 추락할 수도 있었다.
어리고 자신감이 넘쳤던 우리는, 물론 한 번도
미끄러지거나 빠지거나 비틀거려 본 적 없었다.
머릿속으로 리듬을 타면서 정신을 집중하는 것이
요령이었다. 그렇지만 말했듯이, 정작 중요한 점은
믿음, 나무 널판이 내가 발을 디디는 그곳에 있을
것이라는, 맹목에 가까운 믿음이었다.
그리고 널판은 항상 그랬다.
-《빛과 물질에 관한 이론》 중에서

나는 내게 무엇이 유리한지 잘 알았다. 나는 공부를 잘하고 싶었고, 그래서 잘했고, 그래서 이 시골 도시를 떠날 작정을 하고 있었다. 그리고 나는 그럴 수 있었다. 우리 부모님은 기꺼이 나를 이곳에서 떠나보낼 사람이었다. 하지만 황소에게는, 그런 운이 따라주지 못했을 것이다. 그 애는 자기가 발을 디디는 그곳에 튼튼한 나무 널판이 있을 거라 믿지 못했을지도 모른다.

우리는 어떤 면에서 진실하게 통하는 구석이 있었고,

어쩌면 나는 황소와 평생의 좋은 친구가 될 수도 있었으리라 생각한다. 지금 돌이켜보면 어린 나이였지만 황소에게는 지성의 힘이 있었다. 깊이 생각하고 판단하는 지성의 힘. 섣부르게 달려들지 않고 잠시 주춤할 줄 아는 미덕. 그런 것을 갖춘 아이는 내 또래 중에서 많지 않았다. 그때, 어느 평일 오후에, 자율학습을 땡땡이치고 버스를 타고 종점까지 가서 바다를 보자고 했던 사람이 황소였는지 아니었는지 기억이 나지 않는다. 우리는 그때 결국 바다에 갔으나 바다는 너무나 초라했고, 우리가 꿈꾸던 모든 것들이 이렇게 초라한 것으로 판명나는 건 아닐지 울적해졌던 것 같다.

우리는 차를 타고 말없이 시내를 돌아다녔다.
레이철은 딴생각을 하는지 창밖조차 보지 않았다.
그리고 여름의 끝자락에 있는 모든 도시들이
그러하듯, 도시는 슬퍼 보였다. 레이철이 그 여름
그 안에서 보았던 모든 가능성은 사라지고,
이제 해마다 반복되는 음울한 면모를 변함없이
드러내는 듯, 도시는 벌써부터 춥고 공허해 보였다.
이상한 일이지만, 나는 그 아이가 그렇게
떠나버리는 것에 화가 나지 않았다. 나는 그 아이
역시 행복하지 않다는 것을 알 수 있었다. 그래서
차를 몰고 다시 식당으로 돌아가는 동안 나는
갑자기 그 아이에게, 내가 우리가 함께 보내는
시간을 얼마나 좋아했는지, 그것이 내게 얼마나
큰 의미인지 말해주고 싶었다. 그 아이를
기억하겠다는 내 마음을 확인시켜주고 싶었다.
그러나 나는 그러지 못했다.
-《빛과 물질에 관한 이론》 중에서

어린 시절을 떠올리면 늘 슬픔 비슷한 감각이 느껴진다. 슬픔이 아니라 슬픔 비슷한 감각이라고 쓰는 이유는, 그저 슬픔이라고 말하기에는 그 밖의 또 다른 많은 것들이 있었기 때문이다. 좋은 것이든 나쁜 것이든, 기쁜 것이든 슬픈 것이든, 돌이킬 수가 없기에 슬픔과 비슷하다. 세상이 어떤 곳인지, 어떻게 살아야 하는지, 내가 누구인지 모르는 상태에서 겪어내는 삶은 캄캄한 밤에 보이지 않는 널판을 향해 발을 딛는 일과 비슷하고, 그래서 그것은 슬픔과 비슷하다.

부산은 나에게 고향이 아닌 곳이며, 그럼에도 고향처럼 씁쓸한 기분이 드는 곳이다. 나는 고향처럼 씁쓸한 기분이 드는 곳을 알지 못한다. 고향을 생각하면 포근한 기분이 든다는 사람들도 있는데, 나는 전혀 그렇지 않다. 나쁜 기억이 있었던 것도 아닌데 고향을 생각하면 씁쓸해진다. 그런 것도 역시 슬픔과 비슷한 감각이겠지.

가장 사적인 부산

나만 알고 있는 부산의 장면들

해돋이 찜질방 | 발행인 송원준
해 뜨는 것을 보기 위해 해운대 쪽 어느 찜질방에 가게 되었다.
밤이 깊어져 갈수록 사람이 가득 찼고, 관계자들은 이불을
나눠주기 시작했다. 약 백여 명이 한 공간에서 잠을 자는 신기한
경험을 하게 되었다. 해 뜰 때가 되자 주위가 시끄러워 원치
않게 잠에서 깼다. 전면 유리에 해가 떠오르는 장관이 펼쳐졌다.
찜질은 덤이었다.

남포동 구제시장 | 편집장 김이경
빈티지에 푹 빠져 지내던 시절, 어디서 옷을 주워 왔냐고 엄마는
곤란한 표정을 짓곤 했다. 대구 교동을 필두로 서울 광장시장,
그리고 부산 남포동 구제시장을 드나들었다. 언젠가부터 새 옷만
입게 되었고, 부산에 가더라도 들리지 않게 되었지만 눈 반짝이며
운명의 옷을 찾아다니던 그때의 부산, 그립다.

아주 사적인 조카 | 수석 에디터 이주연
노랑을 좋아하는 '유안', 부산이란 단어에 가장 먼저 너를 떠올려.
내가 안아본 가장 작고 귀한 아이야, 초등학교 입학을 축하해.

멋모르고 떠난 | 에디터 이명주
서울역에 모인 갓 스무 살들. 까만 밤에 출발하는 무궁화호를
끊어 엉덩이가 아플 때까지도 도착하지 않던. 일출을 보고 싶다는
맘에 광안대교 앞 찜질방에서 밤새 루미큐브를 하던. 여태까지
떠오르는 부산에서의 사적인 이틀.

달맞이길 | 에디터 오은재
소란스러운 해운대를 지나쳐 숨이 차도록 언덕을 오른다. 해풍을
맞아 유연하게 자라난 소나무 숲 사이 작게 난 길을 따라 걷다
보면 해변의 환호와는 점점 멀어진다. 외따로 떨어진 벤치에 앉아
바라본 물결은 온전히 나만을 위한 장면이었지.

내게 보여준 영도 앞바다 | 디자이너 양예슬
부산으로 취재를 간 주연에게서 페이스 타임이 걸려왔고, 그
아이는 내게 너른 영도 앞바다를 비춰 보였다. 너의 다정하고
사랑스러운 마음을 난 사랑해.

소원한 여름 | 디자이너 손혜빈
새내기의 여름방학. 부산의 한 빈티지 숍에서 친구와 소원 팔찌를
맞췄는데, 끊어지기를 기다리다 결국 가위로 잘라 버렸다. 어떤
소원을 빌었는지는 기억나지 않고 다만 함께했던 친구와는 많이
소원해졌다. 답답한 팔찌를 잘라내고, 괴로운 마음과 멀어지는
일이 어딘지 닮아있다.

맞짱의 도시 | 마케터 윤혜원
폭우 속 이기대 해안 산책로에서의 맞짱. 우비를 입고 우산도
쓰느라 정신없었을 텐데, 단짝들과 나는 서로를 헐뜯느라
바빴다. 따가운 목소리를 들으며 찍었던 안개에 갇힌 광안대교는
필름 사진 정리하는 날이면 다시 들여다본다.

그해 우리는 | 브랜드 프로젝트 디렉터 하나
여름이었다…(농담)

해운대, 광안리, 영도 | 브랜드 프로젝트 매니저 정현지
바다 앞에만 가면 괜히 짠 기운에 취하게 된다. 같이 있던 사람이
더 애틋하고 그래. 때맞춰 불꽃까지 터져주면 최고지.

이얏호! | 브랜드 프로젝트 매니저 지정현
15살, 6인용 텐트를 짊어지고 무궁화호에 몸을 실은 채 부산
록 페스티벌에 갔는데, 그때의 나에겐 그곳이 우드스탁이었어.
작년엔 10여 년 만에 부산 록 페스티벌에 가서 그때처럼 몸이
부서져라 부딪히고 놀았지. 역시 부산은 록의 도시야! 올해도
또 가야지. 서울에 올라와서 3일 동안 골골댄 건 세월에 녹이
늘어서가 아니라 페스티벌 내내 마신 맥주 때문이라 믿고 싶어…

Vol.01	Vol.02	Vol.03	Vol.04	Vol.05	Vol.06	Vol.07	Vol.08	Vol.09	Vol.10
Vol.11	Vol.12	Vol.13	Vol.14	Vol.15	Vol.16	Vol.17	Vol.18	Vol.19	Vol.20
Vol.21	Vol.22	Vol.23	Vol.24	Vol.25	Vol.26	Vol.27	Vol.28	Vol.29	Vol.30
Vol.31	Vol.32	Vol.33	Vol.34	Vol.35	Vol.36	Vol.37	Vol.38	Vol.39	Vol.40
Vol.41	Vol.42	Vol.43	Vol.44	Vol.45	Vol.46	Vol.47	Vol.48	Vol.49	Vol.50
Vol.51	Vol.52	Vol.53	Vol.54	Vol.55	Vol.56	Vol.57	Vol.58	Vol.59	Vol.60
Vol.61	Vol.62	Vol.63	Vol.64	Vol.65	Vol.66	Vol.67	Vol.68	Vol.69	Vol.70
Vol.71	Vol.72	Vol.73	Vol.74	Vol.75	Vol.76	Vol.77	Vol.78	Vol.79	Vol.80
Vol.81	Vol.82	Vol.83	Vol.84	Vol.85	Vol.86	Vol.87	Vol.88	Vol.89	

1년 정기구독

《AROUND》는 격월간지로 짝수 달에 발행됩니다. 정기구독을 신청하시면 매거진과 함께 한 명의
작가가 1년간 연재하는 에세이·포스터 시리즈 '어라운드 페이지', 그리고 어라운드 온라인 콘텐츠
이용권이 제공됩니다.

《AROUND》 매거진(총 6권) & 어라운드 페이지 & 온라인 콘텐츠 이용권
97,200원 / a-round.kr

AROUND NEWSLETTER

책에서 못다 한 이야기를 펼쳐 보입니다.
또 다른 콘텐츠로 교감하며 이야기를 넓혀볼게요.
홈페이지에서 뉴스레터를 구독해 주세요.

a-round.kr > Newsletter

Publisher

송원준 Song Wonjune

Editor in Chief

김이경 Kim Leekyeng

Senior Editor

이주연 Lee Zuyeon

Editor

이명주 Lee Myeongju

오은재 Oh Eunjae

Art Director

김이경 Kim Leekyeng

Senior Designer

양예슬 Yang Yeseul

Cover Design Guide

오혜진 O Hezin

Cover Image

임정현 dnas

Photographer

강현욱 Kang Hyunuk

이요셉 Lee Joseph

최모레 Choe More

해란 Hae Ran

Project Editor

배순탁 Bae Soontak

전진우 Jun Jinwoo

정다운 Jung Daun

한수희 Han Suhui

한승재 Han Seungjae

Illustrator

서수연 Seo Sooyeon

휘리 Wheelee

AROUND PAGE

임진아 Im Jina

Marketer

윤혜원 Yoon Hyewon

Copy Editor

기인선 Ki Inseon

Management Support

강상림 Kang Sanglim

Advertisement

김양호 Kim Yangho

김갑진 Kim Gabjin

Publishing

(주)어라운드

도서등록번호 제 2014-000186호

출판등록일 2009년 12월 5일

ISSN 2287-4216

창간 2012년 8월 20일

발행일 2023년 6월 2일

AROUND Inc.

서울시 마포구 동교로51길 27

27, Donggyoro 51-gil, Mapo-gu, Seoul, Korea

광고 문의 / 070 8650 6378

구독 문의 / 070 8650 6375

around@a-round.kr

a-round.kr

instagram.com/aroundmagazine

post.naver.com/pgbook2